动态股权设计

合伙人7

七步打好
创业公司股权地基

何青阳 著

SPM 南方传媒 | 广东经济出版社
·广州·

图书在版编目（CIP）数据

合伙人动态股权设计：七步打好创业公司股权地基 / 何青阳著. —广州：广东经济出版社，2022.9（2023.8 重印）
ISBN 978-7-5454-8383-3

Ⅰ. ①合… Ⅱ. ①何… Ⅲ. ①股份有限公司—企业管理—研究 Ⅳ. ① F276.6

中国版本图书馆 CIP 数据核字 (2022) 第 099740 号

选题策划：冯典全 刘 倩
责任编辑：刘 倩 罗嘉慧
责任校对：李玉娴
责任技编：陆俊帆
封面设计：朱晓艳

合伙人动态股权设计：七步打好创业公司股权地基
HEHUOREN DONGTAI GUQUAN SHEJI：QIBU DAHAO CHUANGYE GONGSI GUQUAN DIJI
出版发行：广东经济出版社（广州市环市东路水荫路 11 号 11 ～ 12 楼）
经　　销：全国新华书店
印　　刷：珠海市国彩印刷有限公司
（珠海市金湾区红旗镇永安一路国彩工业园）

开　　本：787 毫米 ×1092 毫米 1/16　　**印　　张**：19.5
版　　次：2022 年 9 月第 1 版　　**印　　次**：2023 年 8 月第 3 次
书　　号：ISBN 978-7-5454-8383-3　　**字　　数**：330 千字
定　　价：79.00 元

发行电话：（020）87393830　　编辑邮箱：gdjjcbstg@163.com
广东经济出版社常年法律顾问：胡志海律师　　法务电话：（020）37603025
如发现印装质量问题，请与本社联系，本社负责调换。

自　序

Preface

合伙创业最怕什么？

搭伙之后才发现合伙人不给力，不能胜任岗位，这时想收回股权，却发现给出去的股权像泼出去的水，根本收不回。明明已经无法共事，却还被股权硬绑在一起，要多难受有多难受。

症结在哪儿？

1 商业才是主角

我是一名股权律师，我们团队每年会做几十个股权项目，从合伙人股权设计、股权融资、股权投资、股权激励到上市，因此我们会站在最后上市的视角来观察一个早期创业项目，会轻易看到许多常人看不到的长远问题。除了合伙人不给力外，还存在很多合伙人之间的股权问题。

有的创业项目因为股权设计与合伙人的贡献和利益不匹配，导致合伙人在公司上升阶段带走核心资产；

有的创业项目给了不适合的人股权，导致公司业务受阻、整体士气受挫而且很难再招揽人才；

有的创始人陷入控制权之争，让苦心经营的公司在控制权争夺战中元气大伤；

有的创始人在离婚析产或股权传承中亲情和事业双双受损；

有的创始人在后期为了挽救不合理的股权，付出了巨大的代价甚至牢狱之灾……

问题出在哪儿？能不能避免？

你可能没想到，大多股权问题的源头根本不是在分股权这件具体的事情上，而是在布局商业的时候就已经埋下祸根。商业和股权之间的关系如果不理清楚，股权设计就是在给自己设计坑。

作为律师，我必须负责地说，在股权设计这件事情上，商业才是永远的主角，法律只是将你的商业需求落实到股权上的一个应用工具而已，这也是为什么我在本书中很少提法律规定，因为法律只是配角。

2 为什么聚焦

你可能会觉得奇怪，市场上很多大而全的股权书籍，涉及股权的方方面面，看起来很诱人，为什么我这本书偏偏只讲合伙创业的股权知识呢？原因有两个。

第一，这是最根本的股权问题。

合伙人股权设计是所有股权设计中最早期、最基础也是最重要的一环，就像股权这座大厦的地基，后期你在股权上做的努力，都是在这个地基上进行的。如果地基没搭好，后面再怎么努力都可能是徒劳。

打地基这么重要的事情，值得你专门思考，我也一定要专门来把关。

第二，股权的底层逻辑是相通的。

股权没那么神秘莫测，它背后的商业逻辑说穿了也就是常识。只要我把创业合伙的股权问题讲透了，今后你处理任何股权问题，不论是项目合作、引入投资人还是股权激励，都能胸有成竹，都能知道该不该给股权、给多少股权、依据是什么、怎么给怎么收合适。与其什么都写，浮于表面，不如把这个事儿彻底说透，让你能举一反三。

不少听过我课程的创业者反馈说，他们已经把我教的方法用到了股权设计的各个场景。所以，我根本不担心你看完本书后，只学会了给合伙人设计股权。

3 为什么是这本书

现在最尖锐的问题来了，市场上那么多介绍股权的书，为什么你一定要看我这本呢？我有两个理由。

第一，这是一本拿来就能用的书。

如果我没猜错，你已经看过不少与股权相关的文章、课程或书籍了，但是，你还是不会设计股权，对吧？你好像知道了一些道理，比如不能均分股权、要保护好控制权、要让股权实现动态调整，但是，你不知道如何下手，该先做什么、后做什么，怎样系统地完成自己的股权设计。

这很正常，因为现在市场上大部分关于股权的知识都是零散知识，都缺乏底层思考，没有体系和步骤，你总是抓不住重点，自然很难应用。

为了能让你拿来就用，我对股权进行了底层思考，回归到了股权最本质的因果关系，回归到了具体的商业需求，在商业战略中理出了股权的知识体系，逻辑清晰、目标明朗，使你能知其然且知其所以然，即使丢下这本书，你心里也会有指南针，不会迷路。

另外，我把你需要走的路已经整理成了七个步骤，先做什么再做什么，你跟着一步步走完，就能完成自己的合伙人股权设计，这本书就是你的地图，能真正落地解决实操问题。

第二，这是一本可以帮你利用股权进攻的书。

如果你以为本书就是单纯教你避坑，那就大错特错了，因为避坑只是防守动作，仅靠防守是不会在商业竞争中取胜的，要赢就必须主动进攻。

在商业战略中，你一定会考虑如何抢夺人才和资源，把这些计划和股权挂钩，就一定能帮你留住一些原本犹豫的人才和资源，增加你公司的竞争力。如何去挂钩？本书正文部分会告诉你答案。股权是你的竞争武器，千万不要浪费。

4 书中有什么内容

七个步骤

本书总结的七个步骤，不是什么法律规定，而是我在和创业公司的长期接触中，在项目实操经验中结合商业战略和创业公司特点总结出来的方法。从如何在商业战略中一步步提炼出股权战略，到选择合适的合伙人，计算初始股权比例，设计股权动态调整规则，维护控制权，再到签协议和工商登记落地以

及完成后期维护，具有很强的实操性，一定对你有参考价值。

80个案例

除了79个小案例，我还特意准备了一个贯穿始终的大案例，在这个大案例中，你可以完整体验一个创业项目是怎么从打算创业阶段到找到合伙人，以及一步步完成股权动态设计，实现闭环落地的。这个独特的视角不容错过。

10个锦囊

本书最后一章我会和你分享10个超级实用的实操锦囊，你会知道与合伙人谈股权的最佳时机，与合伙人沟通股权方案的技巧，怎么找到合适的律师，如何通过股权架构合理减少税负等，都是非常实用的经验。

实用工具

我为你准备了全书的思维导图，帮你快速理清思路快速复盘；还有股东协议模板，你可以了解一下这些文件的大致模样，心里有个数。

如果你想领取股权计算Excel表格模板、思维导图以及股东协议、代持协议电子版，以及了解更多创业股权知识可以关注微信公众号“青阳股权”。

我只想写对读者有价值的书，希望本书能帮你在创业之初定好股权战略，为创业打下坚实基础，不要让创业项目冤死在股权问题上。

祝你创业之路，旅途愉快！

何青阳

2022年4月

目　录

Contents

第一步 布局

Step One

1

再小的公司也要有股权战略

3 第三步 Step Three 妙算

计算合理的股权比例

第四步 Step Four 4 避险

通过动态调整规避各种打击带来的风险

第六步 Step Six 落地

完成股权登记

第 一 步

Step One

布局

再小的公司也要有股权战略

先谋全局而后事，在解决一个问题的时候，首先要从最基本的原理出发，对局势做出正确判断，理解本质关系。有了全局的谋略，才能开始处理具体的问题。

合伙人股权设计也是一样，我们在设计时非常有必要先布局，再落子，谋深，虑远，成之因也。

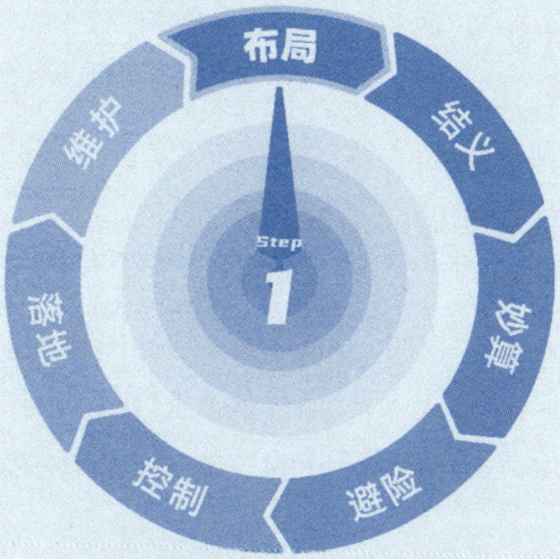

第1章

为什么你会分错股权
——股权战略从哪里来

为什么你会分错股权？问题的源头或许不在分股权这件具体的事情上，而是你在布局商业版图的时候就已经埋下了祸根。

先谋全局而后事，合伙人股权设计到底处在什么“局”中？也就是说，合伙人股权设计是怎么产生的——它从哪里来？它的存在会带来什么影响——它到哪里去？我们设计它的目标是什么？

“谋定而后动，知止而有得”，我们只有谋划准确周到后行动，知道目的地后前进，才能够收获我们想要的东西。

为了谋划全局，需要先问出你的真实需求：

“你为什么想了解合伙人股权设计的方法？你的目的是什么？”

答案很简单，因为你要创业。

“那么，你创业的目标又是什么？”

答案也很简单，因为你想要做成这个事业。

“那么，你怎样才能做成这个事业？”

这个问题看起来就比较复杂了，但是精炼一下，不外乎是要有不错的商业战略，以及要能找到合适的合伙人和你一起实现你的商业战略，这样你才可能创业成功。这是创业要做的最基本的两件事情——制定商业战略和找合伙人。

因此，进行合伙人股权设计之前你需要先处理两件事：一是制定好你的商业战略，二是找好你的合伙人。而合伙人股权设计作为一种股权战略与制定商业战略及寻找合伙人是密不可分的，本章我们先来理清股权战略和商业战略之间的关系。

一提到商业战略，你可能觉得要开始介绍很多华而不实的大道理了，但请你耐心读完前三章，这绝对是很扎实的底层布局思考，你一定能从中获得对股权战略最本质的见解，这对你举一反三处理任何股权问题都是非常有意义的。

1.1 商业战略五维度

隔行如隔山，隔行不隔理，很多事物的底层逻辑都是相通的。商场如战场，你在创业，其实就是在进行一场艰苦的战争，这也是为什么现在很多国内外的企业家都喜欢研读《孙子兵法》的原因。到底是什么决定了战争的胜负？孙子的答案是"道天地将法"。

和商业战略进行类比：

所谓"道"，是一个创业团队的共同愿景、共同目标、共同价值观；

所谓"天"，是天时，是创业的行业大势；

所谓"地"，是市场，是创业者选择的"战场"；

所谓"将"，是领导力，是核心创业团队；

所谓"法"，是企业中的组织结构、人事制度、后勤财务，是系统性的管理机制（见图1-1）。

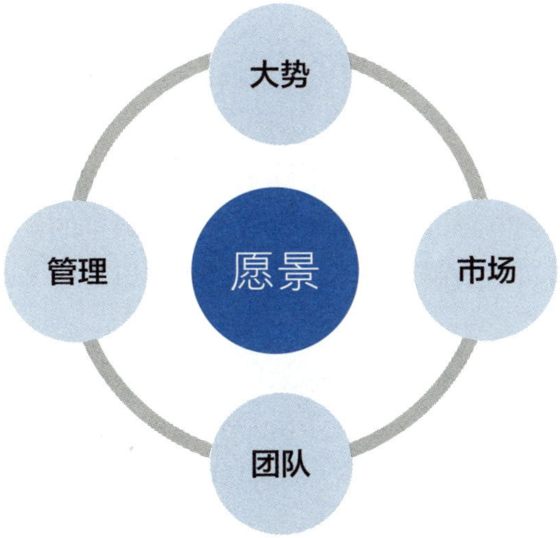

图1-1　商业战略的五个维度

商业战略的这五个维度，能很好地解释股权战略的底层逻辑。下文将先简单介绍这五个维度，然后再进行与股权战略的关系分析。

1.1.1 “道”——愿景、目标和价值观

愿景的英文是“vision”，即“看见”的意思。用这个词来解释商业中的愿景非常有意义，你创办这家公司是因为“看见”了什么，你公司的愿景就是你所描绘的未来图像，是你对未来的设想。

而目标是实现这个愿景要达到的预期成果，是愿景的具象化。有了目标，才能设计实现愿景的具体路径。

价值观是在实现愿景的过程中做事的原则，即用什么方式做而不用什么方式做。

比如，在夫妻关系中，你的愿景可能是“幸福美满”，目标是“将夫妻争吵频率长期控制在每年一次”，而价值观是“更好地理解对方，拒绝暴力沟通”。

基于这三个词紧密关联，为方便表述，若下文未将“愿景”“目标”和“价值观”分开表述，则“愿景”一词包含“目标”和“价值观”的含义，抽象概括企业前进的方向。

愿景看起来是最虚的，但在历史中，愿景在实实在在地起着作用，而且是起着根本性作用。在历史上，凡是失去天下的一方，往往是因为失去了民心；而得到天下的一方，往往是因为能描绘一个打动人心的愿景。

秦国统一六国，结束战国纷争，顺应民心；李渊誓师起义的口号是“除暴君杨广，尊奉代王为帝，解救天下苍生”；朱元璋起义的口号是“驱逐胡虏，恢复中华，立纲陈纪，救济斯民”。历史上战争的发起人都在为自己找“借口”，没有借口也要制造借口，把自己包装成“正义之师”，这就是在树立愿景。

商业中长期的成功，也一定是愿景的成功。你会发现，越是有成就的企业家，越具有理想主义的气质：乔布斯一生都在追求改变世界；贝索斯定义亚马逊的愿景是成为全球最以客户为中心的公司，让客户可以找到并发现他们可能想在网上购买的任何东西；拉里 · 佩奇和谢尔盖 · 布林创办的谷歌的愿景是希望一键就能打开全世界。

共同愿景是将创业项目合伙人凝聚在一起的基础，也是创始团队稳定的前提，本书第5章将详细介绍愿景与找合伙人之间的关系以及对股权设计的影响。

1.1.2 “天”——大势

大势，就是大的战略趋势以及大的战略趋势所释放出来的大的战略机会。

“时来天地皆同力，运去英雄不自由。”①好的时机来到，天地都会为你出力，时运不济，英雄也身不由己。如果一定要和大势抗衡，哪怕是再聪慧的人全力以赴，也会头破血流，因为一开始的战略就错了。

“天下大势，浩浩汤汤。顺之者昌，逆之者亡。”

创业从来不是孤立的，本身就是大势构成的竞争环境的一部分，而大势是不以创业者的主观意志为转移的。社会大势，行业大势，市场大势，都不容忽视地左右着企业的命运。因此，才有“风口上的猪”和坐电梯“跑”上高楼的创业家的故事。

1.1.3 “地”——市场

地形对作战非常重要，古今中外优秀的战略家在开战之前一定会选择对自己有利的地势。对创业者而言，市场也是创业者选择的“战场”。

一个创业项目做的是什么产品，目标用户是谁，竞争对手是谁，销售区域在哪里，都是创业者在选择“战场”。

理查德·鲁梅尔特在《好战略，坏战略》一书中提到，“战略就是利用己方的相对优势攻击对手的软肋”。这个原则看起来简单朴素，但人们却极难实行。比如遇到难题或者面对竞争对手时，大部分人最习惯做的是：想办法努力应对、跟进并弥补差距。其实，真正应该做的是：找到一个能够扬长避短的领域，放大你的优势，并且限制你的劣势，攻击对手的软肋。

① 出自罗隐的《筹笔驿》。

1.1.4 “将”——团队

若要在战争中顺利取得全胜，将帅的素质与能力是极其重要的条件，“千军易得，一将难求”“将帅无能，累死三军”。对于创业项目而言，核心创业团队就是带领千军万马的将军，对项目的成功起着至关重要的作用。

孙子说：“将者，智、信、仁、勇、严也。”“智信仁勇严”是孙子所强调的“五德”。

张预①说：“五德皆备，然后可以为大将。”

核心创业团队至关重要，你需要找到合适的合伙人和你一起组成团队。大部分专业投资人在决定是否投资一个项目时，一般是先选赛道，然后就是关注核心团队，甚至某些早期项目核心团队的重要性会超过赛道。假设马化腾想做一个养鸡场项目，需要融资，我想很多投资人都会追着投资，因为他们相信这个“将”。

1.1.5 “法”——管理

管理包括企业中的组织结构、人事制度、后勤财务等，是系统性的管理机制，也可以理解为企业中的生产关系。

《吴子兵法·治兵》中记载，魏武侯曾问吴起：“兵何以为胜？”（意思为：军队靠什么打胜仗？）

吴起回答：“以治为胜。”（意思为：靠的是组织管理。）

魏武侯问：“不在众寡？”（意思为：不在于兵力多少吗？）

吴起回答：“若法令不明，赏罚不信，金之不止，鼓之不进，虽有百万，何益于用？”（意思为：如果法令不严明，奖惩不兑现，将军鸣金士兵却不停下脚步，将军击鼓士兵却不往前进攻，就算有百万之众，又有什么用呢？）

创业项目亦是如此，宫玉振教授在《善战者说》中提到，“伟大企业的战略，都是以提出宏大的愿景开始，以打造强大的组织能力落地。再宏大的

① 张预，字公立，南宋学者，善谈兵，著有《十七史百将传》，曾注解《孙子兵法》。

愿景，再伟大的战略，也需要落实到组织和管理层面上”。但是，有太多企业家都是商业上的巨人、组织上的矮子，组织架构随意，人事安排混乱，后勤财务一塌糊涂——那么多的败局，就是败在组织上。

全面的组织管理不在本书讨论的范围，但是，股权设计是其中非常核心的一部分，是对核心团队、关键员工及外部资源系统性的组织管理。

1.1.6 五个维度的关系

愿景、大势、市场、团队和管理这五大要素，不是彼此孤立的，而是互为条件、相互支持的。

比如所谓的大势和时机，对竞争者都非常重要。但是，同样的大势与时机，什么样的人能把握住？这需要优秀的核心团队，既有理解大势、洞察机会的智慧，又有把握大势、抓住机会、选择战场的果断。同样的大势与机会，什么样的组织能够把握住？只有优秀的组织——既有清晰的理念，又有卓越的管理——才能把握住。

如果领导层面没有核心团队的优秀品质，即使大势和机会摆在你面前，你也把握不住，或者没有办法长远把握住；如果只有愿景、大势、市场、核心团队，但是没有高效稳定的组织管理的支持，你也没办法长期占据优势，很可能机会与“风口”的寿命就是企业的寿命。

1.2 股权战略在商业战略的哪个位置

商业战略与股权战略是什么关系？股权战略是如何产生的？接下来这两个问题将被一层层地剥开。

从商业战略五个维度产生的先后顺序来看，首先产生的是创业项目的愿景、所处的商业大势环境以及选择的市场。

愿景、大势和市场决定了一个创业项目该匹配怎样的核心团队，不同的创业项目需要的人才肯定存在差异，而且一定是先确认了前三个维度，才能选择团队（见图1-2）。

图1-2　愿景、大势和市场决定团队

案例1

创建小米是雷军酝酿了很久的大计划，雷军内心推演了无数遍商业模式：做具有顶级配置、极致性能的智能手机，搭载高度定制、体验绝佳的系统和应用软件，按成本定价，然后以最高效的电商渠道取代所有中间环节，将产品直接送到用户手中，最后持续提供互联网服务，以实现商业变现。在这个商业模式里，硬件、软件、互联网三大要素将互相支撑，形成一个循环，这就是后来人们看到的“铁人三项”模式。

有了这个商业战略，做出创业决定后，雷军才开始组建自己的创业团队，第一个被他拉上车的合伙人是林斌。林斌加入后，雷军再和林斌讨论小米还需要的其他人才类型，然后根据这个人才规划开始寻找合伙人。[①]

你看，小米也是先有愿景、大势和市场才有团队，而不是雷军先想着要和林斌创业，再一起思考创什么业。

而愿景、大势、市场和团队这四个维度又决定了创业项目的管理，也就是一个创业项目该通过怎样的组织管理让愿景、大势、市场和团队稳定地融

① 参考雷军亲述的小米官方授权传记《一往无前》（范海涛著）。

合在一起，有效运作，这也是生产力决定生产关系，生产关系反作用于生产力的体现（见图1-3）。

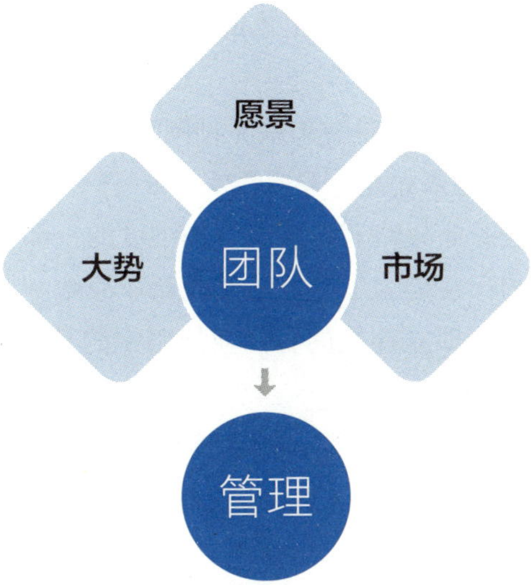

图1-3 愿景、大势、市场和团队决定管理

管理的范围很广，股权战略、组织结构、人事制度、员工激励和后勤财务等都在这个范围内。

为什么说股权战略是管理的一部分？因为股权的本质是以特定商业主体的所有权为基础而形成的一种生产关系，说白了就是股权决定了这家公司[①]到底有谁一份，谁有话语权，谁可以获得公司收益，这些关系会影响这家公司到底能做成什么样。

我给股权战略的进一步定义是：利用股权将特定商业主体所需的经营要素进行整合，以实现其商业目标的系统性的股权设计方案。这个定义中涉及

① 公司只是商业主体在法律上常见的体现形式，商业主体可以不是公司，可以是个体企业或合伙企业，也可以是合伙人自己虚拟的一个主体，但这个主体的所有权你也可以视为“股权”。本书中的大部分内容同样适用。

的“经营要素”以及“要素整合”，将在第3章做进一步介绍。

可以说，股权战略是管理中非常重要的一部分，因为股权触碰的是稀缺的、长期的利益，关系着核心团队的稳定、稀缺资源的聚集、关键员工的积极性等。而管理中的其他利益手段很难同时满足“稀缺”“长期”的特征，因此其重要性很难和股权比拟。

至此，股权战略与商业战略的关系（见图1–4），以及影响股权战略的因素就非常清晰了。总结起来就是：

（1）股权战略是商业战略五维度中管理维度的一部分。

（2）股权战略的存在是为了更好地实现商业战略。

（3）股权战略不是孤立存在的，商业战略中的其他核心要素决定了股权战略的内容。

以上三个关系的总结非常重要，因为后面动态股权设计的方法就是紧紧围绕着这三个关系展开的。

图1–4　股权战略与商业战略的关系

回到本章的第一个问题：“合伙人股权设计到底处在什么‘局’中？”

答案是，合伙人股权设计作为股权战略的重要内容，是商业战略中的一部分，在商业战略这个“局”中（见图1–5）。

图1-5 合伙人股权设计与商业战略的关系

介绍到这里，就可以来谈谈为什么很多创业者分不好股权，根本原因是什么。

1.3 不合理的商业战略必然导致分错股权

很多创业者没分好股权，是因为他不懂公司法、不明白股权的法律意义吗？还是因为他不知道股权的计算方式、谈判技巧太弱了？

都不是，最根本的问题在于，很多创业者分股权时忽略了商业战略这个“局”。商业战略层面上已经有偏差，“局”本身不合理，股权设计怎么会合理？这种情况通常会导致定错方向、选错人、放错位置，即使有十八般武艺，也拼杀错了地方。

案例2

某个营销项目的创始人A前来咨询股权分配的问题。他来咨询的时候，只是合伙人之间认定的小股东，但经过了解，我发现他和合伙人商议的股权方案存在明显不合理之处，A不应该是小股东，而应该是控股大股东。

他们的股权方案为什么会存在问题？因为A对这个项目的愿景不清晰，而且找错了合伙人。愿景和团队都有问题，管理中的股权分配自然有问题。

背景

这个项目由A负责运营。还有一位合伙人B不参与公司运营，主要负责介绍一些优质资源给公司。

B提出的股权方案是这样的：A持股40%，B持股60%。

B的理由是，自己介绍的优质资源可以很快产生现金流，所以自己的地位更重要。

A需要实际出资购买股权，B在启动阶段不出资，准备用公司今后的分红实缴出资。

B介绍的项目，B拿六成收益，A拿四成收益；A介绍的项目，B拿四成收益，A拿六成收益。

项目公司存续期限两年，两年后项目终止公司解散。

分析

和A进一步沟通及仔细分析后，我发现这个股权方案存在以下几个问题。

一是，A自己也有资源导入项目公司，而且将来可能会越来越多，从长远看，为什么B的资源能值60%的股权？

二是，这是个非常重运营的项目，不是有资源就能接得住的，后期运营非常关键，否则引进的资源也会离开。A是该项目的全职核心成员，与营销相关的技术、团队管理、客户维护等都是A在负责；相反，B并不打算参与公司的日常经营管理，B还有其他公司要管，不过B希望A能让B现有公司的员工参与这些项目的运营管理。既然B不参与公司日常经营，为什么从股权比例上看，B的重要性要远高于A？

三是，既然要根据每个项目的客户来源进行分红，为什么不进行单纯的项目合作而要设立公司分配股权？

四是，创业者一般都希望公司有长远发展，两年后很可能正是公司发展的最好时机，为什么戛然而止？

我接着向A了解：他对这个项目公司的定位是什么？是不是今后所有的项目包括衍生项目都要放到这个项目公司？

A其实没有想好，觉得项目全部放进来也可以，不放也可以，自己还有另外一家公司，也可以考虑放到那家公司去。

我继续追问，如果A把一些项目放到自己的公司去做，B会同意吗？A想想说，应该不会同意。

我接着问，如果两年后公司发展不错，是否会真的注销？由于B是大股东，如果那个时候B不同意，那么公司是无法注销的，A还得继续在公司全职工作。如果真的要注销，那么还没有做完的项目怎么办？

最关键的问题是，A是否希望全力以赴地参与这次创业，整合自己所有的资源将公司做大做强，甚至向资本市场融资？A肯定地说，自己是这么打算的，但目前的股权方案让他觉得束手束脚，自己并不敢全力以赴，总觉得会有问题，所以才来找我咨询。

问题

经过细致的沟通以及我的引导，A终于意识到了他目前存在的两个主要问题：

第一，A一开始没想清楚创业的目标是什么。A只看到目前自己有能力而且有人愿意介绍资源的现状，在眼看着项目要做起来时，就急着分股权，这其实是做零散生意的心态，算不上认真创业。

其实，他的最优选择是整合所有的资源投入一家公司中，并控制这家公司，才可能做大做强。如果一开始有了这个清晰的目标定位，就不会糊里糊涂地随便找个合伙人分股权了。

第二，找错了合伙人。B的目标和A的目标是不一致的，B只是为了将手上既有的资源变现，而且很可能打算和A合作一段时间后自己另起炉灶，所以才会提出两年后就解散公司这种看似不合理的要求。这样的合作关系只能是短期的项目合作关系，而不是长期稳定的合伙人关系。若B成为公司控股股东，将会导致A从创业变成打工，两年后还得重新起步。

结果

后来，在我的指导下，A和B重新谈条件，B果然不同意A提出的更符合公司长远发展的股权方案。于是A放弃了与B的合作，重新筛选合伙人、调整资金配置，由自己主导成立了一家新公司，并成为这家创业公司的控股大股东。

经过这番梳理，A避免了潜在的合伙人纠纷，同时找到了志同道合的合伙人共同经营管理公司，也缓解了自己的资金压力，后面项目发展非常顺利。

如果不是得到及时纠正，这个项目会因为商业战略不清晰导致找错合伙人、分错股权，而股权上的错误又会反作用于商业战略，导致合伙人不能全力以赴甚至产生矛盾，最终影响业务发展（见图1-6）。

图1-6　商业战略和股权相互作用

此处再举一个因为把人放错位置而在股权方面产生严重后果的例子。

案例3

背景

我经手的一家科技创业公司，核心创始人在创业初期考虑到需要有合伙人一起共事，才能快速启动项目，因此，在没有进行完整的商业战略梳理的情况下，在行业内找了一位朋友合伙开公司。核心创始人持股51%，那位合伙人持股49%。

冲突1

公司起步没多久就被风险投资人看中，但投资人指出核心创始人的股权比例太少了，且那位合伙人对公司的贡献和股权比例完全不匹配，应该调整股权比例，至少确保核心创始人持股70%以上，否则就不投资这家公司了。

这件事情让两位合伙人闹得不太愉快，但是为了引进投资人，那位合伙人最终还是同意让出一部分股权，让核心创始人达到绝对控股的状态。

冲突2

合作得越久，核心创始人越发现那位合伙人确实跟不上公司发展的节奏，不仅技术不过关，公司管理也跟不上，对外维护投资人关系更谈不上，几乎所有的事情还是得核心创始人自己扛。为了公司长远发展和缓解自己的压力，核心创始人考虑引进更优秀的人才。

然而，将优秀人才引进公司后，遇到更尴尬的情况。后期引进的人才明显比原来的那位合伙人拥有更强的能力，但是没有股权，而且还需要接受那位合伙人的管理，于是两人间产生了不少冲突，后来优秀人才产生了离意。

此时，核心创始人已焦头烂额，决定给优秀人才配置股权留住他，于是要求那位合伙人一起出让股权形成激励股权池，因此又产生了摩擦。那位合伙人觉得自己一再退让，股权越来越少，而且眼看着新进的人才在公司的威信逐渐高过自己，心中很不是滋味。为了缓解矛盾，核心创始人出让了远超出自己相对持股比例的股权形成激励股权池，那位合伙人只是象征性出了一点。

冲突3

再往后，公司又进行了几次融资，核心创始人的股权比例被稀释得越来越少，这时新投资人愿意在满足业绩条件的情况下，让公司向核心创始人单独增发股权扩大持股比例。结果这又引起了那位合伙人的不满：大家都是创始人，凭什么向你一人增发股权，稀释我的股权。于是他不同意在增资决议上签字。

到了这个时候，矛盾就白热化了，新投资人也觉得为难，如果合伙人不和，那么这家公司是不能轻易投资的，因此要求创始人之间尽早解决矛盾。此时，公司面临着拿不到新的融资，且合伙人之间还存在矛盾不能同心协力经营公司的局面。

分析

这个案例存在的问题是，核心创始人未规划长远的商业战略，导致没有梳理公司具体需要怎样的人才，将那位合伙人放错了位置。将次要人才放到了重要人才位置上，而位置错配会引起错误的心理预期，错误的心理预期又会导致错误的行为，从而引发各种矛盾。这类似于丈夫将自己的母亲放到小家庭的重要位置上，而将太太放到次要位置上，位置匹配不当必然产生家庭矛盾。

找错合伙人而分错股权是非常常见的情形，比如应该是合作伙伴、员工、居间人或投资人而成了合伙人，或者应该是项目A的合伙人结果成了项目B

的合伙人，这类案例在第5章、第6章中还会做进一步介绍。

因此，你在分股权前一定要问自己一句话："我的商业战略是什么？"千万不要为了分股权而分股权，布好局，才能落子。

画重点

股权战略从哪里来：

■ 股权战略是商业战略五维度中管理维度的一部分；

■ 股权战略的存在是为了更好地实现商业战略；

■ 股权战略不是孤立存在的，商业战略中的其他核心要素决定了股权战略的内容。

股权战略的定义：

■ 股权战略是利用股权将特定商业主体所需的经营要素进行整合，以实现其商业目标的系统性的股权设计方案。

不合理的商业战略必然导致分错股权。

第2章

创业势如破竹还是举步维艰
——股权战略到哪里去

布局布局，局布得不好，就是死局；局布得好，就是流动的活水。

商业竞争力是一种生产力，股权战略是一种生产关系，生产力决定生产关系，生产关系反作用于生产力，这是你永远躲不了的规律。

如果股权战略缺失或股权设计得不合理，必然会导致创业项目遇到各种各样的问题，让你疲于奔命、顾此失彼。相反，如果股权设计得科学合理，可能会让你的创业项目人才和资源源源不断，实现四两拨千斤。

做好股权设计不仅仅是为了避坑，避坑只是防守，更重要的是你应当利用股权战略这一在商业战场进攻的稀缺武器主动出击，给自己赋能，攻击竞争对手，而不是被自己的不合理的股权战略反噬或者被别人的股权战略攻击。既能防守又能进攻的股权设计，才是理想的股权设计（见图2-1）。

图2-1 理想的股权设计既能防守又能进攻

2.1 坏股权战略[①]让你疲于奔命

股权战略不合理，会带来各种各样的商业风险，导致你在创业过程中常常深陷旋涡、疲于奔命，以下是一些常见情形：

（1）利益分配不合理，导致合伙人不能齐心协力经营公司。

（2）引入不合适的合伙人，且无退出渠道，导致合伙人之间产生矛盾及股权浪费。

（3）引入不合适的投资人，使公司发展受阻，创始人承担公司失败的连带责任。

（4）决策僵局，公司举步维艰。

（5）股权不够用，人才、资源不到位。

（6）股东与公司争夺利益。

（7）公司资产/资源不完整，比如股东该投入的资产/资源没有实际到位，使公司受制于股东。

（8）合伙人发生意外，导致其股权被继承或分割，严重影响公司运营。

（9）公司注册资本设置不合理，导致股东承担超出能力范围的责任。

案例1

广西一家做器械的公司的创始人找到我，说公司可能快撑不下去了，问我该怎么办。原来，他和公司另外一位股东已经撕破了脸，现在进退两难。

背景

这家公司原本经营得很好，但创始人热衷于研发，不擅长销售，对销售也没什么兴趣，因此在2017年引进了一位自称擅长销售的合伙人。这位合伙人承诺，参与公司经营后，公司业绩一定翻倍。创始人很开心，也相信这位朋友，想着今后自己可以专心研究技术开发，新合伙人负责销售及其他管理，也算各司其职，自己也能轻松点。于是，创始人给了这位空降合伙人超

① 为表述方便，本书将股权战略的缺乏和不合理的股权战略统称为坏股权战略。

过一半的股权。

但这位空降合伙人入股后，只是在公司内部开开会、搞搞制度，并没有去盯销售，结果导致公司业绩下滑。没过两年，空降合伙人从公司辞职了，创始人想，反正他也管不好，他想走就走吧。但是，空降合伙人持有的公司股权并没有发生变化。

冲突

再后来，突然有经销商找创始人说，那位离职的合伙人自己开了家新公司，在做和这家器械公司几乎一模一样的产品，而且还找到了这家公司原来的很多经销商，让他们采购他的产品。

这下创始人突然明白发生了什么事——被挖墙脚了！思来想去，他不知道该怎么办。公司如果继续做下去，岂不是在给别人打工？因为前合伙人还持有公司大量股权，要参与公司分红。如果不做了，相当于把市场拱手让给了前合伙人。如果自己另起炉灶再做，又很可能涉及侵占、挪用等刑事犯罪。

假设起诉前合伙人侵权或不正当竞争，即使赢了诉讼，阻止前合伙人在外开竞争公司，但前合伙人还是自己公司的大股东，还能随时折腾公司。

所以，创始人决定，先不考虑侵权和不正当竞争等问题，优先考虑把股权收回来。创始人把当时入股的协议和章程翻出来反复查看，找我给意见，但确实没发现任何收回股权的可能性。因此，只能找对方协商收回股权了。

结果

没想到，前合伙人要求创始人必须高价收回股权，否则就不同意退股。创始人非常头疼，自从前合伙人开始接手管理公司后，公司业绩下滑，根本挪不出这么多钱来回购。而且，现在创始人也不是大股东，前合伙人才是大股东，相当于创始人把这家公司送给人家了。

创始人非常懊悔，自己辛苦打拼多年拉扯起来的公司，就因为当初轻易分股权而被毁了。

心理学有个概念叫规划谬误，人们做规划的时候，往往不切实际地假设一切情况都是理想的，忽视可能会发生的不利事件，认为绝不可能出现任何意外（见图2-2）。

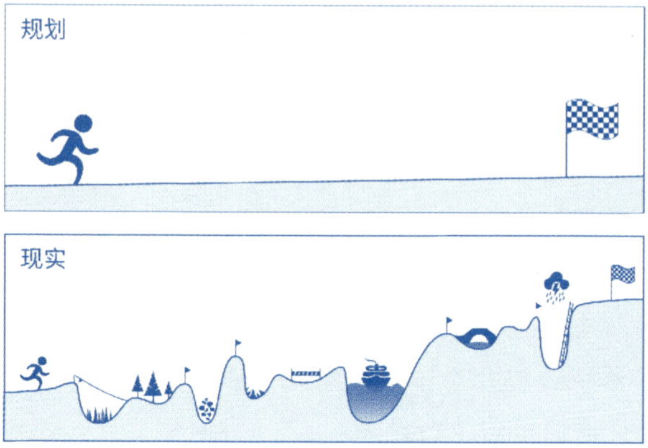

图2-2 规划与现实

在处理股权时，大多数创业者都会产生规划谬误，尤其是首次创业或还没有经历过股权纠纷的创业者。案例中的创始人没有做好股权设计，乐观估计形势，认为分出股权后，一切会如他所想顺风顺水，将股权分给了不合适的合伙人，而且没有安排退出机制，导致公司因为股东矛盾而停摆。

案例2

江苏一家做新材料的公司的核心创始人曾向我咨询，说公司因为股权问题遇到了大麻烦。

这家公司的产品刚面市就受到市场欢迎，很多供应商都下了采购订单，核心创始人认为自己大展宏图的时候马上要到了。但也正是此时，他突然意识到公司股权分配给公司发展带来了一个严重问题。

背景

核心创始人在一开始设计股权架构时基于对技术合伙人的信任，在不附带任何条件的情况下，直接给技术合伙人登记了40%的股权。但经过几个月的研发周期，这位技术合伙人并没有研发出公司需要的配方。

怎么办呢？技术合伙人说，没问题，虽然我研发不出来，但是这事我能找其他人搞定。于是技术合伙人从自己的股权中分了5%给一位博士专家，让这位博士专家来研发。果然，这位博士专家最终研发出了公司需要的配方。

看起来问题好像是解决了。

冲突

但是，隐藏的问题很快显露出来，虽然这位博士专家研发出了配方，但是并没有将配方交给公司，而是直接卖原料给公司。相当于，虽然能给公司提供核心技术，但是这个核心技术并不是公司的，如果博士一旦断供，这家公司就瘫痪了。

分析

博士拿到的股权，是通过简易版本的股权转让协议获得的，没有附带任何条件，博士也没有全职在公司工作，最多算兼职，没有任何竞业禁止和职务发明相关的约束。也就是说，没有任何协议约定因为博士持有公司股权，他研发出来的配方就应当归公司所有。甚至，博士可以将配方卖给其他公司，或者再投资其他相同行业的公司，而不受任何约束。

这意味着，公司非常依赖的这位核心技术人员随时可能成为公司的竞争对手。

那么，现在还能去和博士补充约定，要求他将技术配方交给公司吗？

很难。博士的股权比例很低，只有5%，只有5%的股权你能期待他将自己的技术送给公司？既然技术很先进，博士必然是更倾向于找一个能让价值最大化的方式。

方案

因此，只有两条路：一条路是增加博士的股权，同时签订协议确定好权利义务。但是，增加的股权从哪里来？是核心创始人给，还是原来的那位技术合伙人给？原来的技术合伙人持有35%的股权，他在合伙人中的定位需不需要调整？如果博士也需要30%以上的股权，核心创始人还能剩下多少股权？另一条路是推倒重来。因为前期股权分配非常不合理，调整难度较大，可以考虑在公司还没有做大之前，重新开设公司，重新分配股权，让博士成为主要股东并签署股东协议确定权利义务。如果这位博士不愿意入股或者不接受竞业限制，那么就需要考虑找其他具备同样能力的专家入股。亡羊补牢，为时不晚。

这家公司也是因为没有做好股权设计，没有提前思考分股权到底是在分什么、该达到怎样的目标、如何与公司的商业需求进行匹配，导致公司刚起步就面临生死难题。

上述两个案例讲的都是坏股权战略导致的与个别高管相关的商业风险，再举一个坏股权战略导致的系统性人才流失的案例。

案例3

背景

我接触过一家本来规模很大的电商公司，员工将近千人，但是创始人一直没有股权上的战略规划，舍不得分出利益，说了几年要进行股权激励，最后都没有落地。

有的高管一直等不到股权，觉得还不如自己创业，就提出离职。这时创始人就开始挽留，说马上会分股权，再等等。但等离职风波一过，股权的事又不了了之了。

冲突

长期反复，后来高管们再也不相信创始人“画的饼”了，陆陆续续离职了。核心高管一走，员工也开始动摇，流动性明显提高。

结果

此后很长一段时间，这家公司的业务一直上不了新台阶，营业额在其他竞争对手快速爆发的同时原地踏步。离开的高管和员工去哪里了呢？要知道，此时同区域的很多电商公司都在制定股权战略，给高管做股权激励，给员工构建事业部激励体制。这些高管和员工要么自己做电商创业，要么去了其他电商公司，把原来在公司学到的东西都带走了，成了原公司的竞争对手。

2.2 好股权战略让你四两拨千斤

生产关系符合生产力发展的需求，必然能促进生产力发展。比如战国时期秦国通过商鞅变法废除世卿世禄制，奖励军功，禁止私斗，重农抑商，奖励耕织，废除奴隶制及土地国有制，实行土地私有制，允许土地买卖，全面推行县制，废除分封制等，使秦国从积贫积弱逐步走向富强。

股权战略作为商业中非常重要的一种生产关系，设计合理，自然能为商业赋能。

华为的员工为什么那么拼命？大家都有股权分红是非常重要的原因。

腾讯为什么要将资源倾斜于美团？因为腾讯是美团第一大股东。

小米生态链公司的创业团队为什么能保持奋斗的积极性，因为小米不控股，创业团队才是最大的获益者。

案例4

韩都衣舍通过其独特的组织模式创新及股权战略一度成为中国最大的互联网品牌生态运营商之一。其创始人赵迎光于2017年底在混沌研习社做了一次演讲，分享了相关经验。他们是怎么做到的呢？这里涉及虚拟股权及实股合作的规划，我给你整理一下。

行业背景

首先看传统服装企业经营和管理模式存在的问题：

一方面，在传统的服装企业中，设计、运营、销售这些环节都是按部门操作，部门之间缺乏沟通。要是有一个款式卖得不好，就会出现库存积压，影响企业现金流。

另一方面，传统企业的管理结构是金字塔式的。最上层是总经理或者董事会，负责做战略决策；下边有各个部门总监，负责做战术决策；再往下是各个具体部门，负责执行。这种管理结构的问题是权责不清，业绩好了大家都有功劳，业绩不好又分不清是谁的责任。而且决策者和基层员工之间存在断层，员工仅仅是一个螺丝钉，没有决策权，积极性不高。

创新方案

那么，韩都衣舍是怎么进行组织创新的呢？总结一下就是公司提供平台，组建小团队，把权力下放，激发每位员工的积极性，最终员工可以成为股东。具体分成三个阶段。

第一个阶段，重组生产力，组建产品小组。

韩都衣舍把原来的产品研发、销售和采购这三大独立的部门打破，重新组建产品小组。每个小组由三个人组成[①]，一个负责产品研发，一个负责销售，一个负责采购。这个小组同时具备公司三个核心部门的职能，而且有很大的权力，比如决定做什么款式、留多少库存、定多少价钱，等等。公司会跟小组谈判，制定销售目标，公司提供平台支持，小组独立决策。

同时，公司根据每天的销售额给小组排名，小组可以随时看到竞争对手和自己的排名。这样每个小组总有可以追赶的目标，也总要提防被别人赶上，员工因此一直保持积极的工作状态。

这种模式能有效解决库存积压的问题，提高运营效率。产品小组很灵活，可以同时推出多个款式，每个款式先少量生产，根据销量再决定要不要继续生产。据说当时韩都衣舍的产品当季售罄率能达到95%，基本没有库存积压。

这个阶段还不涉及股权，员工的奖金分配由组长来决定。

第二个阶段，子品牌孵化和进行虚拟股权分红。

公司会鼓励做得好的小组做成独立品牌，当这个品牌达到一定的销售额和利润后，公司还会为他们举行“成人礼”。“成人”之后，他们除了能拿到原有的提成外，还能获得另外的不超过收益30%的分红，这就是虚拟股权分红。同时，这个小组还可以再孵化自己的子品牌。

第三个阶段，成立子公司，分配实股。

只要“成人”后的品牌再孵化出两个举行了“成人礼”的子品牌，公司就会将前面那个“成人”品牌成立为子公司，原小组成员可以直接取得子公司股权的30%，这个股权就不是虚拟股权了，而是工商登记的实股。

赋能

这一整套机制都是在一开始推行组织创新时公开的，在这个机制的激励下，公司不断裂变出新的品牌，新的品牌独立后，也会变成一个孵化新品牌的平台。韩都衣舍从2012年开始用这套方法，已经裂变出超过70个子品牌。

优秀的合伙人是否愿意加入你的创业项目、想要的资源是否会向你聚

① 韩都衣舍早期的小组为三人一组，后面逐渐开放允许一人小组的存在。

拢、核心员工是否会积极为公司考虑等，都与你的股权战略有关。如果股权战略设计得好，优秀的合伙人自然会来，资源自然会向你聚拢，核心员工的工作积极性自然会提高。

接下来从三个角度分析股权战略为商业赋能的效果：一是聚拢人才和资源；二是锁定企业发展目标不偏航；三是反思商业，优化商业战略。

2.2.1 聚拢人才和资源

“鸟则择木，木岂能择鸟？”①（意思为：鸟可以选择树木而栖，树木怎么能选择鸟呢？）

一家企业的股权战略很能体现创始人的志向和企业的前景。人才和资源在选择企业的时候，会考虑以下问题：这家企业能不能招到人才，企业的员工会不会更优秀更稳定，企业的目标是否是做大做强，企业是不是一家值得员工扎根的企业；这是让资源投入进来能实现更多价值和利益的企业，还是老板只想着尽可能自己多赚钱、成天“画饼”、不分出丝毫利益，铁打的老板流水的将士的企业。你在挑人才和资源，人才和资源也在挑你。

从聚拢人才和资源的角度来看，好股权战略至少可以在以下三方面体现优势。

1. 理清人才战略，快速做出人才决断

股权只有100%，给一点少一点，所以一般要省着给，但是，如果遇到符合公司战略规划的人，一定要大方给，用股权绑住他。

问题来了，该不该给？什么时候该节省，什么时候该大方？当一个人才站在你面前时，创始人能不能快速做出决断？你下手太冲动，可能所赠非人；你下手太慢，可能人才流失。那该怎么办？

这意味着，创始人必须提前准备好股权分配的方案，做好股权战略规划。这样，当人才站在你面前时，你才能快速判断这是不是你需要的人才，这个人才对应的股权比例大致是多少。

---

① 出自《左传·哀公十一年》。

你的企业发展有几个阶段、每个阶段的特点是什么、需要哪些人才和资源、对应应该释放多少股权、都应该给哪些人、给出去的标准是什么，都是需要系统思考的问题。你不一定要把未来十年的计划都制订得很详细，但是，你应该有框架、有原则、有容错空间；而近两年的计划需要制订得细致一点，因为这是需要马上派上用场的。

我经手的一些股权激励项目，创始人会和我一起把激励方案设计得非常细致，如哪些岗位哪些职级该给多少股权、升职了怎么给、完成了里程碑怎么给、业绩下滑怎么调整股权等。

整套方案设计完后创始人说，看人才简直是一个萝卜一个坑，心里少了很多纠结，该留的留、该放的放，快准狠。即使偶尔遇到一些确实优秀的人才嫌股权太少要走，那也没办法，毕竟一家公司是一个系统，需要平衡，不能因为个人而破坏整体的平衡。

现在创业项目的人才之争非常激烈，你是否可以做到“杀伐”果断呢?

2. 让企业更有吸引力

如果在引进高管前，你已经设计了合理的股权方案，那么你的企业将更有吸引力，更容易吸引人才和资源。

案例5

背景

有位客户一直想引入一位资深专家，也答应给这位专家股权以进行深度绑定。但这位专家在行业内非常有影响力，有很多选择，客户的这家公司几乎是备胎中的备胎，没有太大竞争力。

在专家基本决定要去另一家A公司前，最后还是打算了解一下客户给他授予股权的具体方案，于是和大股东做了一次深度的交流，了解股权方案的各种细节。这个股权方案是我们和大股东根据公司及这位专家的实际情况反复沟通讨论后的结果，我们认为这个方案很合理，既符合公司长期发展的股权规划，又对专家有吸引力。

果然，这个方案打动了这位专家，他决定不去A公司了，愿意去客户的公司入职。

分析

你看，专家在了解客户的股权方案前已经基本决定去A公司了，说明A公司给他的条件他已经挺满意了。为什么最后决定去客户的公司呢？说明在两家公司其他条件不变的情况下，他对比了两家公司的股权方案，发现我们与客户公司制定的股权方案更有吸引力，甚至能弥补客户公司的其他弱势。

相反，假设A公司其他条件不变，只要股权方案和客户的方案一致，那客户的方案就只是拉平而已，客户在这次人才争夺战中依然会输。

而这位专家最后具体去了哪家公司，对行业的格局可能会产生蝴蝶效应，这个影响不仅仅在于专家的专业能力，还在于公司的融资实力和对人才的持续吸引力。

推演一下，实力相似的两家公司，一家有这位专家，一家没这位专家，必然是有这位专家的公司更容易得到风投的青睐，估值可能更高，融资可能更快，融到的资金可能更多，薪酬待遇可能更好，能吸引更多人才。

风投都喜欢抢头部，因此另一家公司在股权融资上会处于相对不利的地位，融到的资金可能更少，融资速度可能更慢，甚至可能融不到资金。假设资金不足，那么商业战略、财务规划都会受到影响，会进一步影响公司的发展速度和薪酬待遇，而这种情况又会进一步降低公司对人才和资源的吸引力。如果创始人没有其他办法去弥补这些劣势，这可能就是多米诺骨牌倒下的开始。

上述这个案例是好股权战略带来的个别高管赋能商业的案例，再举一个好股权战略系统性地吸引人才和资源赋能商业的案例。

案例6

有位电商客户，在公司设立初期就做好了股权战略规划，因此在资金不足的早期，他利用股权成功布下了一个个战略要点。

虽然这家电商公司的启动资金并不充裕，但创始人非常有远见。创始人和我一起详细讨论了公司商业战略规划，在第一阶段、第二阶段、第三阶段分别达成什么商业目标，对应的每个阶段需要引进怎样的人才，股权如何设计；针对能给公司赋能的外脑资源，怎么给股权；针对销售团队，如何建立与股权挂钩的激励机制；针对合作厂商，如何进行股权战略合作，如何实现利益共享；等等。

接着，创始人直接拿着股权战略规划去寻找高管，在起步阶段就告诉潜在高管公司未来的商业规划及股权战略，这不仅是针对单个高管个人的股权方案，也是公司长期的全面的股权战略。高管一看就明白创始人的志向，尽管这家公司在起步阶段给高管的工资少得可怜，但还是吸引了几位优秀高管加入。

同时，创始人又拿着股权方案去找厂家，本来厂家只是生产卖货赚点小钱，但是听了创始人关于公司和厂家的股权合作规划，以及公司未来的商业规划及股权战略之后，一些厂家表现出了浓厚的兴趣，认为这可能是一家前景不错的公司，而且他们看到了自己被放大的长远利益，愿意建立长期的新型合作关系。这种突破传统的合作方式极大地缓解了这家早期电商公司的资金压力，激发了其发展潜力。

在与一两家工厂有了新型合作关系的成功案例后，这家电商公司开始如法炮制，在商业合作模式上越来越成熟，行业内认可度也越来越高；同时，子项目公司的股权方案又吸引了更多人才加入，资金和人才问题都得到了很好的解决，公司逐渐步入良性循环。

这家初创公司在股权战略的赋能下，不断提升商业竞争力，可谓实现了四两拨千斤。

3. 更容易谈定股权

如果没有股权战略规划，很多合伙人会对自己应当持有的股权比例抱有不切实际的幻想，大部分人会习惯从“人头”去看比例。

比如，公司只有三位合伙人，大部分人会想当然认为自己的比例应该在30%左右，低一点的话在20%，最低也不可能低于10%。当你告诉他只打算给他5%的时候，他很容易激动：“我们一共只有三个人，为什么我只有5%！”

如果你没做股权战略规划，希望得到他的理解是非常困难的。但是，如果你已经有了这个项目的股权战略规划，并把你的规划解释给他听，他会更能理解股权比例为什么需要这样设定。

案例7

有个创业项目的发起人曾和我反馈，他说听了我的课程后，按照课程中的指引算出了合伙人之间的初始股权比例，他拿给其中一位合伙人看，那位合伙人非常吃惊地说："我以为我会有30%，怎么才10%呢？"

这位发起人一时不知从何解释，干脆让全体合伙人都去听我的课程，然后把根据课程内容计算出的Excel表格展示出来给大家看，逐步解释计算的过程。之前表示吃惊的合伙人很快就明白了自己的股权为什么只有10%而不是30%。其他合伙人也表示理解了发起人的初衷，后来顺利完成了合伙人之间的股权设计。

接着，这位发起人在与上下游企业进行项目合作时也推荐合作方都先来听我的课程，让大家达成一个共识，然后再谈项目公司该怎么分配股权，最后他们顺利完成了股权分配。

2.2.2 锁定企业发展目标不偏航

商业战略一定是经过深思熟虑后确定的长期且稳定的发展方向，必须是统一的具有连贯性的行动，这样才可能实现愿景。如果朝秦暮楚，就很容易偏离目标、事倍功半。而好的股权战略一旦定下来，是可以帮助创业项目锁定发展方向并实现商业战略的长远目标的。

假设开一家服装工厂，你可以选择按传统的事业部方式运作，或者一开始就采用类似韩都衣舍的方式，规划好业务小组的激励，但不管选择哪种方式，按照第3章介绍的制定股权战略的步骤进行梳理，这些目标就会被植入股权战略规划中。企业有对业务小组的激励方式，业务小组就会主动形成；企业没有对业务小组的激励方式，哪怕强行设立几个业务小组，其也只是形式上看起来像，但本质上并不具备独立业务小组的动力。

市场上还有很多与韩都衣舍相似的有名的案例，比如小米生态链的股权合作模式使小米既能指引生态链公司，又给了这些公司自由发展的空间，不论是商业上的合作盈利还是股权上的投资收益，小米都达到了自己的目的；还有优剪理发，加盟商只负责租店，剩下的运营和人员全部由优剪统一管理，从而快速在全国开店占领市场，同时又保证了服务质量和口碑。这样的案例有很多公开信息可以查询，此处不再累述。

你可以将股权战略理解为创业项目的组织架构基因，这个基因会影响创业项目中每个人的行为和方向，有怎样的基因才能成长为怎样的大树（见图2-3）。

图2-3　股权战略影响商业行为

2.2.3　反思商业，优化商业战略

制定股权战略有一套系统的思维框架，这个思维框架与商业战略密不可分，因此，可以迫使创始人逆向反思商业，提前规避商业风险。

根据我的亲身经历，几乎每次和创业者讨论股权战略时，都会产生创业者反思商业的效果，比如他们会说："我原以为内部管理这样会更好，但是经过刚才的讨论，我认为那样调整会更符合我们实际的商业需求。"

案例8

有家制药公司的创始人在向我咨询完股权后，过了一段时间又专门联系我，说他根据我帮他理的思路思考了一段时间，发现创业项目的人才配置是有问题的。

一方面，公司缺少某个项目的运营管理负责人，需要补上；另一方面，公司对某位合伙人的定位是错误的。一开始公司打算让这位合伙人负责两家项目公司的销售，但其实应该只让他负责其中一家项目公司的销售，因为他并不擅长另外一家项目公司的销售，最多只能让他暂时兼岗，但不能给股权和锁定职位，否则可能会对将来引进真正合适的人才形成障碍。

于是，这位创始人在设计股权的过程中顺带调整了公司的商业战略，避免了因为合伙人位置错配而引发的风险。

类似情形还有很多，通过股权战略的思维框架，不少创始人会发现自己找错人、找错方向或准备在错误的时间、错误的领域内分股权。

2.3 摸着石头过河的实干派怎么办

可能有的朋友会认为，商业战略是学院派的顶层设计，真正的实干派是摸着石头过河的，哪有那么多长远的商业规划和见解。这种观点本身谈不上对错，可能适合某些场景某些创业者。针对这类情形，我有三个建议。

（1）能用钱解决的，就不要用股权去解决（这点在后面章节会介绍）。

（2）你可以规划到多远就分多少股权。我相信你不会一点规划都没有，至少你清楚目前打算卖的是什么服务/产品，后面可能还有第二、第三阶段，那就针对目前已经想清楚的这个阶段按本书的逻辑分好股权，尽量不要超出你的想象范围分股权。

（3）理清楚分股权的边界。既然走一步算一步，那你的商业规划就存在无限可能，可能会不断衍生出很多商业模块，那么需要理清楚向某位合伙人分的是哪个商业模块的股权，必要的时候通过设立项目公司来分股权，而不是全部在母公司层面分股权。

剩下的，就需要根据具体场景来设计了。

下一章我们将具体了解如何制定出你的股权战略。

画重点

坏股权战略让你疲于奔命。

好股权战略让你四两拨千斤：

- 聚拢人才和资源；
- 锁定企业发展目标不偏航；
- 反思商业，优化商业战略。

第3章

如何制定你的股权战略
——做好顶层设计

前两章中，我们已经知道合伙人股权设计处在什么“局”中，也知道了股权战略“从哪里来”“要到哪里去”，接下来就该具体了解怎样制定你的股权战略了。本章将和你一起一步步制定股权战略，完成你的布局。

既然股权战略是基于商业战略而产生的，制定股权战略首先要做的自然是理清商业战略。从理清商业战略开始，一直到细化股权战略并落地，一共有五个环节，如图3-1所示。

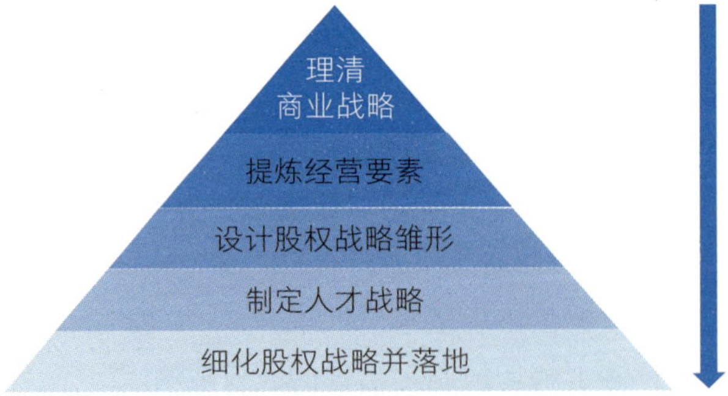

图3-1　制定股权战略的环节

第一环节，理清商业战略，就是思考清楚你要做什么。

第二环节，提炼经营要素，就是要做成这件事，你需要什么支持。这就是你需要的经营要素，将它提炼出来。

第三环节，设计股权战略雏形，意思是将你需要聚集的经营要素进行价值判断，与股权挂钩，这就形成了股权战略雏形。

第四环节，制定人才战略，意思是思考什么样的人可以向你提供你需要的支持，即思考你需要的人才。

第五环节，细化股权战略并落地，意思是对整理出来的股权战略完成一个个具体画像，从而使股权战略得到细化，可以落地。

为了阐明逻辑和便于理解，接下来的步骤都会按照理想状态的顺序进行梳理，因此，可能无法与你的项目情况完全匹配。你可能先有了合伙人再思考商业战略；可能已经分完了股权才开始思考股权分配是否合理；可能项目已经启动了，现在处于新引进合伙人分股权的阶段。这都没关系，你依然可以按照本书的脉络重新梳理一遍股权战略，如果发现存在不合理的地方，都可以尽可能去弥补和纠正，为时不晚；如果遇到无法完全契合的环节，你可以根据实际情况调整使其更符合你的项目特点。

现在我们就开始一步步制定你的股权战略。

3.1　你要做什么——理清商业战略要点

第1章已经简要分析了商业战略的五个维度，这里不再重复介绍，不过商业战略中有四个与股权紧密关联的要点，我会重点帮你梳理一下。

这四个要点是商业目的、盈利点、交易环节和里程碑。

3.1.1　商业目的

商业目的，也就是你到底想做什么，你做这个创业项目的初心是什么。是解决用户的通信难题，还是解决用户对翻译的需求和对健康饮食的需求？是想做成很有影响力的大公司，还是小富即可？

商业目的之所以重要，不仅仅在于它是创业项目的源头，更重要的是，它是寻找合伙人的重要标尺。如果商业目的没有被理清，你找的合伙人很可能与你的目的不同，股权设计自然也会出错，第1章的案例2就是很好的案例。这个问题在第4章和第5章还会着重讲解。

此处有个陷阱需要注意，很多创业者经常混淆目的和手段。就像郑人买履，郑人给自己画了个鞋样，这是一个手段，目的是买鞋。而他把手段放在第一位，当他没带鞋样的时候，便跑回去取鞋样，浑然不知他的脚就是最好的鞋样。

创业者也经常一旦定下手段，便瞪大眼睛盯着手段，反而忘了目的，导致做出错误的决策。

案例1

曾有家做产品运营的公司前来咨询该如何与合作厂商分配股权。在讨论他们既定的股权方案时，我发现该股权方案和与厂商合作的初衷是背道而驰的。

背景

产品运营公司与厂商进行产品合作，厂商提供产品，产品运营公司负责运营，获得的收益按比例分配。产品运营公司希望在合作中达到轻资产运作的效果，将产品成本压在厂商，而产品运营公司仅负责运营，不承担产品库存成本。

但在股权方案中，产品运营公司又要求，如果他们销售产品的业绩很好，厂商就必须与他们设立合资公司，共同拥有产品的知识产权，共担各种成本。这意味着，库存成本转到了合资公司身上，而这家产品运营公司也间接承担了其中的一部分成本，这岂不从轻资产运营又变成了重资产运营？

股东也觉得回到重资产运营不太合适，但是他提到一个关键信息："我也是没办法，如果不设立合资公司把产品知识产权转过来，等我把厂商的产品运作成爆款了，厂商很可能就不和我合作了。我就是折腾半天为别人铺路了。"

分析

说到这里我便明白，产品运营公司混淆了目标和手段。产品运营公司的目标是"锁定优质产品"，手段是"股权合作"。但是在方案设计过程中，产品运营公司忽略了自己的目标只是"锁定优质产品"，错把"股权合作"当成目标，一门心思想着设计股权方案，但股权合作的方向其实和战略目标是有偏差的，因此不论怎么设计，都很难设计出理想的方案。

结果

于是，我直接打破了他们的目标，将他们拉回现实，让他们重新认准方向是"锁定优质产品"，在原有股权方案之外重新设计合作方式，既能帮助他们锁定优质产品，又能维持轻资产运作的目标。

以上这种情况在我的咨询案例中是很常见的，很多创业者找我咨询时会直接问，我要给某人分股权，请问怎么操作。但沟通后，我发现很多问题可以不用股权去解决或者用股权是解决不了的。比如有的问题通过优化绩效考核就能解决，有的问题需要内部进行组织架构变革才能解决，有的问题则通过调整合作方式就能解决，甚至有的问题需要调整商业战略才能解决。

而创业者一旦有了“分股权”这个念头，往往就会陷入具体的股权方案设计中，而忘记自己原本的目的是什么，忘记判断是否有更好的实现手段。切记，不要忘记自己的初心。

3.1.2 盈利点

盈利点，主要指创业项目具体要提供什么产品，产品能赚钱的本质是什么，赚的到底是谁的钱，用户凭什么付费给你而不是付费给你的竞争对手。

盈利点可以体现出创业项目的市场定位以及“护城河”，即核心资源。这对于计算股权比例非常重要，如果分不清孰轻孰重，就很难计算股权比例，这点在第9章会有详细分析。

3.1.3 交易环节

交易环节，主要指完成一个闭环的交易需要哪些环节。比如，如何吸引用户，如何留住用户，如何提供服务，如何收款，如何进行数据分析，等等。

交易环节有助于梳理人才配置，进而影响整体的股权战略，本章下文会呈现这个关联性。

3.1.4 里程碑

里程碑，是指商业模式验证的重要节点，比如什么时候获得行业资质，什么时候需要获得一定数量的用户，什么时候实现试点盈利，等等。

里程碑不仅仅是验证商业模式的节点，也是分股权过程中很重要的节点，决定了什么时候应该分股权或收回股权。没有里程碑，就没有检验股权分配的节点。

案例2

某位提供第三方服务的核心创始人说他的项目已经启动了，但是还没分股权，心里有点不安，总觉得该做的事情没做，但又不知道该怎么分，于是想向我咨询具体的方案。

背景

经过沟通发现，这个创业项目早期都是由一个个小项目构成的，而每个小项目做完，合伙人之间可以就单个项目本身获得的收益进行分配。只是，项目越多，就越需要进行项目管理，核心创始人还不确定目前的合伙人在正常地做项目外是否有相应的管理能力。

分析

这个案例中，为什么想分股权分不了？原因是，最早的里程碑还没出现，目前他们还处在搭伙阶段，对方是否适合做合伙人、能力强不强等问题并不清楚，因此自然不好分股权。

结果

最后，我建议他先不要分股权，维持现状，现在做项目都是有钱分的，谁也没吃亏，大家并不会因为没分股权就不做事了。待商业模式基本确认，对方基本符合合伙人的条件后，再分股权也不迟。

虽然上面提到的建议并不适合所有的创业项目，但里程碑确实是绝大部分项目进行或检验股权分配的重要节点，这点在第14章中还会做详细介绍。

3.2 你需要什么——提炼经营要素

知道你要做什么之后，要做成这个事，你需要什么，就是你需要的经营要素，你需要将它提炼出来。所谓经营要素，就是一个创业项目经营发展所需的各种支持。

比如，你的项目大概需要多少启动资金，需要怎样的设计能力、产品研发能力、技术支持、上下游资源支持、组织管理能力等。

不同的经营要素可能来自不同的人，但目前阶段不要考虑人的因素，对事不对人，单纯将需要的经营要素提炼出来即可。

为了便于大家理解，我将以理发店为案例来进行分析。虽然理发店看起来很普通，但是商业和股权的本质是不变的。这个理发店案例将是贯穿本书始终的大案例，从制定股权战略到最后股权工商登记落地，每个步骤我都会掰开揉碎展现给你，你可以完整体验一家小型创业公司是如何一步步完成合伙人动态股权设计的，这对你的创业项目一定会有参考意义。

- **理发店案例**

以普通的理发连锁店的商业规划及经营要素为例（见表3-1）。

表3-1 理发店经营要素

<table>
<tr><th>商业规划环节</th><th>内容</th><th>经营要素</th></tr>
<tr><td>商业目的</td><td>1. 为消费者提供美发服务
2. 做个普通的连锁生意</td><td rowspan="2"></td></tr>
<tr><td>产品或服务</td><td>理发、发型设计、烫发、染发及洗护等日化用品销售</td></tr>
<tr><td>盈利点</td><td>1. 提供服务收费
2. 卖产品
3. 通过开连锁店增加规模效益
4. 提高服务品质，尽可能吸引和留住消费者</td><td rowspan="3">1. 启动资金100万元——初创阶段
2. 理发美发技术：首席理发师一位，普通理发师数位——长期
3. 运营管理能力——长期
4. 上下游资源：供应商、销售推广渠道等——长期
5. 其他关系资源——长期
6. 软件技术——扩张阶段
7. 财务运作——扩张阶段
8. 店长——扩张阶段
9. 扩张资金——扩张阶段</td></tr>
<tr><td>交易环节</td><td>吸引用户到店→宣传服务或产品→搜集用户信息→服务体验→推销优惠券或注册会员→收费→收集用户反馈并做改进→定期推广新的服务、产品</td></tr>
<tr><td>里程碑</td><td>1. 产品验证阶段（3个月左右）：能有N_1位客户消费，N_2位客户愿意购买会员服务
2. 商业模式验证阶段（1年期）：单店能开始月度盈利
3. 扩张阶段（暂定3年）：分店能开5家以上</td></tr>
</table>

注：本表仅为范例，以此来模拟股权战略形成的过程，不代表开理发店的商业规划一定是本表中这样的，请勿盲目照搬。

经营要素提炼的过程中有一些注意事项，第9章会再做详细介绍。

3.3 判断价值——设计股权战略雏形

在上一步的基础上，将你需要聚集的经营要素进行价值判断并与股权挂钩，就能设计出股权战略雏形（见表3-2），具体如何进行价值判断、如何与股权挂钩，将在第4章中做详细介绍。

表3-2 将理发店所需经营要素与股权挂钩

所需经营要素	与股权挂钩的规划
启动资金100万元	初创阶段实股
理发美发技术	初创阶段实股
运营管理能力	初创阶段实股
上下游资源	不分配股权
其他关系资源	实股、虚股或不分配股权
软件技术	扩张阶段实股
财务运作	扩张阶段实股
店长	扩张阶段实股或虚股
扩张资金	扩张阶段实股

3.4 找什么人来支持你——制定人才战略

知道了需要什么支持，那么什么样的人可以提供这些被需要的支持呢？这就是你的创业项目需要的人才，整理出来，就是创业项目人才战略的组成部分。这也是第1章提到的，一个创业项目该寻找怎样的核心团队去匹配这个创业项目的愿景、大势和市场的过程。

继续以理发店为例（见表3-3）：

表3-3 理发店人才分析

经营要素	所需人才	重要性急迫程度
启动资金100万元——初创阶段	能带来资金的人	重要，初创阶段一定要到位
理发美发技术：首席理发师一位，普通理发师数位——长期	理发美发技术好的人	重要，初创阶段一定要到位
	理发美发技术普通人才	重要性较低，比较容易招到及替换，初创阶段一定要到位
运营管理能力——长期	懂运营管理的人	重要，初创阶段一定要到位
上下游资源：供应商、销售推广渠道等——长期	有此类资源的人	重要性较低，此类资源比较普通，可替换性较高
其他关系资源——长期	有此类资源的人	重要性较难预测，初创阶段暂不需要，未来较难预测
软件技术——扩张阶段	懂软件技术的人	重要，但初创阶段暂不需要，扩张阶段需要
财务运作——扩张阶段	懂财务运作的人	重要，但初创阶段暂不需要，扩张阶段需要
店长——扩张阶段	有店长才能的人	比较重要，但初创阶段暂不需要，有两三家分店后需要
扩张资金——扩张阶段	投资人	重要，但初创阶段暂不需要，待商业模式验证完，需要扩张的时候才需要

以上就是理发店创业项目的初步人才战略规划，做完这个规划，理发店需要引进怎样的人才、什么时候引进就变得非常清晰了，体现如下。

初创阶段要找哪些人才

初创阶段至少需要匹配能带来资金的人、理发美发技术好的人以及懂运营管理的人。上下游资源是锦上添花的事情，如果没有现成的，也可以临时去找资源。

以上这几类人不一定都是独立的，也可能是重叠的，比如一个人既出资金又具备管理能力，这很正常，只要人才合起来能满足早期全部重要经营要素即可。

扩张阶段要引进哪些人才

这家理发店将来可能还需要懂软件技术和懂财务运作的人，这是比较明确的。当然，还可能产生其他核心高管，比如部门负责人、区域负责人等。

这个人才战略规划提醒创始人在分股权的时候，要提前考虑给未来的人才预留股权，否则将来需要人才但无股权可分时，就难以招贤纳才。

需要提前规划店长的激励机制

扩张阶段，店长是非常重要的角色，他们个人可能没那么重要，但是稳定的店长队伍就非常重要了。这时，除了给店长业绩上的奖励外，还可以给一些股权上的利益。

店长队伍人员众多，且流动性较大，这里的股权方案需要更加灵活。虽然启动阶段不需要急着定好方案，但在引进或开始培养店长之前，这个方案要明确，这样储备人才才会有留下来的心理预期。

其他关系资源的股权预留

其他关系资源对理发店而言较难预测，一般建议提前预留一些，这样当有资源来的时候才能接得住。

投资人股权安排

将来进行业务扩张，大概率是需要引进投资人的，创始人心里应当有数，将来会有这样的外部股东存在。外部股东会希望创始团队的股权分配合理，同时他们也会稀释创始团队的股权，掌握一定的表决权。

因此，在初创阶段，创始团队就要了解投资人希望公司的创始团队怎样进行股权分配，同时，不能在早期阶段把创始人对公司的控制力想得过于乐观，而要提前考虑、以长远的眼光规划如何保持创始团队对公司的控制。

以上即是人才战略的简析，严格来讲，真正的人才战略规划需要考虑得更全面，比如如何获取人才、培养人才、评估人才、激励人才、开除不合适的人才等，但对于初创企业分股权而言，做到目前这个阶段已基本满足需求了。

现在，重新对人才的需求结合股权战略雏形进行整理，视角更加清晰（见表3-4）。

表3-4 理发店股权战略雏形

股权	对应人才	规划
实股	创始人团队	创业初期完成分配
实股	未来引进的核心高管	提前预留，在打算引进核心高管前设计好方案
实股、虚股或不给股权	未来关系资源	考虑到有给实股的可能性，最好提前预留，最终如果没有将预留的股权给资源方，那么这部分股权还是属于创始团队的。如果是系统性的资源，应当提前设计好方案；如果是临时性的资源，可以在遇到问题时再具体分析
实股或虚股	未来店长	提前预留，在引进或开始培养店长之前设计好方案
实股	未来投资人	不用预留，届时增资入股，但需根据投资人对股权结构的偏好及影响提前做好规划，在引入过程中规避不合理的风险

3.5 完成画像——细化股权战略

在股权战略雏形及人才战略的基础上归纳整理，创业公司的股权规划主要可以分为以下四类（见表3-5）。

表3-5 理发店股权战略雏形整理

股权规划类型	对应人才	急需阶段
创始人团队股权	创始人团队	初创期
激励股权	未来引进的核心高管、未来店长	初创期结束后至中长期
投资人股权	未来投资人	早期或在取得阶段性里程碑后
外部资源股权	未来关系资源	初创期结束后至中长期

以上四部分股权规划是大部分创业项目所需的股权战略规划，根据每个创业项目的具体情况会有增减。

股权战略只有具体化后才能落地，因此，制定股权战略的最后一步是对股权战略雏形中的每个股权规划类型进行具体的画像，比如哪些人才可以获得股权、具体比例是多少、有没有进出机制、有没有违约责任、有没有调整机制等。

细化后的股权战略就可以实施落地了。

本书接下来的章节，将以创始人团队股权设计，也就是合伙人股权设计为样本，和你一起体验细化股权战略的过程。“动态”是本书合伙人股权设计的一个特点，因此跟着本书一步步走完，你完成的就是“合伙人动态股权设计”。

股权的底层逻辑都是相通的，如果是其他股权设计的场景，你只需将接下来的内容中的“合伙人”替换成你的“高管”“员工”或其他“合作伙伴”即可。这在大多数情况下是同样适用的，因此本书不再针对每个类型的股权设计分别做细化讲解。

画重点

股权战略形成的五个环节：

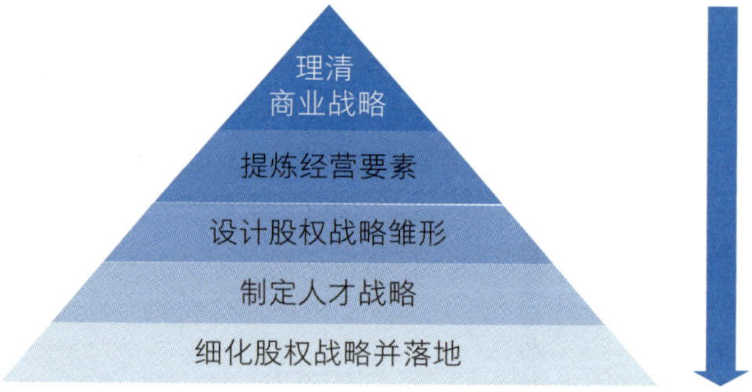

商业战略中的四个要点：

- 商业目的——寻找合伙人的重要标尺；
- 盈利点——判断股权比例的重要依据；
- 交易环节——有助于梳理人才配置；
- 里程碑——进行股权分配或检验的重要节点。

第4章

哪些关系适合被分配股权

上一章我们梳理了制定股权战略的环节，其中“设计股权战略雏形”环节非常重要，是商业规划与股权产生直接关系的一个环节。本章将具体分析哪些关系适合被分配股权。我们在上一章已经将各种关系提炼成了经营要素，因此这个问题也就转化成哪些经营要素适合被分配股权，哪些不适合被分配股权，哪些需要给实股，哪些需要给虚股。

要回答这些问题，必须先了解股权的特点。

4.1 股权的特点决定该如何设计股权

从设计股权的角度来看，股权具有三个特点：稀缺性、稳定性及管理属性（见图4-1）。

图4-1 股权的三个特点

4.1.1 股权的稀缺性

稀缺性是股权最重要的特点。

首先，股权意味着利益，不仅代表现在看得见的有限利益，还代表未来可期的巨大利益。因此，很多创业公司合伙人在项目启动阶段相互信任、其乐融融，但是公司发展好了，反倒针锋相对、尔虞我诈，这都是因为利益变大了。其次，股权是有限资源，只有100%，你永远不能把股权变成101%或200%，你多了就意味着别人少了，别人多了也意味着你少了，这是个此消彼长的关系。因此，股权意味着可能存在巨大利益，又是有限资源，具有稀缺性。

逐利是人的本性，谁都希望自己能占据更大比例的利益。但想要利益足够大，你又必须把利益分出去，让更多人来帮你，把这个蛋糕做大，这样你最后到手的绝对蛋糕才会更大（见图4-2）。

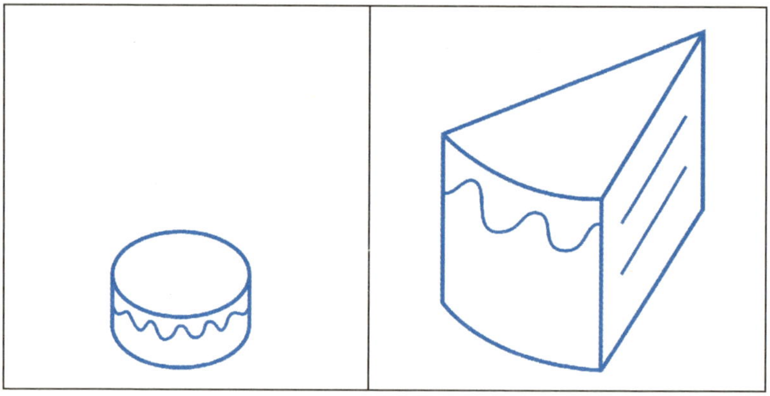

图4-2 想要更大比例的小蛋糕还是更小比例的大蛋糕

但是，这里的关键点不仅仅在于你是否足够“大方”，这里不仅有“你”和“他人”的关系，还存在“他人”和“他人”的关系，也就是说，你单纯把股权分出去是远远不够的，你还必须分配给最合适的人。

你可能看张三、李四、王五都挺合适，他们都能或多或少地帮助你，但是，你真的有必要都给他们股权吗？随着公司的发展，可能哪天赵六、孙七、周八也能帮到公司，你要一视同仁全部给股权吗？如果简单地以对创业有帮助为标准来分配股权，那么你的股权迟早是不够用的，而且很可能每个人都没有获得他所预期的股权，导致他们对这个创业项目失去积极性（见图4-3）。

图4-3 给每个人都分配股权导致股权不够用

因此，股权的稀缺性意味着，你必须认真权衡谁更有资格获得股权并进行必要的分配，尤其是对关键人员的分配要到位。

4.1.2 股权的稳定性

股权是公司股东的特有权利，具有所有权的特性。打个比方，你把你的笔记本电脑卖给了张三，那么这笔记本电脑的所有权就属于张三了，今后你想让张三把笔记本电脑还给你，不管你愿意出多少钱，只要张三不同意，你是没有权利要回电脑的。

如果对股权没有进行特别的规则设置，那么分配出去的股权是收不回来的，它会稳定地属于被分配股权的那个人。因此，你绝对不能有这种考虑：这个人很有价值，先把股权给他，在他没价值的时候再收回股权分给其他人。

股权的稳定性要求你在分配股权时，必须做长远的考虑，因为你一旦将股权分出去，很可能就要不回来了，所以不能只顾着眼前的需求。

4.1.3 股权的管理属性

分配股权不仅意味着分配利益，还意味着分配所有权对应的管理权。获得股权的人可以参与公司的决策，这将对公司产生很重要的影响。当你分出去的股权达到一定份额时，你可能就无法控制这家公司了。一旦失去对公司的控制权，很多影响公司命运的问题就会产生。比如，可能出现决策僵局，导致公司发展缓慢且错失良机；可能出现商业战略朝令夕改，导致公司偏离商业目标；合伙人之间可能争夺控制权，导致军心不稳、人心涣散；等等。

股权的管理属性要求你如无必要不要随意引入股东，在分配股权的同时要注意尽可能守住管理公司的关键股权比例，同时还要尽量通过其他方式加强对公司的控制权。

正因为股权有稀缺性、稳定性和管理属性三个特点，所以在股权设计中就必须想办法去应对这三个特点。

基于股权的稀缺性，我们要对股权精打细算，每分出去一分股权都要有依据；

基于股权的稳定性，我们要设置股权动态调整的规则，让股权分配变得更灵活，更能适应商业的不确定性；

基于股权的管理属性，我们要尽可能让控制人成为大股东，并通过各种架构设计及股东协议和章程的约定去加强创始人对公司的控制权。

也正是以上这些应对股权特点的方法构成了本书的核心部分。现在我们开始解决第一个问题：哪些关系适合被分配股权。

4.2 如何判断哪些关系适合被分配股权

基于股权的稀缺性，我建议将股权尽量分配给同时满足以下三个条件的经营要素，注意，是同时满足，而不是满足其中某项：一是该经营要素具有核心重要价值；二是这个价值是长期的而不是短期的；三是这个经营要素能组成创业项目的生命共同体（见图4-4）。

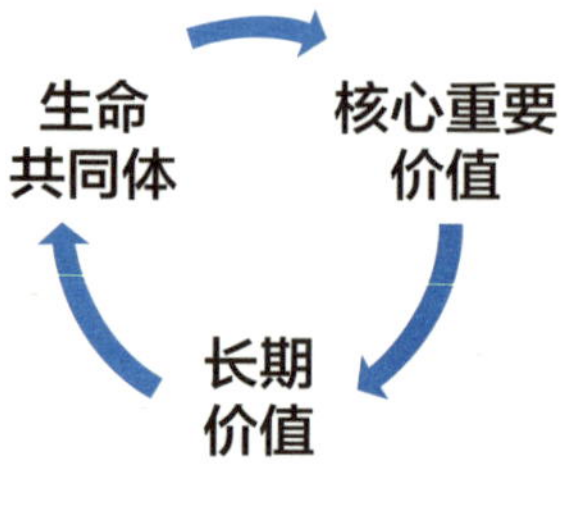

图4-4 适合被分配股权的三个条件

4.2.1 核心重要价值

一个经营要素具有核心重要价值，主要有三个特点：必要、贡献大和不易替代。

1. 必要

所谓必要的经营要素，是创业项目发展必须配置的经营要素，如果没有，对公司的发展将造成明显的影响。

对一家理发店而言，场地、理发师、各种洗发用品和理发工具等是必要的；对一家传统的房产中介公司而言，中介人员和房产信息渠道是必要的；对互联网公司而言，资金、管理人员、IT（信息技术）人员、产品研发人员等是必要的；对科技型公司而言，资金和技术研发人员都是必要的。没有这些必要的经营要素，公司根本没办法开工。

相反，如果某个经营要素对公司发展的影响很小或者几乎没影响，那么这样的经营要素就不是必要的，是不适合分配股权的。这个标准可以刷下大部分让你眼花缭乱的经营要素。

比如，在理发店案例中，首席理发师说他有个理发剪上的专利，希望能作为技术入股到公司，可以吗？理发店确实是需要理发剪的。

答案是，不行。理发店是提供理发服务的，不是卖剪刀的，理发需要用的剪刀直接买就行了，用不着买个专利，因此这个专利对理发店而言没有价值。

理发店某位合伙人说，理发店需要客人的座椅，而他有家工厂刚好生产高端电动按摩椅，可让顾客坐着舒服，理发店能否就用他家工厂的按摩椅，他可以给理发店打七折，并算作他增加的出资款？

答案是，不行。理发店虽然需要椅子，但没必要全部都使用高端电动按摩椅，不能因为是合伙人的产品就盲目接受。这相当于拿一堆鸡肋东西来稀释其他合伙人的股权，是不能接受的。

再比如一家传统制造型企业的合伙人愿意在市中心高端写字楼为公司提供办公室，希望按市场价折算成股权；或者你的公司是做医药研发的，某位合伙人说他IT技术很厉害，希望以此能分配点股权。这些都是没必要的。

2. 贡献大

贡献大是指如果缺少某个经营要素，这个创业项目就很难成功。

比如，对一家餐厅而言，主厨的手艺非常重要，菜品味道不好，顾客吃了第一次就不会有第二次了；对金融类公司而言，比如小额贷款公司，牌照这个经营要素非常重要，没有牌照就不能运营；对一家做营养产品的公司而言，产品设计能力非常重要，必须设计出有市场需求的产品才会有人买单；对电商公司而言，运营能力非常重要，这直接关系公司的收入；对医药公司而言，研发能力很重要，药品研发不成功，这家公司基本上就废了。

相反，有的经营要素虽然是必要的，但是贡献却很小，比如理发店早期请了一位财务小妹帮忙做账，顺带在前台接待一下客人。她说："我在初创期就加入你们了，是你们必需的财务人员，能不能分点股权给我？"理发店确实需要财务，能不能分股权给她？

答案是，不适合。理发店的财务人员对这家理发店的贡献太小了，即使前期没有财务人员，导致财务账簿一团糟，理发店还是可以继续发展，只是后期的理账可能比较麻烦。即使真的要给股权，也是今后股权激励需要考虑的问题，和初创阶段合伙人之间分配股权没有任何关系。

3. 不易替代

不易替代也可以说是稀缺，如果一个经营要素很容易被替代也是不适合分配股权的。

比如经营贸易的公司，一般都需要法律服务以避免和解决各种贸易纠纷，法律服务对它而言是必要的。同时，法律服务还很重要，如果没有法律服务来规避各种风险，这家公司就很可能在各种纠纷中损失大部分利润，因此法律服务的贡献也不小。

但是，法律服务的替代性很强，市场上有很多律所等你去挑选，这家不行便换那家，不一定要和某家律所捆绑在一起。因此，法律服务对这家公司而言并不属于具有核心重要价值的经营要素。

同样，市场上有各种供货方、销售渠道、服务机构，你不一定非要和某家合作，它们也不是具有核心重要价值的经营要素。

但是，对于一家连锁理发店而言，优秀的管理能力是不易替代的，管理是具体的、复杂的，一百个管理人员会有一百种不同的管理风格，因此一旦认可并适应了某位管理人员，随意替换可能会“伤筋动骨”。所以，最好在合伙阶段就认真筛选管理人员，尽量避免将来更换。

一个经营要素如果同时符合必要、贡献大且不易替代的特点，那么基本上可以认定这个经营要素是具有核心重要价值的。

4.2.2 长期价值

是否具有长期价值是很容易被忽略的一个条件，不具有长期价值的经营要素，从长远来看，对创业项目的价值贡献其实是很小的，并不适合分配股权。

最常见的短期内看起来很重要，但是缺乏长期价值的经营要素就是短期资源。比如为公司介绍一单业务或某个投资人，这是一种互利行为，互利不一定就是合伙，单次的互利叫交易，而合伙应当是能够使双方共同持续地完成某项事业，并且在这项事业里持续互利。

这类短期资源可能对当下很重要，不过我建议尽量用服务费换取服务，而不是直接用股权换取，后面第11章还会单独详细介绍如何操作资源换股。

4.2.3 生命共同体

有的经营要素不仅具有核心重要价值还具有长期价值，但我还是建议谨慎分配股权，因为它不是你的生命共同体。

生命共同体这个概念太抽象了，举个例子，你的采购商对你很有价值，而且可能会长期采购为你创造长期价值，你一定要给采购商股权吗？你可能也觉得不一定要给股权，但原因是什么？底层逻辑又是什么？

要理解这里的底层逻辑就需要明白合伙的本质。合伙的本质是有共同利益的生命共同体，它是某种程度的生命体。两个或多个个体之间的协同行为，组成这个生命体，每一个合作方都是这个生命体的器官，各个器官之间是一种可持续的合伙关系，每个器官的生长和运作都有赖于其他器官的生长和运作。

你如果理解了合伙的本质，那么可以看清股权的很多真相。

你把你的创业项目想象成一个生命体，仅有器官之间的互利是不够维持一个生命体的，你还需要一些工具从体外来获取利益，即你的创业项目需要的合作关系。很多供应商、采购商、资源都跟你是合作关系，是你需要使用的工具而已。

如何判断是器官还是工具呢？（见图4-5）有三个维度可以提供参考：以整体利益为共同目标、互补性和不可分割。

图4-5 器官还是工具

1. 以整体利益为共同目标

虽然你和供应商都能从合作中获利，但是，你们的整体利益很可能是不同的。

比如你的大客户，他很重要，也具有长期价值，但他不是你的生命共同体。因为他在做决策的时候，是以自己的利益为标准权衡利弊的，而不是以你和他形成的整体作为标准权衡利弊。即使你给了他部分股权，当你们的整体利益和他的个体利益发生冲突时，他也一定会不惜损害你们的整体利益而保障自己的个体利益。

再比如一些资源方，大家都好的时候，你们的利益是一致的，一旦你不行了，他就会离开你。如果你给了他股权，他也有这个精力，可能会在自己成本可控的范围内帮你，但一定不会把它当成自己的事情去挽救，因为你这个生命体的终结对他不会有太大影响，他还能去寻求其他合作方。

你可能会有疑问，小米作为合作方不也成了小米生态链公司的股东吗？难道这个商业模式有问题？

这是个非常好的问题，接下来我们就来分析一下这里的商业目标和股权关系。

假设你真的引入了采购商作为你的股东，那么你的公司还是原来那家公司吗？答案是，肯定不是。采购商作为股东有自己的需求，因此，你的公司的商业目标会发生变化，会变为你原来的目标和采购商股东目标的交集，这位采购商持有的公司股权比例越大，这个交集就会越偏向他（见图4-6）。

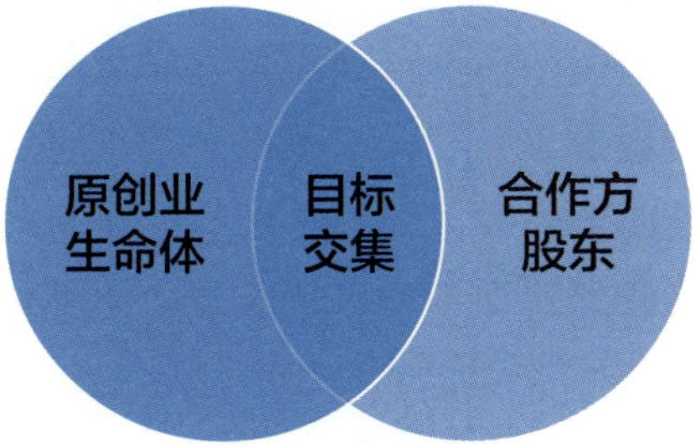

图4-6　合作方入股会改变
原创业公司的商业目标

小米生态链公司因为小米的入股，商业目标自然会和小米的目标进行匹配，取得交集。幸运的是，他们的商业目标交集比较大，而且同时放大了彼此的利益，是非常成功的股权合作。

但并不是所有合作方变成股东后都皆大欢喜。比如，有的合作方成为股东后基于各种原因后期就不再和你进行商业合作了，但是他作为你的股东却一直在分红，这部分股权就失去了其应有的价值；有的非常强势的合作方入股后，会限制你和他的竞争对手合作，导致你的某些商业目标无法实现；有的合作方甚至会限制你的发展，而他却利用各种优势拓展自己的上下游业务板块，最终“吃掉”你；等等。

因此，如果你打算让合作方成为你的股东，你需要考虑他有什么商业目标、你们的商业目标的交集有没有前景、你是否接受商业目标的调整。一旦他成为你生命共同体的一部分，就像身上多长了一个器官，你必须考虑这个器官会给生命体带来的综合影响。

2. 互补性

互补性是指作为你生命体的一部分，最好每个器官是能相互协作发挥更大作用的，而不是长了十只手却没有一条腿。

比如三位设计师搭伙开一家设计公司，三个人在设计圈的人脉都很广，都知道怎么设计以满足客户的需求，都知道怎么判断一个员工是否为称职的设计师。但是，他们没有人懂得怎么去拉更多优质的客户，没有人懂得怎么给公司做宣传，也没有人懂得怎么管理团队。这种关系更像是临时合作而不是一加一大于二的理想的合伙关系。

在这种关系下，如果按项目分红可以达到同样效果，就不太建议设立公司分配股权；如果确实想设立公司分配股权，可以考虑先合作一段时间，大家都认可对方是可以长期合作的对象再分股权也不迟。一开始不互补的人在长期的合作过程中可能会显现出各自的优劣势，自然而然形成新的分工，逐渐达到互补的状态（见图4-7）。

图4-7　互补与不互补

3. 不可分割

不可分割可以这么理解：既然是一个生命体，那么合伙人作为器官是不能随意更换的，更换器官会出现系统性风险。比如电商公司把运营总监换了，这和把大脑的一部分换了差不多，很容易产生连带的健康风险。

但是，生命体换一下手里的工具是很简单的，大不了暂时因没有合适的工具而降低效率，或者花点钱购置个更合适的工具，比如更换各种销售渠道或服务商等。

此处衍生一下，既然已经知道和合伙人是一个生命共同体，那么你就可以很好地理解为什么海底捞可以把调料业务、供应链管理业务、人力资源业务及信息技术业务进行拆分了。这些业务原来都是海底捞生命共同体中的器官，它们不可分割。但是这些业务逐渐发展壮大，长成了新的生命共同体，它们离开母体也可以独立存活，同时它们也只有离开母体才能获得更大的发展，否则和母体之间会存在诸多不协调和限制，就像连体人一样，效率反而可能更低。在进行分离之后，母体还会持有这些业务公司的一部分股权，还能获得收益，因此它们的分离对彼此而言都是最好的选择。

现在将适合被分配股权的经营要素特点进行整理，如图4-8所示。

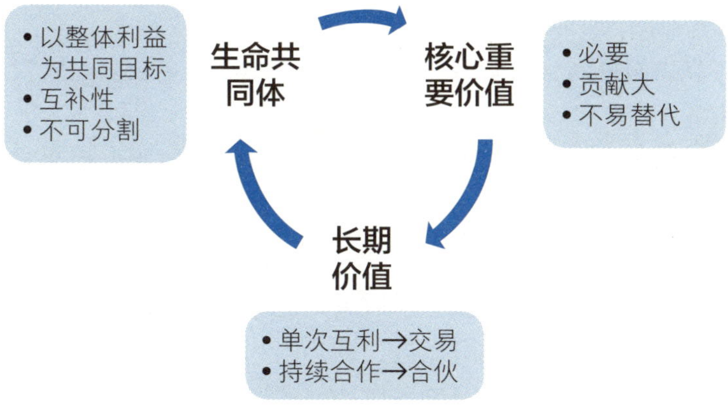

图4-8　适合被分配股权的经营要素特点

如果某个经营要素同时具备以上特点，即它既具有核心重要价值，又具有长期价值，还能和你组成生命共同体，那么它就非常适合被分配股权；如果它能具备其中大部分的特点，而你实在也没有其他更好的办法，也可以适当给它分配一点股权，但同时你需要考虑清楚可能产生的不利后果，尽早通过其他途径规避风险，或者你也可以考虑向它分配灵活性更高的虚股；如果它只具备以上的少部分特点，或者不具备以上任何特点，建议不要向它分配股权。

4.3 实股和虚股分别该分配给哪些人

在上一章模拟制定股权战略的过程中，我们提到了实股和虚股。它们到底意味着什么呢？实股和虚股不是严格意义上的法律概念，只是大家平时习惯这么称呼，因此本书也沿用了。

实股就是常规的股权，可以进行工商登记，代表正式持有一家公司的股权。

而虚股（也就是虚拟股权）并不是股权，拥有虚股的人不能按股权比例享有公司所有权。那它为什么带了一个“股”字呢？这是因为有的公司会向员工或合作方承诺，达到一定业绩，公司会把公司盈利里的一部分分给员工或合作方，而这个收益是按一定的股权比例来计算的。比如，分给A员工5%的虚股的意思是，把公司盈利中的5%分配给A员工。因此这里的“股”只是计算分配收益的一个载体，并不是真正的股权。

上一节我们提到，具备某些特点的经营要素适合被分配股权，此处分配股权指的是分配实股。

那么，具备哪些特点的经营要素适合被分配虚股呢？你舍不得放弃，但是又不太能满足分配实股条件的经营要素，可以考虑分配虚股。比如，有的经营要素的价值很难累积，而且流动性较高，如理发店的店长、上下游资源等，这些都可以考虑分配虚股。虚股灵活性更高，更容易被收回。但即使是虚股，也不能简单粗暴地被分出去，因为当利益被分出去时，可利用的实股的价值也会降低。因此，在分配虚股的时候，也要参考本书后面章节的内容制定好权利义务约定及动态调整规则。

不过，别人能接受你的虚股的前提是你的公司是一家能盈利的公司。像美容美发、餐厅、制造业等这些现金流比较好且相对容易实现稳定盈利的主体，它们的虚股是有吸引力的；但是，处于初创期的互联网行业、医药业、科技业等，都是很难盈利的，主要靠融资续命等待上市，拿着这些公司的虚股就没什么利益可图，因此没什么吸引力。

现在回到上一章制定股权战略的第三个环节——设计股权战略雏形，就能清楚表3-2的股权规划是如何形成的了。

启动资金、理发美发技术和运营管理能力都很重要，而且具有长期价值，能组成生命共同体，因此是非常适合被分配股权的；上下游资源对于理发店而言，不具有核心重要价值，不考虑分配股权；其他关系资源因为存在不确定性，所以暂时无法断定最终是否会分配股权，保险起见这部分股权可以先预留；软件技术、财务运作和扩张资金满足分配股权的特点，将来可以进行股权分配；店长并不完全具备被分配股权的特点，最终是分配实股还是虚股需要根据实际需求来定夺。

对于需要在早期被分配股权的经营要素所对应的人才，就是你需要寻找的创始合伙人；在早期不需要被分配股权的经营要素，可以通过现金购买或合作方式解决，对应的人员就是你的员工或合作方；对于虽然早期不需要被分配股权，但是从长远来看可能需要被分配股权的经营要素，比如其他关系资源、软件技术、财务运作、店长才能等，可以预留股权，它们对应你未来的合伙人或高管；对于提供未来扩张所需资金的人，即你未来的投资人或债权人，不需要预留股权。

画重点

从股权设计的角度来看，股权具有三个特点：稀缺性、稳定性及管理属性。

适合被分配股权的经营要素应具有下图所示的特点。

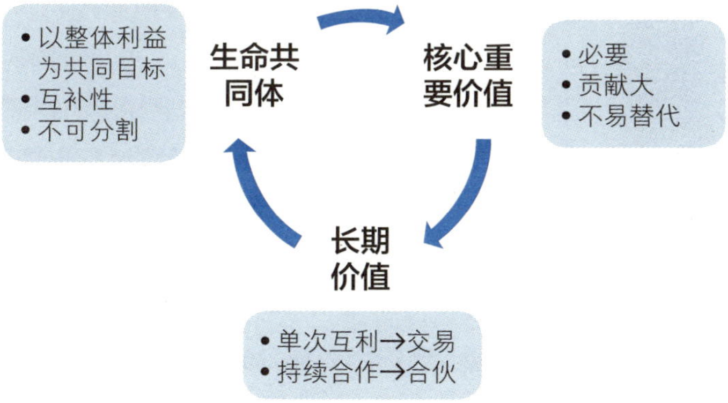

第二步
Step Two

结 义

选择合适的合伙人

如果选错合伙人，不管给他多少股权都是错。选对了人，才存在分对股权的可能。

那么，该找什么人来支持你呢？他必须有能力满足你的需求，而且愿意和你去同一个地方，道不同不相为谋。

实在找不到合适的人，也宁缺毋滥，等待佳人。

第5章

谁才是你要找的合伙人

关于怎样找合伙人这样的文章大多都是绝对正确的“废话”，谁都知道合伙人一定得优秀、正直、有事业心，可知道这些道理对找到合伙人能有什么实际的指导意义呢?

但本章绝对不是“废话”，本章不会和你讨论该去什么场合结识优秀的人，也不会和你争辩怎样的人才算真正优秀，而是告诉你如何判断一位合伙人是否符合你的标准，告诉你哪些人不适合成为你的合伙人。你会看到很多案例，一些人可能既优秀又正直还有事业心，但他却不是合适的合伙人。为什么会出现这种情况呢？听我慢慢道来。

找合伙人看似一件碰运气及看眼缘的事，但实际也是有一些逻辑的。类似于找伴侣，如果你毫无目标地出门碰运气，成功率一定很低，但你稍微整理一下自己的条件和对方的条件，比如一些硬指标——是否门当户对、你接受的底线是什么，按照框定范围的条件去接触，成功率一定能提高。

第4章分析指出了需要在早期分配股权的经营要素所对应的人才，即你需要寻找的合伙人。

因此，初创阶段寻找合伙人的第一个标准是他能提供值得你在早期分配股权的经营要素，能满足你的创业需求。

此外，我们不能忽视愿景对一家创业公司的影响，你的合伙人必须和你的愿景相同，具有共同的目标和价值观，道不同不相为谋。本章会举很多因为合伙人愿景不同而使公司股权分配出现问题的案例。

虽然我在表述中将合伙人视作“个人”，但你在现实中遇到的合伙人可能是公司或其他组织，这都没关系，判断逻辑是相通的。

接下来我们就来看看怎么判断这两个标准，以及这两个标准对股权分配的影响。

5.1 合伙人要能满足创业项目需求

合伙人要能满足创业项目的需求，也就是说，你的合伙人要能提供创业项目需要的重要经营要素。

案例1

在小米创立之初，雷军花了很多时间与精力寻找合伙人。第一个被拉上车的合伙人是林斌。林斌加入后，雷军和林斌共同列出小米商业模式需要的合伙人，他们明确了需要的人才类型——懂技术的、懂操作系统的、懂用户界面交互的、做过很厉害的产品的等，并列出了潜在的招募对象名单。

第三位加入小米的是黎万强，他正是做手机操作系统中用户界面设计和交互的最佳人选；第四位是黄江吉，第五位是洪锋，他们都是软件技术人才；第六位是刘德，他是工业设计人才。

当软件技术人才和工业设计人才均已到位，对硬件技术人才的需求就显得更加急迫了。

紧接着，周光平作为第七位合伙人加入小米，负责硬件研发和BSP（板级支持包）。小米成立两年后，雷军发现，硬件方面的同级协调出现了困难，小米迫切需要对硬件技术人员进行补充加强。王川是当时雷军的朋友当中最懂硬件的人，雷军真诚邀请王川加入，王川成为小米第八位合伙人。至此，小米八大金刚全部到位。①

以上就是小米的创始合伙人匹配小米经营要素的过程。

回到理发店案例，我们一起模拟梳理合伙人需要匹配的经营要素。

- **理发店案例**

根据前面的章节，已知理发店案例中早期需要分配股权的经营要素包括启动资金、理发美发技术和运营管理能力，对应的应当去寻找能提供这些经

① 参考雷军亲述的小米官方授权传记《一往无前》（范海涛著）。

营要素的人。出启动资金的人，简称“资金人才”；理发美发技术好的人，简称“首席理发师”；懂运营管理的人，简称“管理人才”。

资金投入，一次性可以到位，因此和其他经营要素不矛盾，资金人才可以与其他两类人才重叠。但是，理发美发技术和运营管理能力两个要素一般比较难在同一个人身上出现，而且这两个要素都需要投入大量的时间和精力，如果在同一个人身上匹配，可能会出现不够专注的情况。因此，如果这个创业项目的控制人只是打算开家小理发店做点小生意，那么这两个经营要素由同一个人来提供是可以的；但如果这个创业项目的控制人是想开连锁理发店，做一门大生意，那么这两个经营要素最好由不同的人提供。

我们不讨论只开一家小店的情况，我们模拟这个创业项目的控制人打算开连锁理发店，那么将理发店开起来至少需要两位合伙人：一位首席理发师，一位管理人才。如果这两人自带资金，那就不需要其他合伙人了；如果资金不够，就需要引入第三位合伙人补足资金。

另外，在是否满足创业需求方面，建议有意向成为合伙人的人之间做充分的沟通和判断。这个过程需要所有人打开天窗说亮话，针对创业项目需要的经营要素，每位合伙人要把自己具体能做的贡献亮出来，不夸大不掩藏，不强塞不勉强（见图5-1）。项目的控制人尤其需要深度参与这个过程，有时也可以考虑由控制人单独和每位合伙人进行细致沟通。

图5-1　有意向成为合伙人的人之间打开天窗说亮话

当每个人把自己能贡献的经营要素说得足够具体时，你可能会发现，大家最初声称的自己的价值，和你以为他们能提供的价值，以及最后摆上台面亮出来的价值，可能完全是两回事。

比如，在你的想象中，某人有很多大厂的资源，结果亮出来，全是名不见经传的小公司的资源；在你的想象中，某人有很多有价值的关系，结果亮出来，他也只是与人有点头之交，说不定资源方根本不记得他；某人一开始说自己能投几百万元，让大家放心干，结果亮出来，钱是被老婆控制的，用钱还得向老婆打报告写申请；某人说自己技术很厉害，结果亮出来，该技术的权属归他以前任职公司所有，他只是参与了其中的一些分工而已；某人说自己参与过许多项目的管理，结果他根本不是这些项目的管理人，只是其中某个部门的普通人员。

如果一开始不知道这些真相就直接启动项目，接下来会发现这个项目总是遇到各种意外，这里不顺那里不好，合伙人总是掉链子不给力，其实，问题就出在找合伙人环节。

这是非常关键的一步，在后面的章节中你会发现，这个环节可以帮助解决股权分配方面的很多难题，同时也能为后面做动态股权调整打下基础。

5.2 道不同不相为谋

华尔街投资人、桥水公司创始人瑞·达利欧在《原则》一书中总结了自己白手起家40多年的生活与工作原则，他强调：

"价值观是驱动行为的深层信仰，决定着人际相处。人们会为价值观而斗争，他们会与那些价值观不同的人斗争。"

"在挑选准备长期交往的人时，价值观最为重要，能力其次，技能是最后要考虑的。然而多数人犯的错误是，挑人时先看技术和能力，却忽略价值观。"

匹配愿景不是一件容易的事。刚出生的小孩子可能是一张白纸，但你的合伙人一定不是一张白纸，他不会去相信那些他不认同的东西，因此你需要有自己的判断力。如何判断合伙人是否愿景相同？这里有两个很重要的参考标准：一是你们都对这个创业项目有热情，二是你们的创业目标一致。

5.2.1 有热情

热情，是最底层的情感支持。比如，你们就是喜欢人工智能，要解决群众生活中的很多现实问题；你们就是吃货，要做出最好吃的食品；你们就是热爱输出，都愿意让更多人获得世界上的新知；等等。而不是他告诉你，最近这个业务投资特别火爆，所以他要做这件事情。可以看出他是资本驱动的，并不是发自内心对这件事情有热情，一旦资本不青睐这件事了，他可能会马上和你分离。

还有一些人愿意和你创业是为了分走你的收益，他想搭顺风车，想不劳而获，他对创业、对这个项目都没有热情，一旦这个项目遇到一点风险，他马上就后退了。

案例2

背景

上海有一个做幼教的项目，一开始是四位合伙人。发起人本身是一位妈妈，很喜欢钻研幼教这件事情。但她决定创业的时候缺少资金，于是问几个朋友愿不愿意一起合伙，他们只需出一部分钱，偶尔也可以帮忙或介绍资源，主要的事情由这位妈妈负责，同时她也是出资较多的人。

起步阶段大家合作得挺愉快的，看得到这件事情在一步一步前进，也不断有风投在接洽想投资。

冲突

经营了一年多后，因为各种因素，风投的钱始终没有到位，所以很多事情暂时做不了。发起人想，没关系，我们可以慢一点，一点一点积累，等到下一个里程碑再说，至少这个项目是有意义的。

但这时，其他合伙人就稳不住了，他们有自己的家庭，一起合伙并不是出于对幼教的热爱，而是刚好想创业或用闲散资金做点投资。经过一年多，合伙人发现这个项目离盈利还差得很远，因此在各种压力下，纷纷提出退伙，希望那位发起人能把他们的股权买走。

发起人很无奈，她很有信心将这个项目继续做下去，因为它已经取得了不少阶段性成果。但是现在其他合伙人要走，她一个人非常难坚持，如果要回购股权，自己又没那么多钱；如果不回购，自己拖着其他人继续推进项目也不现实。

结果

最后，这个项目还是关了，所有合伙人都有亏损，而且大家都浪费了一年多的精力，可惜了发起人的初心和已经取得的成果。

5.2.2 目标一致

所谓目标一致，是指在他和你都热爱同一件事情的前提下，你们的方向和目的地是一致的。

可能你和你的合伙人都热爱宠物，所以合伙做宠物食品。你想盈利，要算成本和利润；而他衣食无忧，只想做慈善，根本不在意成本，还无节制地向各种流浪动物收留所免费送产品。

可能你和你的合伙人都热爱餐饮，但是你想让尽可能多的同胞享受你们的餐饮服务，想上市扩大自己的能量范围，几乎全身心都投入到了这个创业项目上；而她只想赚点小钱改善生活，因为还要带小孩，希望能按时上下班，请你不要把她催得那么焦虑。

如果合伙人目标不一致，大家都会很痛苦。

案例3

深圳的一家人工智能公司的两位合伙人都很热爱人工智能，双方又是朋友，很自然就走到一起创业。但是创业一年多后，他们开始产生分歧。

原来，一位合伙人立志于做对社会有意义的、能改变生活的应用，因此把大量精力投入到能落地的产品研发上；而另一位合伙人只想探究算法中的奥秘，寻找真理，因此将公司的资金用在了与产品无关的纯粹的算法研究上。

两位合伙人都如此热爱人工智能，但目标不一致导致两位合伙人之间产生了不可调和的矛盾，最终分道扬镳。

案例4

阿里巴巴前组织发展专家、创业酵母创始人张丽俊老师在离开阿里巴巴后投资创办了第一家招聘公司，她用一年半时间做到了中国细分领域的第一。

但是，她发现这个创业项目做得非常痛苦，因为和合伙人志不同道不合。张老师想体现价值和使命，而合伙人只想在一年内再多拿50万元进自己的口袋。她和合伙人根本想不到一块儿去。

所以，后来张老师就放弃了，离开了已经做到细分领域第一的创业项目。

愿景不同，不代表谁对谁错，就像谈恋爱，只能说大家不合适。但各位创始人要有这个意识，将共同愿景纳入你挑选合伙人的标准中，做充分的沟通、观察和判断。愿景不一致，你们的动作、决策、取舍很可能都不一样。

5.3 愿景不同该如何进行股权合作

虽然愿景相同才能合伙，但是愿景不同不代表完全不能合作。我经常遇到此类咨询案例，发现虽然一些人不适合作为长期合伙人，但却可以作为一段时期的合作伙伴。为了使你在遇到类似情形时，能迅速反应过来你面对的具体是何种合作关系，应当采用怎样的合作方式，本节将专门做介绍。

案例5

背景

有一个知识付费项目，发起人A与合伙人B相互投出了合伙橄榄枝。B已经在相关项目上做出了成绩，该项目主要是私人定制的深度知识服务，收费较高；A有很多其他知识付费资源和产品体系，打算让更多人享受到他的知识付费产品，希望做大做强，朝着上市的目标努力。B的加入必然是能帮助项目起步的。

B提出项目收益五五分，A觉得问题不大，但又有些顾虑。他觉得B确实很重要，但不知道从长远来看这样的合作关系有没有问题，不清楚他们合伙的关键点在哪里，所以找我咨询。

分析

通过股权战略梳理，我发现，A和B的目标是不同的，这是核心问题。B希望拉拢A一起继续把B的原有商业模式做大，想做笔赚钱的生意；而从A的角度来看，B的业务只是公司上市规划中的一部分，A要规划的是一个长期的可复制的商业模式，是要做一番有价值的事业。

既然A和B当下的目标不一致，那么，怎么能分股权呢？如果他们真的分了股权，分的究竟是A想做的事业的股权，还是B想做的生意的股权？

打个比方，A打算做个超级大的慕斯蛋糕，B打算做个小小的水果蛋糕，他们一开始只了解到对方也想做蛋糕，就决定合伙，商量着蛋糕做好后一人一半。殊不知，他们心中想做的和打算分的，不是同一个蛋糕。如此，做蛋糕和最终分享蛋糕的过程必然会产生分歧和矛盾。

假设A和B合伙开了公司，让B放弃自己原有的生意，必须将全部资源和精力投入新公司，B是否会同意？如果A打算同时开发关联业务整合产品体系，但是前期需要投入大量资金，甚至需要引入投资人稀释股权，B是否会同意？如果将来公司经营遇到困难，B是否可能要求分家，把自己赚钱的生意独立出来？这些都是愿景不一致可能导致的问题。

方案

A和B目前最合理的关系应该是合作伙伴，而不是合伙人。合作伙伴应当用合作伙伴的规则，而不是用合伙人的规则。

最后商议的方案是，如果大家目标确实不一致，但是都想合作，那么A和B可以先以生意为共同愿景设立一家生意公司，把生意公司的股权分了；同时A再设立一个自己的事业公司，以服务广大用户和上市为愿景进行股权战略规划（见图5-2）。

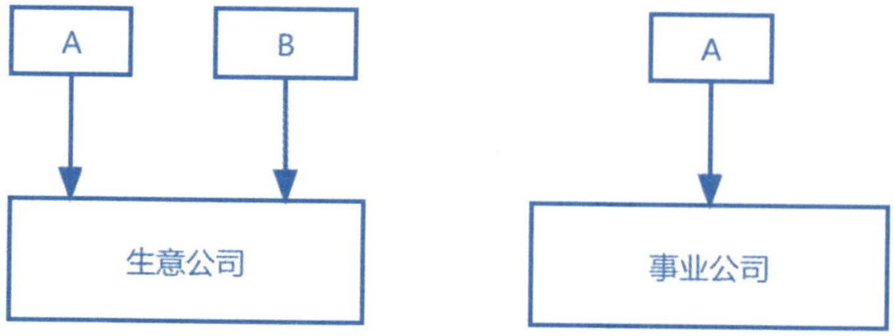

图5-2　按生意公司和事业公司分别构建公司股权架构

运营一段时间后，假设A和B还停留在合作的状态，那么可以考虑用事业公司去收购生意公司中原本由A持有的那部分股权，达到合并财务报表的效果。届时股权架构的变更如图5-3所示。

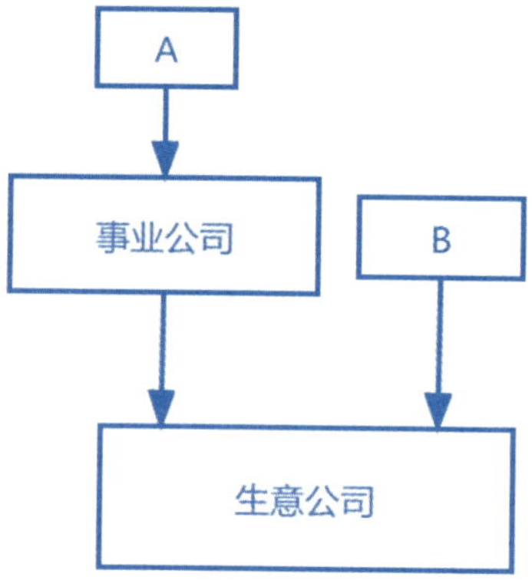

图5-3　A通过事业公司收购其持有的
生意公司股权后的股权架构

假设B最终接受了A的愿景，愿意加入事业公司，那么事业公司可以收购生意公司的全部股权，B可以获得事业公司支付的股权转让款，然后用这笔款项认购事业公司的股权，成为事业公司的股东，实现换股。届时股权架构的变更如图5-4所示。

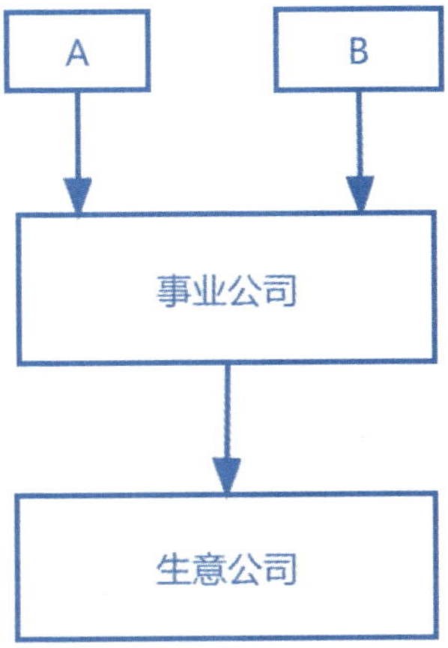

图5-4 换股后的股权架构

上述方案既能满足短期合作的需求，又能解决合伙人长期愿景不一致而导致的问题，避免产生股权矛盾。

以上是这个案例的分析，现实生活中还有很多因为愿景不同不适合成为合伙人，却可以成为合作伙伴的人。只要你记得这个案例，届时一定能帮你理清思路。

5.4 暂时找不到合伙人怎么办

企业家行走江湖，彼此问的第一个问题一般是“你是做什么的”，第二个问题多半就会是“你的股东是谁”。在对你的公司不甚了解的情况下，人们倾向于通过你的股东了解你的公司。股东对企业的影响非常大，选好股东是创业的头等大事。

如果你的项目急着启动而又找不到合适的合伙人，怎么办？

我个人的建议是宁缺毋滥。这个合伙人的位置可以先空着，边走边看。和结婚一样，如果和不合适的人结婚会相互消耗，还不如单身等待佳人。

蓝色光标创始人孙陶然曾建议创业者：“股东不是越多越好，选择股东要慎之又慎。没有合适的宁愿不选，拿不准的就先不要让他进来成为股东。

没有合适的股东就先把股份握在自己手里，有了合适的股东自己再出让，也比随随便便选择一些股东好。”

王兴于2010年3月推出美团，后来的合伙人美团销售副总裁干嘉伟在2011年12月才加入；杨浩涌于2005年成立赶集网，后来的合伙人赶集网COO（首席运营官）陈国环在2014年才加入；2012年，程维创业做了个叫“滴滴打车”的软件，到了2014年，滴滴发展得如火如荼的时候，程维拉来了一个新的二把手——柳青。

或许在项目的发展过程中，你就会遇到自己的“柳青”。

现在回到理发店案例。

• 理发店案例

根据本章的分析，在理发店案例中，寻找的技术人才最好是热爱理发的，他在理发过程中能找到成就感，而不是单纯迫于生计去理发。此外，他应当愿意将理发店做成连锁店，对未来工作的压力有心理预期，能接受压力。

管理人才亦是如此，首先，他最好是对此类连锁消费商业模式有热情，很渴望将管理做到极致，而不是单纯为了工资收益而工作。其次，他愿意将理发店做成连锁店，也能接受未来高压的工作。

而对于资金人才，因为资金本身是无差别的，所以没有太多其他要求。

为了便于呈现后面的步骤，现假设理发店合伙人情况如图5-5至图5-7所示。

图5-5 老徐画像

图5-6 锤子画像

图5-7 爱德华画像

主角一——老徐：“70后”，生性豪放粗犷，做生意赚了不少钱，最近打算投资新项目。老徐觉得前半辈子打拼太辛苦了，这次准备找准项目及合伙人后出大部分资金，然后当跷脚老板，不想亲力亲为参与经营管理，目前看好理发店项目。

主角二——锤子：“80后”，性格稳重，在一家已经规模化的连锁生活服务公司负责运营管理多年，经验丰富。打工多年非他所愿，最近打算辞职创业。方向定位为老本行生活服务方向，正在四处调研项目。他刚结婚买了房，目前资金比较紧张。

老徐看上理发店项目后就找到了锤子，两人一拍即合，启动资金和运营管理能力的经营要素都有了，还差理发美发技术经营要素。

主角三——爱德华：“90后”，老徐之前经常找的理发师，手艺非常好，热衷于发型创新，一来二去和老徐成了朋友，目前还在一家理发店全职上班，暂时收入稳定。因为已有一些积蓄，而且对自己的手艺很自信，他一直打算创业，但是没有合适的机缘。当老徐告诉他找到了合适的管理人才，可以一起开家连锁理发店后，他便欣然加入。

老徐、锤子和爱德华凑到了一起准备合伙开理发店创业，关于他们之间的动态股权设计，后面的章节会接着介绍。

画重点

合伙人要能匹配重要的经营要素，满足创业需求。

合伙人应当热爱这份事业，并且有共同的目标。

实在找不到合适的合伙人，宁缺毋滥。

第6章

和这五类人合伙需谨慎

柳传志说过，办企业一定要处理好企业的股东圈、员工圈和亲友圈的关系，三个圈子的人不能错位，否则后果很严重。

根据前面两章的内容你已经知道谁才应该是你的合伙人，但是，在找合伙人时，恰好你很难绕开某些圈子的人，他们也可能在某些方面确实能帮到你，和他们合伙需要谨慎，所以有必要单独设置一章做介绍。

主要有五类人群：第一类是和你很熟的亲朋好友；第二类是与你合作多年的人，比如老合伙人；第三类是专业服务人员，比如财务顾问、律师、会计师；第四类是你的员工；第五类是愿意出钱但想保本保息的合伙人。

6.1 亲朋好友

不应该想当然将亲友圈的人变成股东。在企业之外，以他拥有的位置、资源、身份可能可以给你的企业提供帮助，然而，他一旦进入企业成了股东，很可能不但无法帮助企业，还会带来各种管理难题。

案例1

新东方的主要创始人俞敏洪、徐小平和王强都是同学，此外还有一些其他亲友合伙人。

俞敏洪说："和同学、朋友一起创业也是存在很多问题的，比如到底谁听谁的问题。在同学、朋友之间，必要的决策组织、上下级关系有时不太容易建立起来，这会使得上令下达面临障碍，会使组织的效率下降。此外，同学、朋友一起创业还存在一个问题，那就是非常容易陷入感情的旋涡，大家干着干着就讲到了感情问题：‘我们是老同学，你怎么能对我这样？这个利益分配你怎么能少了我呢，对不对？’所以到最后，大家很容易不再就事论事。比如新东方在2001—2004年的三年改革期，同学之间的利益纠葛、打架、各种情感纠缠，甚至号啕大哭都出现过，而这些只有在同学、朋友之间才会发生，在上下级之间、正常的企业关系中通常是不会发生的。这从一方面来看是件好事，因为大家感情丰富，但从另外一方面看就是坏事了，因为在企业发展过程中如果夹杂太多的感情因素，那在一定程度上反而会成为企业发展的阻碍和障碍。”①

亲友不可能将投资人和亲友的角色完全分开，一开始没定好规矩，在经营管理中很容易产生矛盾。而且，等你意识到问题的时候，再告诉他你要定规矩了，他们很可能反倒觉得你没信用，没情谊！早期公司风险很大，普通人承受风险的能力并不强，发展不顺也会成为你和亲友之间产生矛盾的导火索。

因此，如果一定要和亲友合伙，请务必认真算股权，提前确定规则，做好股权动态调整设计，否则，最后很可能连亲友都没得做。

6.2 老合伙人

人都有一种“互惠偏误”思维，即一旦受到赠予或帮助，无论多么微小，都会觉得有回报的义务。人是社会动物，知恩图报的心理作为一个群体效应提高了我们这个群体的生存概率。你和老合伙人像共同扛枪打仗的战友，彼此帮助、互相扶持，当你有新的事业要发展时，很自然想到拉他入伙。

但是，情谊是情谊，交易是交易，一码归一码，如果你的老合伙人不适合成为你新项目的合伙人，就不该被情谊左右决策。

① 摘自《我曾走在崩溃的边缘》（俞敏洪著），有改动。

案例2

深圳一家公司的股东老陈就遇到了这种问题。老陈原来和合伙人老周一起做电商，过程中他发现一款新产品的潜力非常大，所以打算设立一家新公司单独做新产品，并且拉上老周一起做。但是在分股权的过程中，老陈总感觉股权方案怎么设计都不满意、不顺畅，于是前来向我咨询。

背景

老陈这次想继续找老周合伙，一方面是基于兄弟情谊，另一方面是新产品的销售还是需要依靠原来电商公司的渠道，总不能白占便宜，而且新公司肯定会分散老陈对电商公司的精力，自己也过意不去。

冲突

他原定给老周30%的股权，但是老周嫌少。在老陈看来，老周对新产品并没有多大兴趣，明确表态不参加新公司的运营管理，所有事项还是需要老陈亲力亲为，因此，给30%的股权已经很多了。

其实老陈自己完全具备开新公司的全部重要经营要素，是可以单干的。但老陈认为他和老周的合作一直很愉快，现在自己能有资金投资新的项目，也完全是原来公司大家共同努力的结果，如果这个时候甩开老周，太不近人情了。

分析

老陈实际上是在用股权换情谊。但往往最后适得其反，很容易产生矛盾。因为一旦给了股权，就会产生期待，期待得不到满足，就会心里不平衡，不平衡就会产生矛盾。

方案

老陈心里过不了“背叛”这个坎，怎么办呢?我给的建议如下。

（1）再次向老周确认，是否愿意参与新公司的运营管理，如果愿意，就合理分配股权；如果不愿意，就不会白送股权。

（2）如果老陈觉得心里过意不去，可以直接给老周一部分资金作为补偿，或者向老周借启动资金，并给高一点的利息。

（3）对于原来电商公司可以提供的人力资源，可以由新公司支付合理的劳务费给电商公司，不白占便宜，形成一笔交易。

（4）如果未来需要电商公司的电商渠道资源，可以通过付费的方式合理获取，也可以尝试和其他电商平台合作，不一定要和原来电商公司绑死。

结果

于是，老陈回去找老周摊开了说，如果愿意参与新公司的运营管理作为合伙人，那大家提前约定好权利义务，根据老周能给新公司带来的贡献调整好股权一起做。如果老周很看好新公司的发展，但是又不愿意出力，老陈心甘情愿让老周购买不超过10%的股权，但是必须通过合伙企业间接持股，这样老周就没有表决权，从而不影响公司的经营决策。

假设老周还是不愿意，那老陈就准备自己做了。基于对老周这些年一起打拼的感谢，愿意一次性支付老周一定的补偿，但这是基于情谊上的赠予，不是义务。

最后，老周选择购买新公司不超过10%的股权，间接持股，不干涉老陈在新公司的经营决策。老陈也明白老周是不会投入精力的，所以做好了自己独自担当的心理准备。

情谊是情谊，股权是股权，交易是交易，分得清才能选对合伙人，千万不要背着内疚感勉强合作。

6.3 专业服务人员

很多创业者会因为需要某个人的帮助而赠予股权，这也是值得商榷的。

这里简单介绍几类经常能帮助创业企业的人员，比如财务顾问、商业咨询顾问、律师、会计师和其他专业人员。在第4章中已经分析过，这类人员提供的经营要素一般是不适合被分配股权的。

财务顾问，就是给公司介绍财务资源的人，如果这个人是全职且长期在公司做贡献，担任着类似于财务总监的岗位，那问题不大。但如果这个人只是顺带做一锤子买卖，建议公司考虑给他合理的资金报酬，没必要让他成为合伙人。后面在第11章中还会做详细介绍。

至于商业咨询顾问、律师、会计师这样的专业咨询服务人员，让他们对你公司的事情上心一点，正常付顾问费就行。不管是顾问服务还是资源介绍，大部分顾问都会尽心尽责，并非必须给股权。虽然从常理上讲，一位顾问有了一家公司的股权可能会更上心一点，但并不是所有的专业服务人员都会这样，他们也会判断这家公司是否值得帮助，并不会因为股权就一定会全力以赴。而且有的专业服务人员也不是故意白拿你的股权，他可能真的忙不过来，或者有更重要的事情占据了他的时间。因此，你只能把他们的更上心当成福利，而不是义务。

如果你是考虑给了股权后，今后咨询可以不用支付顾问费，那其实大部分顾问都无法接受，会觉得这是一个无底洞。相反，如果给了股权，还要照常支付顾问费，你心中又是否平衡呢？

假设公司目前缺钱，付不了顾问费，想用股权抵顾问费，或者你很看好这位顾问，想和他绑定在一起，怎么办？我建议顾问费是顾问费，股权对价是股权对价，可以根据公司股权的正常价格，让顾问用顾问费来投资公司股权。当然，前提是他们愿意投，这样算得清，谁都不吃亏，而不是拍脑袋的糊涂账。

如果你的真实目的是融资，希望这些顾问给你投钱，那么其心理偏差就更大了。出资是另外一套逻辑，除了需要给公司准确估价外，你还需要判断这位顾问到底适不适合成为你的股东（第19章会详细介绍），如果他不适合，即使你短期内融到资，从长期来看也会留下许多问题。

假设你真的认可这位顾问，就是打算送股权，那你应该已经做好准备了，这就是白送股权，不包含非得不可的期待，将来不会患得患失。

6.4 员工

如果应该是员工的人成了股东，很容易出现股东之间志不同道不合的情况。企业越是重大的事情越可能需要全体股东同意，如果股东意见不一致，就会出现多数股东被少数股东“绑架”的情形。

“门当户对”是非常有道理的，否则挣了钱后有的人要分红，有的人认为应该再投入扩大规模；有的人认为为了利润可以不择手段，有的人要求坚持企业的道德底线。仗还没有打，股东自己先乱了套。股东之间如果价值观不一致，企业就很难长久地经营下去。

如果你真的想给员工福利，可以通过股权激励的方式，设置条件和规则，而不需要在创业早期将员工当成合伙人。

6.5 想保本保息的合伙人

如果你的合伙人和你约定，他的出资要保本保息，那他就是当自己借钱给你了，他把自己当债权人而不是合伙人。这样的合伙人，不能共担风险，将来可能会找你很多麻烦，项目稍微有点风吹草动，他都可能跳出来让你还钱。

而且，从敬业的角度来看，因为他可以保本保息，所以即使创业项目亏了，他也能全身而退，不太会有破釜沉舟、努力打拼的动力，不算是具有创业精神的合伙人，会浪费合伙人这个位置。

画重点

谨慎与亲朋好友、老合伙人、专业服务人员、员工、想保本保息的合伙人合伙，若一定要合伙，注意认真算好股权，提前确定好规则，做好动态股权设计。

第7章

确定创业团队控制人

在第5章中我们模拟找到了理发店的合伙人，在计算每个人的股权比例之前，还有一件非常重要的事情，那就是判断谁应该是控制合伙人，也就是这个创业公司的控制人。

控制人指当合伙人之间发生冲突时，大家要以这个人的意见为准，不管是阳关大道还是荆棘之路，大家都必须跟上去。

前面介绍过，股权是具有管理属性的，将股权分出去就意味着分出管理权，分得越多，你的管理权限就越少，很容易失去对公司的控制权。你不得不在进行股权设计的过程中通过各种方式尽可能守住控制权，而要守住控制权的前提是创业团队确定了谁是控制人。控制人需要认真完成商业战略及股权战略的规划，而且接下来的分股权步骤都应当由控制人主导完成，控制人要做好这个准备。

7.1 控制公司不一定成功，失去控制权必然导致失败

为什么要有人能控制公司？

因为正确的商业战略一定是长期的，是有选择、有放弃的。“长期”意味着需要坚持，“有选择、有放弃”意味着有人受益、有人受损。战略的这两个特点，要求公司必须要有一位掌舵人，这位掌舵人要能排除干扰贯彻长期战略，同时能作为意见领袖统一大家的行动，舍小取大，这就是在坚守目标、稳定军心。

如果掌舵人不稳定，管理不延续，战略不坚定，公司的有限资源势必不能全部用到核心目标上，而且大部分成员的行为会越来越短视和利己，公司很难实现长远目标。

比如，理发店合伙人锤子说要在繁华的地方开店，人流量大；爱德华说要去偏僻一点的地方开店，节约成本；老徐说他什么都不管，锤子和爱德华决定就可以。那么，这个时候到底该以谁的意见为准呢？

某位著名投资人曾说，他投资的项目必须有创始人控制条款，如果创始人不能控制公司，他就不会投。因为虽然创始人控制公司不一定成功，但是如果创始人失去对公司的控制权，那么失败是必然的（见图7-1）。

图7-1 控制权之争导致风险

一家公司是否存在控制人我们可以从两个层面去评判：第一个层面是，创始团队内部有没有人处于控制地位；第二个层面是，相对于创始团队外的其他股东，创始团队有没有处于控制地位。

7.1.1 创始团队内部的控制地位

创始团队是公司的直接经营管理者，如果创始团队内部没有人处于控制地位，那么在经营决策上就很容易出现僵局，引发矛盾，最终影响公司的发展。

案例1

背景

我们曾遇到一家处于决策僵局的公司。这家公司有两位股东，这两位股东都有资源和背景，两位股东的持股比例都是50%。

冲突

设立初期大家合作得很顺利，但是到了高速发展阶段，两位股东就开始产生分歧，最后在一个重大决策上发生了决裂。

两位股东都不同意对方的决策，导致项目无法推进。这时，一方提出让其中一方直接退出，另一方把股权收购过来。没想到，他们双方都看好这家公司，谁都不愿意退出。这下难办了，谁都不愿意让步，谁都不愿意退出，公司直接停摆，高管和员工都不知道接下来该听谁的。

结果

他们也知道这样下去不是办法，问题总是要解决的。于是，他们找我咨询让我给个主意。经过沟通，投入了大量时间，最终，大家共同设计了一个股权转让的博弈机制才解决了问题。

案例2

有一家很有名的网红小吃店（简称“网红店”），因为一开始没定好谁说了算，最后导致散伙。

背景

网红店的三个合伙人A、B、C是校友，他们以4：3：3的股权比例设立了公司，没有人持有超过50%的股权，任何一个重大决策都需要任意两个股东站在一起才能通过。

开业之前，他们写了一篇一夜疯传的微信公众号文章，成了网红店，很多人去打卡。网红店开业不到一周，就有投资机构找来，并给出了几千万元的估值。

冲突

当时，合伙人B负责见投资人，他逐渐意识到公司股权比例是有问题的，因为没有人能说了算，投资人对公司未来发展没有把握，不敢轻易投资。所以B就向另外两个合伙人提自己想要3倍的表决权，成为公司的控制人。经过各种沟通，C最后同意了，但是A一直不同意。后来在A出差做新产品研发的时候，其他股东直接把A“踢”出了公司管理层。

结果

虽然A当不了高管，但是他的股权还在，他依然是股东。A的股权回购价格一直没谈好，所以A就保留着股权离开了网红店，自己开了一家名字相仿的新公司。后来因为商标纠纷和网红店一直没有分红，双方还闹到打官司，在网上也吵得沸沸扬扬，影响了网红店的快速发展。

7.1.2 创始团队在公司的控制地位

一家公司除了创始团队外，往往还有其他股东，如果创始团队丧失对公司经营管理的控制权，公司战略就很可能被其他股东左右。我在工作中经常发现，在不少项目中处于控制地位的不是创始团队而是投资人。

这有两个原因。一个原因是项目发起阶段投资人因为出钱多占了大股，而创始团队因为缺乏资金只能占小股。这种股权架构并不少见，核心创始人没资金就很容易出现这种情形，这种架构容易导致公司缺乏竞争力，而且后期一定会有人想打破这种架构，届时会产生各种各样的成本。

案例3

背景

我曾给某家高科技公司做过咨询，这家公司有着非常过硬的核心技术，受到资本信赖，众多有名基金都打算投资。但是做了尽调后发现，这家公司的核心技术人员只是小股东，大股东居然是天使投资人。

分析

对于即将入股的风投而言，基于行业的特殊性，核心技术人员才是他们要投资的对象。核心技术人员是绝对不能退出创业项目的，至于天使投资人，随时都可以退出。

冲突

因此，风投提出要求，在他们入股前，公司必须将核心技术人员调整为公司控股股东，否则就不投了。但这不是件容易的事，天使投资人也有自己的需求，不甘于在公司丢失了话语权，而且确实也真金白银地投了那么多资金，为公司发展也投入过精力，一下子放弃这么多股权，很难接受。

站在核心技术人员的角度，他必须和天使投资人谈妥，否则公司融不到资就会落后于市场。和天使投资人的谈判又面临着激化股东之间矛盾的风险。此时，如何找到大家的平衡点，达成共识并完成融资，就成了这家公司的生死点。

创始团队对公司没有控制权的第二个原因是，创业项目在发展中不断引进新的投资人，股权逐渐被稀释，很多创始团队成员持股不足50%，而且大多数投资人对公司重大决策享有一票否决权，导致在很多重大事项的决策上创始团队逐渐失去了话语权。

案例4

以共享单车oFo为例，oFo陷入财务困境后，滴滴和oFo谈起了收购。到2018年8月，滴滴和oFo已经快谈拢了，只差股东最后签名了。就在这个关键时刻，据说oFo的某位股东行使了一票否决权。oFo失去了最后的机会，直接破产，创始人也被法院限制了高消费。

创始团队不仅需要在团队内部确定控制人，同时要尽可能保障在投资人越来越多的情形下，创始团队依然能保持对公司的控制权。

本章接下来会先介绍如何确认谁是控制人，紧接着会引导控制人先进行股权比例的计算和动态调整规则的设计，最后在工商登记前完成保障控制人控制权的各种股权架构及协议设计。

7.2 谁应该是控制人

控制权如此重要，那么，谁应该是控制人？根据实操经验，能提供一个创业项目最有价值经营要素的合伙人最适合成为控制人。

这里的逻辑并不复杂，如果提供最有价值经营要素的人不是控制人，当他和控制人之间发生经营管理上的冲突时，基于他对公司的重要性，要么控制人受制并屈服于他而导致公司战略的不稳定，要么他得不到控制人的妥协而不能释放他在公司的最大价值或者他会索性离开这家公司，导致公司核心竞争力的流失。

相反，如果提供最有价值经营要素的人就是控制人，当他和其他合伙人之间发生经营管理上的冲突时，他有底气不屈服，即使价值小的合伙人离开，找到合适的替代人选的可能性也较高，这有利于公司战略的稳定实施。对于价值小的合伙人而言，要么你相信控制人，继续发挥自己的作用；要么你不信服这个控制人，选择离开。

每个创业项目的情况都是具体且复杂的，可能很难一眼便判断清楚。这里分两种情况进行原则上的分析。

7.2.1 能明显区分的最有价值的经营要素

有的项目能明显区分哪个经营要素是最有价值的，这是最简单的情形。

比如针对放贷类的金融行业或传统的生产制造业，一般资金就是最重要的经营要素，因此出资多的一方一般是控制人；介绍投融资机会的财务顾问公司，一般资源非常重要，因此掌握了核心资源的人一般是控制人；高科技类的公司，一般技术研发非常重要，因此掌握了核心技术的人一般是控制人；普通电商公司，一般运营管理能力非常重要，因此具有电商运营管理能力的人一般是控制人。

案例5

我曾接触的一家财务顾问公司，掌握了核心资源的合伙人平时不用处理日常工作，主要负责将核心资源与其他合伙人搭线，搭完线其他合伙人就去处理具体的工作，这位资源合伙人也就忙自己的其他事了。这位资源合伙人的股权最多，事最少，但是大家伙都听他的。

他们中的一位合伙人曾和我说，不管这位资源合伙人做出什么决定，大家都会服从，也只能服从，因为没有他的资源，这个创业项目就不存在了。虽然离开了这家公司自己可能也能做财务顾问，但是此“财务顾问”和原来的“财务顾问”完全不是一个概念。因此，就目前的这个创业项目而言，控制人只能是那位资源合伙人。

7.2.2 不能明显区分的最有价值的经营要素

一些创业项目基于各种原因可能分工不是特别明确，或者合伙人提供的经营要素价值区别并不大，这个时候建议由制定战略能力更强、更接近精神领袖的合伙人做控制人，这样的合伙人更能获得其他合伙人的信服，关键时刻能够化解内部分歧。

案例6

传统加工制造业的两位合伙人都既出资又参与工厂管理，出资多少和工作内容都没有明显的区别。

但是，其中一位合伙人更注重工厂中的各种细节和具体的管理，另一位合伙人更注重工厂的战略定位和对外合作关系的建立。他们二位都默契地达成一致——让更具有战略眼光的那位合伙人成为公司的控制人。因此，公司的股权架构就按照加强这位控制人控制权的方式来设计。

7.2.3 确认控制人的两个注意事项

在确认控制人的过程中有两个注意事项。第一个注意事项是，此处需被判断价值的经营要素，不是指某位合伙人有能力提供的经营要素，而是该合伙人既有能力提供，同时也愿意提供的经营要素。虽然有的人是你的合伙人，具有最有价值的经营要素，但是他仅把自己加入这个创业项目当成投资或副业，并不是要奉献自己的全部价值，因此他并不适合成为控制人。

案例7

背景

我认识的一位非常资深且有资源的律师打算开一家定位为小众法律服务的律师事务所，于是找了几位志同道合的律师合伙。在确定控制人阶段，一开始大家都认为他既是发起人，也是最资深和最有资源的合伙人，控制人非他莫属。

但是，他明确提出，自己只是觉得这个方向很不错，所以顺带组了个局，该给的资源他会给，但是这家律所具体如何明确定位、如何运营管理，他并不打算参与，他还有其他更重要的事情要做，他不能也根本不想做控制人。

分析

话说到这里，其他律师虽然认为他非常合适，但也不好意思坚持让他做控制人。强迫一个心思根本不在这个项目上的人做控制人，不仅会影响创业项目商业战略的制定，而且其他合伙人也容易因为控制人的敬业问题产生不满，影响团结。与其如此，不如尽早确定其他合伙人为控制人。

结果

虽然没有其他明显可以堪当控制人的合伙人，但是他们设计出了一个过渡期，在过渡期后再确定最终控制人，若过渡期后还是确定不了控制人，那这个项目就按既定的规则解散。

因此，合伙人在设计股权时一定要进行充分沟通，清楚每位合伙人的态度和心理预期，不要太想当然。

确认控制人的过程中的第二个注意事项是，一定要结合自己项目的特点做综合判断。在你的创业项目中，每个人的分工可能没有如此明确，或多或少都有交叉，因此，需要更综合地判断合伙人是否适合做控制人；或者你想把一个项目以新的商业模式重新做一遍，因此对于其他同行来说重要的经营要素对你而言并没有那么重要。

还是以律所为例，传统律所中最有价值的经营要素一般是具体的客户业务资源，但现在有些新型律所，它们的定位是通过信息化完成某个特定领域法律服务产品的打造，提高效率做出标准化产品，并进行品牌推广。这类律所类似于互联网服务公司，与互联网客户渠道相比，具体的客户业务资源就显得不值一提。因此，互联网运营能力和专业的产品打造能力对这类律所而言是更具有价值的经营要素。

不管你的创业项目多么复杂多么特殊，归根结底，确认控制人的最基本原则是让能提供最有价值经营要素的合伙人成为控制人。

为便于下一步计算股权比例，我们需要确认理发店案例中的控制人。

• 理发店案例

以理发店为例，理发店在初创阶段需要分配股权的经营要素包括启动资金、运营管理能力和理发美发技术，有三位合伙人，分别是老徐、锤子和爱德华（见图7-2）。

图7-2 理发店三位合伙人

首先，理发店所需的启动资金不多，能提供这笔资金的人不少，而且资金本身没有差别，谁提供都差不多。其次，并不是启动资金越多，理发店就能做得越好，启动资金的主要作用是让理发店开起来，开起来后如果运营得不好，亏损的可能性是很高的。因此，单纯提供资金的人不适合作为控制人。老徐已经明确表明只出资，不参与经营管理，因此老徐不适合作为控制人。

理发美发技术的维度比较单一，技术上的提升相对而言比较容易达成，但是运营管理能力却涉及各类知识，比如宣传推广、合理定价、建立服务体系和产品体系、客户管理、内部管理等，而且还需要有实践经验才可能做得好。只有运营管理做好了，这家理发店才可能长期盈利。

因此，相比于理发美发技术，运营管理能力强的合伙人更适合成为控制人。在理发店案例中，这个人就是在大公司一直从事运营管理，且热衷于连锁消费店经营的锤子。

换一个角度来看，如果老徐和爱德华都不认可锤子作为控制人，那么说明他们可能找错合伙人了。因为，老徐不管事，爱德华又不具备与运营管理相关的核心能力，锤子也不能让人服气，那这个创业团队的配置，最多只能做个小生意，而且还是吵吵闹闹的那种，不太可能成就大事业。

假设在理发店案例中，老徐和爱德华接受了锤子作为理发店的控制人，锤子也非常愿意成为控制人。在此前提下，后文将开始计算股权比例。

画重点

控制公司不一定成功，失去控制权必然导致失败。

是否存在控制人的两个评判层面：

- 创始团队内部有没有人处于控制地位；
- 相对于创始团队外的其他股东，创始团队有没有处于控制地位。

能提供一个创业项目最有价值经营要素的合伙人最适合成为控制人。

确认控制人过程中的两个注意事项：

- 此处需被判断价值的经营要素，不是指某位合伙人有能力提供的经营要素，而是该合伙人既有能力提供，同时也愿意提供的经营要素；
- 结合自己项目的特点综合判断合伙人是否适合作为控制人。

第三步

Step Three

妙算

计算合理的股权比例

你有自己的需求，因此当合伙人给出你需要的东西时，你才能回馈他股权。

对所有人的同情是对你的暴政，因此你必须认真计算利益。

矛盾源自打破心理预期，因此你必须管理好合伙人的心理预期。

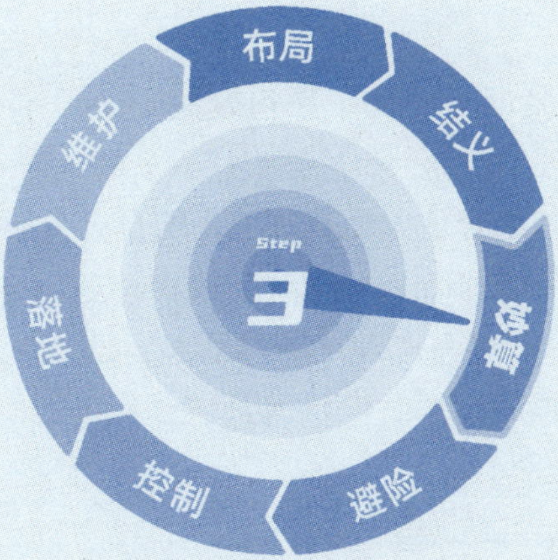

第8章

设计股权的目标

现在进入各位创业者最关注的环节：怎样给合伙人计算股权比例。

我知道，给合伙人计算股权比例时经常会遇到很多尴尬的事。

大家聊商业问题都热情高涨，但一聊到股权计算，就纷纷成了哑巴或者推来推去。

好不容易有人给了个方案，却总会有人说多了或少了，但是，到底哪里多了哪里少了，该怎么调，却没人能说得清。

还有人想用技术换股、资源换股，该不该答应？又该换多少股？

有人想多出点钱占大头，这样到底合不合适？

还有各种搞兼职或副业、出钱不出力或出力不出钱的，这些人的股权比例该怎么计算？

有合伙人把自己说得很厉害，但大家都担心他最后翻车，又该怎么办呢？

8.1 人都是自恋的

心理学有个专业名词叫“优于平均效益”，过度自信从来都是人的本性，每个人都会觉得自己的能力表现要超出人类的平均水平（见图8-1）。

根据我的经验，如果合伙人凭直观感受给自己分股权，一个项目的股权比例累加起来一般都会超过150%。桥水基金的创始人瑞·达利欧说过，在桥水，这一数字是301%[①]。要突破人的自恋本性完成分股权，谈何容易。

① 摘自《原则》（瑞·达利欧著）。

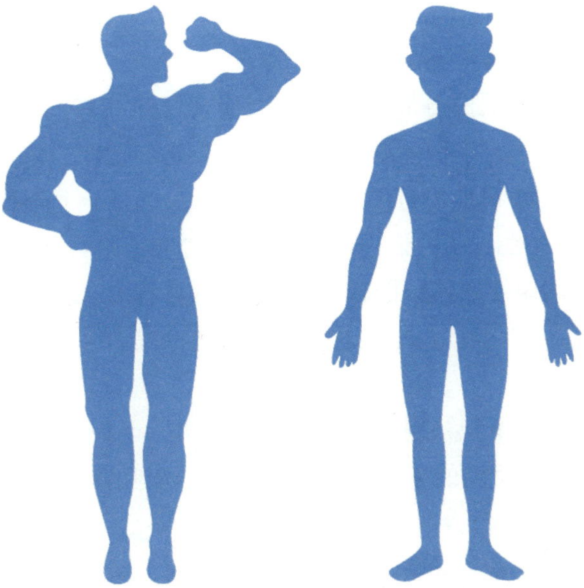

图8-1 自恋心理

因此，你需要一套计算股权比例的底层逻辑，有理有据才能让人信服、才有利于创业项目的长期发展。

要分好股权，先做什么，再做什么，最后做什么，是有逻辑的。就好像建房，要先打桩，然后做基础，接着地下室施工，再主体结构施工，最后封顶。每个步骤有先后顺序，既不能少，也不能前后调换，否则会建成危楼。

接下来的几个章节我将会和你一起理清计算股权比例的逻辑和方法，这些逻辑和方法不是法律规定的，而是我在和创业公司的长期接触中，在项目实操经验中结合商业战略和创业公司的特点总结的，具有很强的实操性，一定对你有参考价值。

如果你是创业项目的控制人，建议你把本书后面介绍的股权设计方法模拟思考一遍，最好落到书面上，再和合伙人商议调整；如果你不是创业项目的控制人，建议你说服心中认定的那位控制人提前做这个事情，这会让你们在分股权时更顺畅，最终的股权设计更合理。

8.2 设计股权的三个目标

首先，我们需要明白分股权是要达到什么目标，有了清晰的目标，才谈得上具体该如何操作，才不会走错方向。

根据实操经验，我认为分股权有三个目标：匹配经营要素、管理合伙人的心理预期及维护控制人对公司的控制权。这也是第4章提到的股权的稀缺性、稳定性和管理属性致使分股权必然要达到的目标。

俞敏洪在《我曾走在崩溃的边缘》一书中也提出了符合这三个目标的股权设计建议。

他说："第一，利益结构一定要清晰分明，明确每个人到底占多少股份。"这对应的是股权的稀缺性，需要让股权匹配经营要素，满足创业需求。

"第二，利益分配结构一定要是动态的，因为在未来发展的过程中谁的贡献大现在是不确定的。比如股权分配，3个同学每人拥有30%的股权，但3年以后每人是否还拥有30%的股权，就不一定了。未来，可以根据每个人岗位的重要性和贡献的多少改变股权，根据每个人的贡献产生的股权差距，大家也不会有什么意见。"这对应的是股权的稳定性，需要通过动态调整管理好合伙人的心理预期。

"第三，要有清晰的上下级结构。也就是说，最终谁听谁的这样的决策机制是一定要有的。大家平时可以是同学，但是遇到问题的时候，一定要有人能说了算，不能出现没有人能说了算的局面。新东方后来出现的问题，都是因为到最后没人能说了算。"这对应的是股权的管理属性，需要维护控制人对公司的控制权。

8.2.1 目标一：匹配经营要素

第4章已经确认了创业项目早期所需的具有核心重要价值、长期价值且能组成生命共同体的经营要素适合被分配股权。找到适合被分配股权的经营要素是分配股权的前提，因此设计股权的第一个目标就是匹配经营要素。

腾讯是1998年设立的，在那个年代，马化腾就已经非常清晰地认识到合理设计股权的重要性，他根据合伙人的个人能力和特长分配股权[①]，也就是按经营要素分配股权。

匹配经营要素主要体现在两个方面。

1. 能覆盖重要经营要素

• 理发店案例

以理发店为例，第3章明确了这家理发店要启动起来，至少需要有启动资金、理发美发技术、运营管理能力这三个要素，今后可能还需要上下游资源、其他关系资源、软件技术、财务运作、店长、扩张资金等要素。

那么，分完股权后，我们需要回头看看股权是否覆盖了这些重要经营要素。比如：

（1）提供启动阶段的资金和理发美发技术及具有运营管理能力的人的股权是否都到位？还是只将股权分给了提供资金和具有运营管理能力的人，忽略了技术合伙人？

（2）是否为未来需要的经营要素预留了股权？还是现在的合伙人已经将股权瓜分殆尽，根本没考虑将来的需求？

如果股权不能覆盖启动阶段重要的经营要素，就意味着启动阶段的合伙人还没有完全到位，你最好再额外预留一些股权给晚到的合伙人；否则，你的股权设计就不能充分满足你的创业需求，会影响你创业项目的发展进度。

2. 能体现经营要素的重要程度

股权匹配经营要素还意味着要根据每个经营要素的重要性合理分配比例，否则，受到不合理待遇的经营要素可能会选择离开。

意思是，越重要的经营要素对应的股权比例应该越高，比如某个创业项目是做高端生物技术产品的，高端生物技术这个经营要素非常难得，可遇不可求，只要技术过硬，资金遍地都有，那么高端生物技术这个经营要素对应的股权比例就应该要明显高于启动资金对应的股权比例，这是它的合理对

---

① 摘自《马化腾的腾讯帝国》（林军、张宇宙著）。

价。如果不这样分配，自由经济市场就会让高端生物技术这个经营要素离开这个创业项目，去到给这个经营要素更合理股权对价的创业项目。

股权比例越高，意味着将来创业成功所获得的收益越大，这也是合理分配利益的过程。尤其是控制人，他应当是创始团队内部持股比例最大、获益最多的人。情谊、信任、责任心等在利益面前都不值一提，千万不要用创业来考验人性，人性经不住考验。

一些创业者在此时会觉得难为情，对我说："没关系，股权多一点少一点都行，我能接受，不用这么计较。"这看起来很大度，实际上可能害人害己。分股权不是一个人的事，而是整个公司的事，公司是一个生命共同体。你如果一时大度而没分好股权，会害了所有跟你一起创业的人。公司的股权只有100%，贡献少的人拿得多，就意味着贡献多的人拿得少，就会有人心理不平衡。赏罚不均，人心不服。如果公司要融资，投资人也会关注合伙人的股权分配是否合理，如果明显不合理，投资人是不会愿意投资的。

尼采有一句很有道理的话："我的好邻居啊，对所有人的同情将会是对你的暴政。"①

基于这个目标，需要对股权精打细算，每分出去一分股权都要有依据，相关内容主要在本书第9章至第12章。

8.2.2 目标二：管理合伙人的心理预期

管理合伙人的心理预期是指在分股权时要让全体合伙人对股权产生相同的心理期待，让大家都明白，将来发生什么事情，股权就应当进行怎样的调整，提前打一个预防针。

客观上讲，要把利益分得绝对公平是不可能的。公司现在的股权根本不值钱，值钱的是将来的股权。怎么对公司的未来进行准确估价？怎么对每位合伙人未来对公司的贡献进行准确估价？这太难了。但公司现在就要注册，现在就要划分股权比例，该怎么办？

因此，我们只能在相对公平的基础上，管理好每位合伙人的心理预期，

---

① 摘自《善恶的彼岸》（尼采著）。

避免因分配未达到公平而埋下潜在矛盾。

举个例子，假设你和两位合伙人一起出资设立了一家公司，你负责技术，另外两人负责运营和产品。合作了两年，公司稍有起色，其他合伙人突然觉得你的技术能力明显没有达到大家的预期，想让你退伙，你能不能接受？

反过来，你发现你的技术合伙人在技术上存在很多问题，严重影响了公司规划，忍无可忍后，你决定引进新的技术合伙人，你找他商量让他退出一部分股权，但他无论如何都不愿意，你又能不能接受？

为什么会产生矛盾？因为技术合伙人心里根本没有这个预期。他认为自己是出钱买的股权，从来没有想过某天会因为自己的技术问题被要求退伙。公司发展好了，现在却提出这个问题，凭什么？是不是在占他的便宜？为什么一开始不说清楚？如图8-2所示。

每个人都有“损失厌恶心理”，害怕损失，甚至宁可失去将来做大的蛋糕，也不愿失去已经到手的小蛋糕。再加上人往往有“自恋情结”，你冲上来刺破合伙人的自恋还要让他产生损失，他如何受得了？

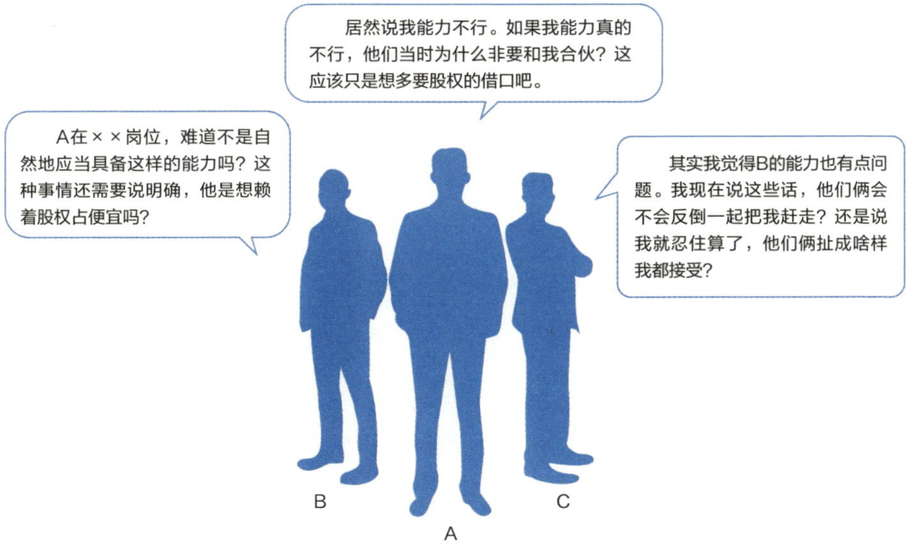

图8-2 合伙人心理预期不同

如果合伙人的心理预期没有达成一致，将来发生意外，就会有合伙人的心理预期被打破，内心被刺痛，这是矛盾的开始。只有把每位合伙人的心理预期调整到一致，大家才是一个整体，否则就是一盘散沙，随时会瓦解。

基于这个目标，我们需要设置股权动态调整的规则，让股权分配变得更灵活，更能适应商业的不确定性。相关内容主要在本书第13章至第19章，也就是股权设计的第四步“避险”。

8.2.3 目标三：维护控制人对公司的控制权

维护控制人对公司的控制权的重要性在第7章已经介绍过了，此处不再累述。

基于这个目标，我们需要尽可能让控制人成为大股东，同时通过各种架构设计、股东协议和章程去加强创始人对公司的控制权。相关内容主要在本书第20章至第22章，也就是股权设计的第五步“控制”。

从下一章开始，将进入计算股权比例的环节。

画重点

人的自恋本性导致股权分配成为难题。

设计股权的三个目标：

- 匹配经营要素；
- 管理合伙人的心理预期；
- 维护控制人对公司的控制权。

第9章

怎样算股权比例更合适（上）
——每个要素值多少股权

本章我们将以设计股权的三个目标为方向，从头到尾展现每位合伙人的股权是如何设计的。计算股权比例的过程总结起来，一共有四个环节：一是算出重要经营要素权重，也就是用比例来衡量创业项目所需重要经营要素的重要性；二是计算合伙人的非资金股①；三是计算合伙人的资金股；四是预留激励股权，包括员工激励股权及其他资源激励股权（见图9-1）。

图9-1 股权计算四环节

这四个环节其实遵循了一个原则——根据贡献算股权。马化腾在1998年创立腾讯时遵循了根据贡献算股权这个原则，俞敏洪在2001年设立新东方时也遵循了根据贡献算股权的原则。

---

① 本书所述的"非资金股""资金股""人力股"等股权名称并不是法律概念，只是为了方便读者理解以及表述简便而特意取的名称，这些名称和对应的股权之间没有法律性质上的关联。

案例1

新东方2001年分股权时，各位合伙人认为对新东方有重大贡献的总共有11个人，于是股权就在这11个人中进行分配。这样一来，他们就要对这11个人过去为新东方所做的贡献进行评价，因为只有这样才能确定未来的权益问题。

于是，大家就展开了激烈的讨论。刚开始，谁都不愿意说自己应该拿多少。大家还认为，将来一定会有新人进来，他们也是要拿股权的。于是，合伙人就做了一个方案：拿出10%的股权留给后来人，为未来的人留10%的股权，不能全分光。

大家都同意预留股权后，俞敏洪主动说："那这样吧，这10%的股权就算我拿出来的。比如，我本来应该拿55%的股权，大家没有意见，我再从这55%的股权中拿出10%来，我个人持有45%的股权，剩下10%的股权留给后来人，其余45%的股权由剩下的10个人分配。"对此，大家觉得挺好，至于这45%的股权要怎么分配，俞敏洪说这就要根据大家的能力和才华、过去为新东方做的贡献，讨论出一个数来。

大家讨论了差不多一夜，终于拿出了一个方案，这个方案虽不能让所有人都满意，但也基本上让人满意。也就是说，这11个人每人都拿到了一定的股权，王强、徐小平拿得多一点，当时他们每人拿到了差不多10%的股权，剩下的有拿6%的、4%的、2%的，也有拿0.5%的。最后，股权全部被分配完。[①]

那么，该如何评价每个人的贡献呢？

•理发店案例

根据第5章虚拟的理发店合伙人画像（见图9-2），我们已经知道以下信息。

① 摘自《我曾走在崩溃的边缘》（俞敏洪著），有改动。

图9-2　理发店的三位合伙人

老徐是发起人和出资人。首先，创业方向是老徐确定的，锤子和爱德华两位合伙人也是老徐找来的；其次，老徐资金充裕，能投入大量资金。

锤子是运营管理者。锤子的运营管理能力强，这对一家理发店的长远发展非常重要，但锤子暂时缺乏资金。

爱德华是首席理发师及出资人。爱德华理发手艺很好，对理发店而言是不可或缺的人才，而且爱德华还可以带徒弟，培养更多手艺好的理发师，这样可以开更多店。爱德华有一点积蓄，也可以出一部分资金。

就上面分析的三位合伙人，暂时还做不到直接计算股权比例，因为这些信息还不够具体，缺乏针对性。但从常规视角来看，这里已经显露出四个问题：

（1）发起人是否应该成为大股东？

（2）出资多的人是否应该成为大股东？

（3）项目需要的资金该如何分配？如果有合伙人愿意多出资金，是否无条件答应？

（4）如何权衡人力贡献值多少股权？

第1个问题和第2个问题已经在第7章分析过，大股东应该是公司的控制人，与谁是发起人以及谁出资多没有必然关系，但是，具体该如何使控制人成为大股东呢？关于第3个问题和第4个问题，即使现在很多人已经有“人和钱同样重要”的共识，道理也都明白，但这个问题依然非常敏感。该如何与出资多的人谈他的股权比例应该打折？应该打几折？怎样才不会让他觉得自己遭受了不公平待遇？

接下来，我们将逐渐化解股权比例计算过程中的各种难题。

9.1 给经营要素打分算权重

既然设计股权的第一个目标是匹配经营要素，即既要能覆盖经营要素，又要能体现经营要素的重要程度，那么最好的方式就是列出经营要素，并给它们打权重分。

• **理发店案例**

根据第4章的内容，我们已经知道理发店案例中适合在初创期被分配股权的重要经营要素包括启动资金、运营管理能力和理发美发技术，现在我们来给这三个要素打权重分，这个权重分会影响贡献这个经营要素的合伙人将来能分多少股权（见图9-3）。

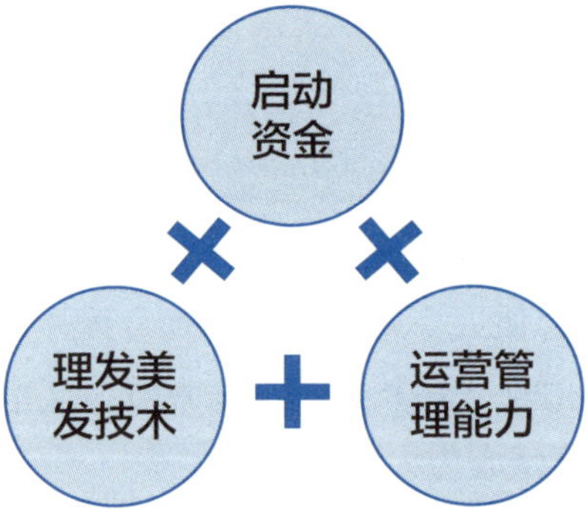

图9-3 理发店早期需要被打分的重要经营要素

假设每个经营要素的重要性满分为10分，我们可以参考在第4章判断哪些经营要素适合被分配股权时，用以判断经营要素重要性的条件：必要性、贡献大小和可替代性。

下文模拟对理发店经营要素打分的分析过程。

启动资金7分。

首先，启动资金对开店非常必要和重要，但从长远来看，如果理发店资金流动性较好，将来经营进入正轨后，启动资金的作用会逐渐降低，后期主要靠经营收入和继续融资维持经营。其次，资金是无差别的，虽然资金本身不可替代，但是出资金的人的可替代性较强。

理发美发技术5分。

理发美发技术对理发店非常必要和重要，但是，理发的质量具有主观判断性，而且仅依赖理发手艺，利润率是比较低的，理发店更多依靠其他各类服务项目赚钱。理发美发技术的门槛并不高，可替代性相对较强。

运营管理能力10分。

运营管理能力对理发店非常必要和重要，会经营和不会经营的人对理发店产生的效果差异非常大。运营管理能力的门槛较高，替代性较低。

现在理发店项目的经营要素打分结果为：启动资金7分，理发美发技术5分，运营管理能力10分，总分22分。

接着，将每个经营要素的权重分除以全部经营要素的总分22分，得出每个经营要素的占比，比如，启动资金7分除以22分，资金的权重是31.82%。具体如表9-1所示。

表9-1 理发店重要经营要素权重

经营要素	启动资金	理发美发技术	运营管理能力
权重分	7分	5分	10分
总分	22分		
占比	31.82%	22.73%	45.45%
总比	100.00%		

通过上表可以看出，这个步骤不仅解决了资金并不是唯一经营要素这个问题，还得出了资金的权重是31.82%这一量化标准，再加上理发美发技术权重为22.73%，运营管理能力权重为45.45%，合起来是100.00%。

这个权重就是创业项目要在这些经营要素上分配股权的相对比例，会影响贡献这个经营要素的合伙人将来能分多少股权，计算权重是计算股权比例的第一步。

9.2 计算经营要素权重实操经验

每个创业项目都有自己的特殊性，需要具体问题具体分析，此处介绍本环节中的四个注意事项。

9.2.1 务必先理清商业战略

理清商业战略是分配股权、判断经营要素权重的第一步。前面的章节已经详细介绍多次，此处不再累述，仅举个小案例。

案例2

L先生请我帮他的一个新创业项目分配股权，但“巧妇难为无米之炊”，我分不出来。

背景

一位很有文化资源的朋友找L先生合作一个文化类项目，希望L先生负责经营管理，而他负责提供文化资源。这个项目最终要建成一个文化网站。朋友说他手上拿到的这个资源非同寻常，这个项目未来一定能挣大钱。

冲突

但是，这个文化网站到底怎么盈利？赚的是文化景点的钱、游客的钱还是第三方的钱？做这个项目需要哪些经营要素？朋友提供的文化资源和这个文化网站有什么关系？没有那些资源，这个网站是不是就做不起来了？对于这些重要的商业逻辑，他们未进行充分沟通，只是单纯地认为这个资源很稀缺，能成大事，急需L先生加入负责经营管理。

在这种情况下，我无能为力，所以建议他们整理一下商业逻辑，这样才能找到分股权的切入口。

结果

下次见面再问L先生项目进展时，他说和合伙人沟通一段时间后还是没有聊通，所以这个项目就暂时不做了。

这个案例属于典型的合伙人没思考清楚商业逻辑就没有分股权的抓手的类型。而那位提供文化资源的朋友，估计确实是有资源的，但是他也不知道具体该怎么变现，想着L先生的能力强，便让L先生先投入时间和精力来尝试，而自己则边走边瞧。

9.2.2　经营要素的提炼尽可能准确

如果经营要素的提炼过于笼统，在具体打分时就很可能乱成一团。提炼过于笼统的主要原因有两个。第一个原因是，基于汉字表达的特点，一个词语可以包含多重含义，创始人没有意识到他面对的是不同的东西。

案例3

深圳一家生物科技初创企业创始人在提炼经营要素的过程中提出了“资源”要素。在打分的过程中，创始人比较犹豫，反复和我说，这个要素他不确定该怎么打分，因为这个“资源”包含的内容太多了。

我帮他进一步分析后，发现这个“资源”其实是指两种完全不同的资源。一种资源主要帮助企业完成资质牌照获取，另一种资源主要帮助企业完成与专家的合作。这两种资源都非常重要，但彼此是独立的，两种资源获取的方向是完全不同的。

因此，准确的做法应该是把它分成两种资源单独打分。我帮创始人把“资源”拆分成“资质资源”和“专家资源”后，创始人的思路立马清晰起来，完成了经营要素打分。

案例4

惠州一家电商公司，创始人在提炼经营要素的过程中提出了“产品”要素。他在打分的时候很犹豫，说给7分担心太高，给4分又怕体现不出“产品”的重要性。为什么会有这种矛盾呢？

我帮他分析后发现“产品”背后存在两个含义：一个是“挑选产品”，即选货能力；一个是“自主设计产品”，即产品设计能力。这是完全不同的两种能力，不同的能力自然不能用同一个分值。

因此，这里的“产品”应该分为“挑选产品”和“自主设计产品”两个经营要素。创始人恍然大悟，这样区分后，合伙人在打分环节也立刻清晰起来。

经营要素的提炼过于笼统的第二个原因是，创始人在做商业规划时，没有思考清楚里程碑。

案例5

北京一个连锁牙科诊所项目的发起人在提炼经营要素时，也提出了“资源”要素。但是他没有细化这个“资源”，不知道怎么打分。他如此纠结是因为这个项目的其中一位很有资源的合伙人中途离职的可能性较大，发起人担心万一这个人离职了，会完全没有标准和头绪调整股权。

我帮他分析后发现，这位发起人没有思考清楚公司的里程碑，每个阶段该完成的目标不清晰。没有目标，就理不清每个阶段对应的资源标准是什么，从而就很难评估那位合伙人在不同阶段离职对公司的具体影响是什么，因此他既打不出权重分，也不知道合伙人离职了该怎么办。

只要这位发起人理清了里程碑，将资源一一对应，打分和退出安排就清晰很多了。

9.2.3 不能盲目照搬别的项目经验

不同项目需要的经营要素及每个经营要素的权重是不同的，每位创业者需要从自己项目的实际情况出发，不要盲目照搬。将本书的传统连锁理发店案例和互联网连锁店理发品牌“优剪[①]”进行对比，就可看出这个区别非常明显。

① 指深圳市致远创想科技有限公司。

案例6

在本书的传统连锁理发店案例中，创始人的需求是先开一家能盈利的店，然后再多开几家连锁店。如果一切顺利，就进行扩张，同时配套软件开发提升服务质量和管理顾客信息，另外需要财务运作，以增加扩张资金。也就是说，软件开发和财务运作对于创业项目早期而言不是必需的，因此，早期没必要就这两个要素分股权，后面需要的时候再分。

但优剪就完全不同了，优剪的商业模式决定了它早期必须给互联网运营类的经营要素分配股权。

优剪的发起人熊国平并不是传统的理发师或普通消费店的运营管理者，而是资深互联网人士。熊国平曾在阿里巴巴工作7年，是阿里巴巴广东区域的主要负责人之一。离开阿里巴巴之后，他与朋友合伙创立过一家年营收过亿元的互联网公司。

一次意外的机会，熊国平洞察到现在美发行业还遵循着传统的经营模式和理念，推销、冗杂的服务和人员非常影响用户的体验，他觉得可以通过互联网和数据运营提升效率，降低成本，提升用户体验。因此，熊国平一开始就认定让互联网和数据运营作为理发店的核心竞争力。

基于这个定位，除了传统理发店需要的首席理发师外，优剪还需要软件开发人员，这是创业早期就必须到位的，因为每一家优剪都必须互联网化。既然是互联网产品，自然最好有专业的品牌运营人员，同时，要实现互联网的规模效应，就必须大量开店，因此需要投资人投入大量资金，并且需要有人负责理发店选址以便快速扩张。

实际上，优剪的早期合伙人除了熊国平，还有资深美发专家何黎山、专门负责市场选址的钟文华、负责品牌运营的刘国超、负责软件开发技术的唐蔚航。而且优剪在设立后就迅速引入国金投资①作为投资人。国金投资向优剪投资了近千万元资金。

---

① 指深圳国金纵横投资管理有限公司管理的基金。

优剪早期股权设置[1]如图9-4所示。

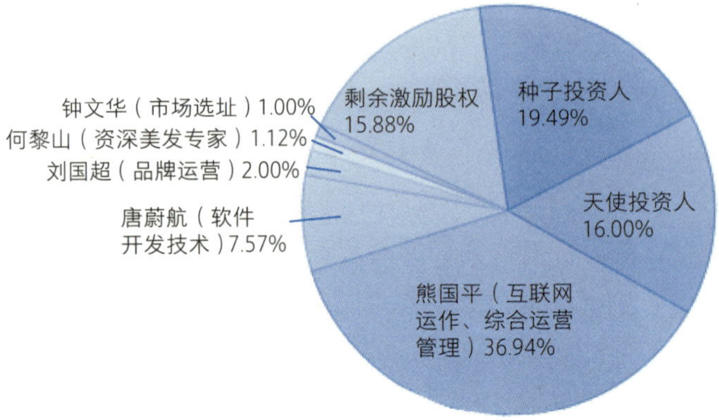

图9-4　优剪早期股权设置

商业战略决定了优剪需要给这些经营要素分配股权，同时，这样的股权分配方式又反过来影响了优剪的前进方向。截至目前，优剪在全国已经有近千家互联网理发门店。

为便于读者理解，本书接下来会继续就传统连锁理发店现有的商业战略模拟分配股权的过程。

9.2.4　权重分数不用过于追求精细

你没必要纠结某个经营要素具体应该是6分还是6.5分，或者6.7分，没必要追求更精准。权重本身没有客观精确衡量的标准，就像利益分配不能做到绝对公平一样，重点是你信服这个分值，你的合伙人也信服这个分值。

如果你的合伙人不能接受，而你又非他不可，那将分值在你的接受范围内向合伙人倾斜一点，也没有大问题。

我们的目标是，在相对公平的基础上，管理好每位合伙人的心理预期，而不是追求绝对公平。

① 数据来自工商登记信息及优剪官网。

下一章我们将计算每位合伙人的权重，得出初始股权比例。

画重点

股权计算的四个环节如下（目前已完成第一个环节）。

计算创业项目经营要素权重要注意：

- 务必先理清商业战略；
- 经营要素的提炼尽可能准确；
- 不能盲目照搬别的项目经验；
- 权重分数不用过于追求精细。

第10章

怎样算股权比例更合适（下）
——每位合伙人值多少股权

第9章已经算出创业项目需要的重要经营要素分别值多少股权，本章我们需要将这些股权对应到每位合伙人身上，这样就可以得出每位合伙人的相对持股比例。

10.1 不考虑出资，合伙人该获得多少股权

- 理发店案例

回到理发店案例，现在需要针对每位合伙人能给每个经营要素带来的贡献进行打分。三个经营要素分别是启动资金、理发美发技术和运营管理能力。

基于资金的特殊性，我们首先不考虑出资要素，先计算在不考虑出资要素的情况下，合伙人之间获得股权的相对比例。

10.1.1 理发美发技术贡献

关于各位合伙人对理发美发技术的贡献，看起来似乎一目了然。因为懂理发的只有爱德华，老徐和锤子根本不懂理发，所以，爱德华一个人就能占理发美发技术贡献的100%。

实则不然，仔细分析一下，理发店的理发美发技术好不好，是不是只看爱德华个人的水平？如果我今天找爱德华，理发还不错，明天李四来给我理发，发现他水平不行，后天王五给我理发，还是不行，那以后如果我约不上爱德华，我可能就去其他理发店了。所以，爱德华一个人的理发美发技术好，并不代表理发店的理发美发技术好。

那么，想让一家理发店整体理发美发技术都不错，除了需要爱德华这样

的“老师傅”外，还需要什么？

理发师招得好、师傅培训得好、理发店对理发的手艺标准化、对人员的流动性做好控制、建立起对理发师的考核标准、设置合理的激励机制等，都是理发店需要的。

因此，要提升理发店的整体理发美发技术水平，还需要提升对理发店全体理发师的管理水平，这不仅是一门手艺活，还是一份管理工作，需要“老师傅”爱德华和锤子这个负责运营管理的人一起负责。爱德华需要制定标准及参与培训和监督，锤子需要推进人才配置、流程管控及建立激励机制。

因此，我们模拟，关于理发美发技术贡献权重，锤子和爱德华一人一半，各持50%，因为老徐不打算参与经营，所以老徐持0。

10.1.2 运营管理能力贡献

关于运营管理能力，因为老徐不打算参与经营，所以自然也是持0。剩下就看锤子和爱德华了。

锤子本来就是负责运营管理的，落到他身上的权重肯定最大。爱德华作为创始人之一，虽然主要贡献理发美发技术，但在理发店整体运营管理上，锤子也需要爱德华的很多协助。

我们模拟，关于运营管理能力贡献权重，最后确定锤子80%、爱德华20%，老徐还是0。

10.1.3 算出股权比例雏形

第一个关键时刻到了。

根据前面的内容，我们已经算出了每个经营要素的权重，以及每位合伙人对非资金经营要素的贡献权重。现在，我们可以算出资金权重外的股权比例雏形了。

第9章已算出的经营要素权重如表10-1所示。

表10-1 理发店经营要素权重

经营要素	要素权重
启动资金	31.82%
理发美发技术	22.73%
运营管理能力	45.45%

每位合伙人对非资金经营要素的贡献权重如表10-2所示。

表10-2 理发店合伙人对非资金经营要素的贡献权重

经营要素	要素权重	合伙人	 老徐	 锤子	 爱德华
启动资金	31.82%		—	—	—
理发美发技术	22.73%		0	50%	50%
运营管理能力	45.45%		0	80%	20%
总计	100.00%	—	—	—	—

现在，用每位合伙人对经营要素的贡献权重乘以每个经营要素各自的权重，可以得出针对这个经营要素该位合伙人对应的股权比例。

比如，理发美发技术的权重是22.73%。老徐对理发美发技术的贡献权重是0，因此基于理发美发技术，老徐获得的股权比例是0；锤子对理发美发技术的贡献权重是50%，因此基于理发美发技术，锤子获得的股权比例是11.36%[①]；爱德华对理发美发技术的贡献权重是50%，因此基于理发美发技

① 22.73%乘以50%的结果实际为11.365%。但在案例中，此处的22.73%是理发美发技术的权重分5分除以重要经营要素权重总分22分后四舍五入保留小数点后两位的约数，Excel表格在计算的过程中会引用精确的数字进行计算，而不是用约数22.73%来计算，因此小数点后的最后一位数存在差异。本书案例的其他数据尾数差异亦是因为四舍五入产生的，但这只是计算的中间过程，不用太在意，工商登记时以Excel表格最后一步算出的数据为准。

术，爱德华获得的股权比例是11.36%。

以此类推，将表10-2中的贡献权重全部替换为合伙人基于每个经营要素获得的股权比例，得出表10-3。

表10-3 不考虑出资，理发店合伙人获得的股权比例

经营要素	要素权重	合伙人	老徐	锤子	爱德华
启动资金	31.82%	获得股权比例	—	—	—
理发美发技术	22.73%		0	11.36%	11.36%
运营管理能力	45.45%		0	36.36%	9.09%
总计	100.00%	—	0	47.73%	20.45%

据此，排除启动资金这个经营要素，老徐未被分配股权，锤子已经被分配47.73%的股权，爱德华已经被分配20.45%的股权，合计68.18%，再加上启动资金经营要素还没有分的31.82%，合计100.00%。

现在启动资金对应的股权该如何处理？项目需要的资金该如何分配？如果有合伙人愿意多出资金，是否无条件答应？

10.2 如何分配出资额度，资金该值多少股权

我们先看这个理发店需要多少启动资金。假设根据三位合伙人的推算，至少需要100万元启动资金，为保险起见，决定准备120万元启动资金。到底谁来贡献启动资金呢？

确定每位合伙人的出资份额。原本应该是在控制人模拟完股权设计全过程后找合伙人商量时才能最终确认出资份额，但为了让脉络更连贯清晰，接下来我们将确认认购出资份额的环节提前。

老徐本来就有钱，假设老徐愿意全额出资120万元。

锤子刚结婚买了房，目前资金比较紧张，没有多余资金，假设他不出资金。

爱德华有一定的积蓄，假设他愿意出资20万元。

现在该怎么办？是老徐直接出120万元，还是老徐出100万元、爱德华出20万元？如果老徐想多拿点股权，不让爱德华出20万元，怎么办？三位合伙人之间有没有一个合理的出资规则？

不着急，让我们一步步来理清这里的逻辑。

10.2.1 资金到底意味着什么

要理清出资份额该怎么分配，需要先思考清楚资金到底意味着什么（见图10-1）。

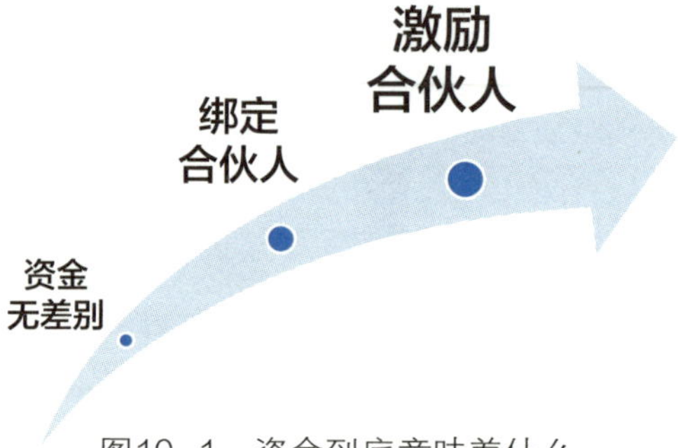

图10-1 资金到底意味着什么

1. 资金本身是无差别的

不考虑出资人的影响力因素，就资金本身而言，老徐出的10万元、锤子出的10万元、爱德华出的10万元与天上掉下来的10万元是没有差别的。10万元就是10万元，对创业项目的使用价值和作用完全一样。

2. 出资是绑定合伙人的有效方式

出资额不仅仅是获取股权的途径，还是绑定合伙人的一种方式。比如，你是普通收入人群，在创业项目投了50万元，你一定会惦记着这个项目，并努力经营，否则这50万元可能血本无归。

反之，出资额如果被不参与经营的合伙人全出了，那用来绑定参与经营的合伙人的份额自然就没了，没投钱等于几乎没成本，随时可以撤退。

3. 出资越多，股权越多，越有激励效果

出资越多，股权比例越大，红利越多，越有激励效果。但是，不参与经营管理的人占再多的股权，也很难对他产生激励作用。他只是出资人，根本使不上劲。

回到理发店这个案例，该怎么制定规则，让认购方式公平合理又能兼顾绑定创始人，让合伙人受到更多激励呢？

10.2.2　怎么分配出资额度

既然资金本身没有差别，我们又想绑定参与经营的合伙人，而且希望他受到更多的激励，那么怎么分配出资额就很简单了。尽可能让参与经营的合伙人根据他们对公司的贡献大小出资，让他付出成本的同时受到更多激励，而不是谁资金多谁就有资格多出资。

马化腾在接受媒体采访时提到腾讯当年分股权的往事。他说："当时我出主要的启动资金，有人想加钱、占更大的股份，我说不行，根据我对你能力的判断，你不适合拿更多的股份。因为一个人未来的潜力要和应有的股份匹配，不匹配就要出问题。"①

具体按什么标准呢？最合理的方式，是按照非资金股的相对比例分配出资额度。从上文了解到，排除启动资金这个经营要素，老徐未被分配股权，锤子已经被分配47.73%股权，爱德华已经被分配20.45%股权，合计68.18%，用各自的已分配股权比例除以总数68.18%，就是各自对非资金经营要素贡献的相对比例，再乘以120万元启动资金，就是分配到每位合伙人的初始出资额。如表10-4所示。

① 摘自捕手志发布的《马化腾：别人不是打不赢你，掌声越热烈就越危险》，该文章素材来自《南方都市报》、香港大学"追梦者"论坛、TechCrunch 中文网。

表10-4　分配给理发店合伙人的初始出资额

合伙人	 老徐	 锤子	 爱德华	总计
非资金经营要素贡献已获得股权	0	47.73%	20.45%	68.18%
非资金经营要素贡献相对比例	0	70.00%	30.00%	100.00%
分配的初始出资额	0	84万元	36万元	120万元

你看，这个结果是不是和各位合伙人自己评估的出资结果差异很大？本来老徐打算出资120万元的，结果只分配了0；本来锤子不打算出资的，结果分配了84万元，这就是依据股权设计客观流程打破合伙人最初的心理锚点。

分配的初始出资额就是第一轮的认购上限指标，你只能认购这么多，如果有其他合伙人没认购完，你才有权利继续认购别人放弃的部分，直到启动资金认购完毕。

这个初始出资额的分配很有意思，我们来分析一下。

1. 资金贡献匹配了人力贡献

假设按这个初始出资额来出资，意味着老徐、锤子和爱德华的相对持股比例与非资金经营要素贡献相对比例一致，也就是和人力贡献比例一致，这是最能绑定和激励经营合伙人的方式。

同时，这也导致了老徐的出局。老徐作为发起人，最后没有一点股权，直觉上无论怎么看都觉得很奇怪，但这就是事实。虽然老徐是发起人，但他不参与经营，如果锤子和爱德华自身有充裕资金，又何必一定要拉老徐进来做股东？

当然，实际可能存在各种微妙的关系，比如老徐作为两位合伙人的共同熟人，能增进各方互信等，可以变通处理。但如果锤子和爱德华本来就是老熟人且相互信任，而且都有充裕的启动资金和足够的信心，完全可以两个人创业，不需要老徐的加入。

2. 尊重了资金贡献

假设锤子和爱德华没有那么多资金，也不愿意借钱或者借不到钱，最后老徐出了更多资金，那么老徐对应的股权比例会上升。这时锤子和爱德华要充分尊重老徐的资金贡献，不能理发店赚了钱，回头埋怨老徐不出力却分走了那么多红利。毕竟一开始机会是给了的，可两位合伙人出不了这么多资金，而接受了老徐的资金，因此就要承担股权被稀释的后果。

10.2.3 每位合伙人都必须出资

继续来看理发店初始出资额的分配情况。

老徐暂时没有权利认购；锤子因为最近买了房，没什么流动资金，所以假设锤子还是不打算认购，余下了84万元的出资额；爱德华认购20万元，余下了16万元；现在总共还有100万元没有被认购。按照上文的逻辑，如果现在老徐要继续认购，老徐是否可以全部认购这100万元的出资额呢?

当然不可以。现在有个很大的问题，那就是锤子没有出资。

锤子作为控制人却没有出资，是个严肃的问题，因为：

（1）出资是绑定合伙人的一种方式，锤子不出资，就很难绑定他。

（2）没有成本，压力就小，可能导致锤子动力不足。

（3）其他合伙人会担心锤子不认真经营而且随时跑路，这不利于稳定创业团队的军心。

不仅仅是控制人，每位合伙人都必须自己出资。没有出资的股东和实际出资的股东考虑问题的出发点是有差异的，对企业的归属感也是不同的。而且，其他合伙人对没有出资的合伙人的信任感一定会打折，这不利于后期创业项目的发展。

雷军在创立小米寻找合伙人的过程中，为了让大家更好地进入创业状态，也鼓励几位合伙人力所能及地拿出一些资金。他认为这是对创业最好的宣誓和表态，所以当时“八大金刚”都或多或少地出了一部分资金。

因此，锤子无论如何是要出资的，哪怕向老徐借钱出资也行，算是个投名状。我们模拟，最后锤子决定借20万元认购出资款，那么启动资金最后还剩80万元，这80万元自然被老徐认购了。最终的启动资金认购情况如表10-5所示。

表10-5　假设理发店合伙人最终认购的出资情况

合伙人	 老徐	 锤子	 爱德华	总计
最终认购的出资额	80万元	20万元	20万元	120万元
出资额相对占比	66.67%	16.67%	16.67%	100.00%
换算成股权比例	21.21%	5.30%	5.30%	31.82%

我一般建议控制人的实际出资额最好是参与创业项目经营的合伙人中最多的，这意味着他作为控制人下的决心是最大的。在小米创设早期第一次募资时，创始团队一共出资500万美元，雷军个人就出了400多万美元。在理发店案例中，暂且按照这个标准的最低要求来执行，即锤子的出资额应不少于爱德华的出资额。

现在根据上文介绍的方式，算出每位合伙人基于启动资金获得的股权比例，就可以得出每位合伙人的初始股权比例，具体如表10-6所示。

表10-6　理发店合伙人初始股权比例

经营要素	要素权重	合伙人	 老徐	 锤子	 爱德华
启动资金	31.82%	获得股权比例	21.21%	5.30%	5.30%
理发美发技术	22.73%		0	11.36%	11.36%
运营管理能力	45.45%		0	36.36%	9.09%
总计	100.00%	—	21.21%	53.03%	25.76%

据此，老徐的初始股权比例是21.21%，锤子的初始股权比例是53.03%，爱德华的初始股权比例是25.76%，合计100.00%。

注意，这里只是初始股权比例，是三位合伙人之间的相对比例，这个比例在后面的步骤中还会进行一系列调整，最终的绝对股权比例和这个初始股权比例是存在差异的。因此，控制人千万不要推演到这步就马上去找合伙人沟通，这样会建立起一个较高的心理锚点，不利于沟通后续的调整方案。建议控制人在动态股权设计和控制权设计全部模拟完成后再找合伙人沟通股权。

10.3 合理的算法化解众多股权难题

从一开始完全没有方向，到现在初步算出股权比例，回头看，你会发现，这个方式不仅仅能算出股权比例，其中还有几个很有意思的现象无形中帮我们解决了很多股权难题。

10.3.1 发起人不一定是大股东

在这个案例中，发起人老徐并不是大股东，虽然我们在第7章就已经知道控制人锤子才应该是大股东，但如何实现锤子是大股东的路径是在本章的流程中才清晰的。

通常大家会习惯性地让发起人成为大股东，这种默认的规则其实并不合理，因为发起人不一定是对公司贡献最大的人，但大股东一定是对公司贡献最大的人，这样权责利才平衡。

10.3.2 投资人现身

这个理发店表面看起来是三个人合伙，但实际上已经出现了种子轮投资人——老徐。

老徐在120万元中投了80万元，如果按资金来算股权比例，那么老徐应该有66.67%的股权。但是，经过我们对经营要素权重及个人贡献权重的打分，老徐最终只有21.21%的股权。这说明老徐对理发店是溢价投资，80万元占了21.21%的股权，用80万元除以21.21%，就得出理发店现在的估值差不多是377万元，而不是启动资金的金额120万元。

同时，锤子和爱德华分别只出了20万元，按资金来算股权比例，分别只能占16.67%的股权，但最终锤子实际占了53.03%的股权，爱德华占了25.76%

的股权，这是对锤子和爱德华人力贡献的肯定。

10.3.3 明确了合伙人分工

通过对每位合伙人的贡献权重进行打分，各自的分工就明确了，不容易出现相互推诿的情况。很多创业项目一开始分工不明，稍微遇到点挫折，大家就相互埋怨，非常影响项目进展。

比如在理发店中，哪一天爱德华带不好徒弟了，不能因为老徐一点都不帮忙就埋怨是老徐的错，爱德华拿了带人的股权，老徐没拿这个股权，这事儿就赖不到老徐的头上。爱德华必须得干好，干不好就要承担不利后果。关于如何承担不利后果，第14章还会做详细介绍。

10.3.4 明确了股权来源依据

在分股权的过程中，我们把资金贡献和人力贡献进行了非常清晰的切割。在每个人的股权比例中，有几个百分点是源自资金贡献，有几个百分点是源自人力贡献，非常清楚。

比如，锤子的资金股是5.30%，理发美发技术股是11.36%，运营管理能力股是36.36%，这些来源依据都为后面章节合伙人动态股权设计和退出安排打下了基础，不会因为每个人都能贡献很多要素，导致需要切割股权的时候完全理不清头绪。

10.4 合伙人或创业项目发生意外怎么办

按本章算出来的股权比例雏形基本形成了合伙人之间的股权格局，如果已经走到了这一步，那么接下来不出什么意外，这个股权分配就算是基本合理了。但是，这个事情还没结束，因为没人能打包票不会发生意外。

假设你是老徐，如果就这样把股权分了，你安不安心？其他两个合伙人再怎么表态自己今后会给理发店创造多少价值，那都是以后的事情，没人能说得准，而老徐的80万元是现在就要真金白银地投进去。万一另外两个人干得不好怎么办？中途跑路怎么办？坑蒙拐骗怎么办？

而且，锤子担不担心爱德华可能带不好徒弟？爱德华担不担心锤子只是说得好听，其实根本就管不好店？或者，万一最后发现爱德华才是运营管理能力最强的人，而锤子只是纸上谈兵怎么办？

如果合伙人的心里都有各种不放心，哪天老徐中途反应过来要撤资，怎么办？假设理发店刚开了一年，合伙人觉得开理发店不合适，打算改为做美甲或餐饮了，经营要素和每个人的贡献就和原来计算的不一样了，怎么办？

没关系，以上这些问题都属于股权动态调整章节及后期维护章节要介绍的内容，这些内容将帮助老徐、锤子和爱德华都“把心放到肚子里”，让老徐愿意继续出资，让锤子和爱德华愿意死心塌地工作，让这个创业项目能继续推进。让别人安心，你才安全。

就本章而言，算出目前的初步股权比例是非常有意义的，虽然只是静态的理想状态，但却是后期进行调整的基础。

画重点

股权计算四环节（目前已完成前三个环节）。

计算股权过程中解决的隐形问题：

- 处理好了发起人和大股东之间的关系；
- 显现出投资人；
- 明确了合伙人的分工；
- 明确了股权来源依据，为接下来股权动态调整打下基础。

资金的意义：

- 资金本身是无差别的；
- 出资是绑定合伙人的有效方式；
- 出资越多，股权越多，越有激励效果。

每位合伙人都必须出资，控制人的实际出资额最好是参与创业项目经营的合伙人中最多的。

第11章

如何操作知识产权、资产、资源换股权

知识产权、资产、资源换股并不是计算股权的一个单独步骤，这个步骤应当在提炼经营要素和计算合伙人贡献中顺带完成。但并不是每个项目都会遇到换股情形，而且换股属于创业者比较关注的话题，内容较丰富，相对独立，因此单独成章。

知识产权、资产、资源这三个词的分类并不严谨，有很多交集，不过为了便于大家理解，还是继续使用这个分类方式。知识产权主要包括商标、技术、著作权等，下文中提到的商标、技术、著作权入股，都属于知识产权入股。

几乎每一家创业公司都会遇到换股的情况，比如，某位合伙人懂生产技术，用技术入股；某位合伙人愿意将自己的房屋提供出来作为办公场地，用资产入股；某位合伙人有很多上下游资源，用资源入股。这些事情每天都在发生，但大部分创业者并不清楚换股权的逻辑，不知道该给多少股，怎么给，有哪些换股风险（见图11-1）。

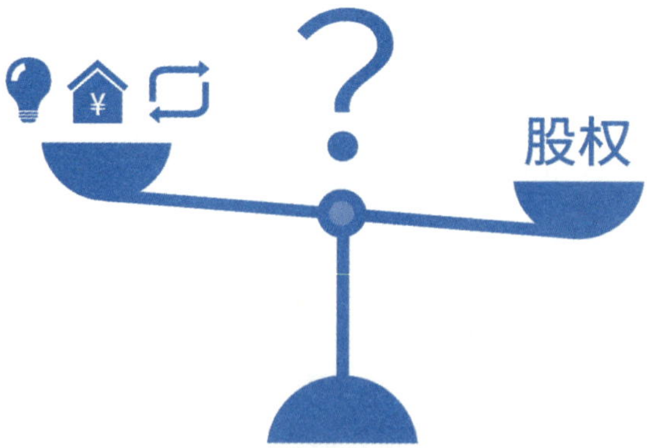

图11-1　到底值多少股权

作为提供知识产权、资产和资源的合伙人，自己的价值被利用完后会不会被一脚踢开？其他合伙人担不担心给出去股权后，知识产权、资产和资源不到位或随时可能被抽走？

接下来就和大家分析知识产权、资产和资源换股权的利害关系及操作方法。

本章主要解决以下三个问题：

（1）知识产权、资产和资源能换多少股权？

（2）这类换股会给创业项目带来哪些风险？

（3）换股具体该怎么操作才能做到合法合理？

11.1 如何折算成股权比例

折算股权，自然不能拍脑袋看心情，换股权的背后一定要有清晰的逻辑，这样股权分配才合理，双方才能更好地接受，未来万一有什么问题也好调整。

为了让普通人容易理解，用不严谨的话来解释，你可以理解换股就是合伙人先把他的知识产权、资产和资源卖给公司，公司向合伙人支付合理对价，合伙人再用这部分对价投资公司。这其实是两笔交易：卖东西和买股权。现在，两笔交易表面上被并成一步了，所以很多人就糊涂了，但实际上还是需要一笔一笔算清楚。

第一笔交易是，这些知识产权、资产和资源到底值多少钱？要搞清楚值多少钱，必须先理清公司买的到底是什么。

11.1.1 公司买的到底是什么

我发现，很多公司根本没理清自己买的是什么。比如，只知道某位合伙人带着技术入股，公司也确实在用这个技术。但是仔细想一下，公司买的是这位合伙人带来的知识产权的使用权还是所有权？能用多久？

一般看到技术用在产品上了，就觉得达到目的了，没有进一步谈清楚就直接给了合伙人股权。万一哪一天合伙人之间闹矛盾，技术合伙人带着知识产权离开，公司很可能就瘫痪了，第2章的案例2就是这种情形。

要理清公司买的到底是什么，就需要有具体化、标准化的过程，让这些知识产权、资产和资源可量化（见图11-2）。

图11-2　换股三维度

11.1.2　如何具体化、标准化

具体化、标准化的意思是，把公司需要的东西非常清晰明确地描绘出来，让它可以被量化、被判断，而不是含糊地说个大概，最后有了分歧也不知道是谁的问题。

1. 知识产权的具体化、标准化

知识产权的量化标准主要有两个：一个是具体是什么知识产权，另一个是这个知识产权的权利范围。

具体是什么知识产权。

用于换股的如果是专利、软件著作权、商标等，需要有明确的证书编号。如果是没有证书编号的技术，需要写清楚技术能实现怎样的具体效果，如果不能实现约定的效果，那就不是创业项目想要的技术。

比如37°水杯的技术，要做到水倒进去多长时间内变成37°，并且这个温度能维持多长时间；著作权具体是什么内容，需要呈现什么效果，有没有附件；商号具体是什么名称；等等。

如果是还没有实现的技术，也要明确这位合伙人要帮公司具体实现怎样的技术效果，和37°水杯类似。

知识产权的权利范围。

权利范围是指这个知识产权是授权给公司用还是所有权要转给公司。

如果是授权，那么授权的期限、地域范围、是否独家，都需要明确。

对公司而言，最有利的权利范围肯定是直接获得知识产权的所有权，否则授权很可能随时被收回，这将非常影响公司长期发展。

案例1

某药集团一开始将凉茶商标授权给某宝公司使用，在某宝将该凉茶商标做得火遍大江南北后，某药集团决定不再和某宝公司续约，导致某宝公司不能继续使用辛苦经营数年的凉茶商标，也引发了后续两个公司的商标混战，某药集团与某宝公司因此对簿公堂。

当年某宝公司如果对这个知识产权的权利范围能有风险意识，考虑买断该商标，或者索性一开始就做自己的品牌，就没这么多遗憾了。

2. 资产的具体化、标准化

比较常见的用于入股的资产有土地、房屋、设备等。相比之下，资产是比较好具体化、标准化的。

比如，电脑对你的公司而言是非常重要的运营资产，有位合伙人准备用电脑入股，那么合伙人用于出资的电脑应该是什么品牌、什么处理器、内存多大等，都可以具体化，而不是搬个十年前的过时电脑就充当公司的资产。

3. 资源的具体化、标准化

虽然资源听起来比较虚，但实际上大部分资源也是可以具体化、标准化的。

比如，你的合伙人说有政府资源，可以为公司申请政府补助，想用这种资源换股。那么他到底能帮公司争取到多少政府补助呢？10万元是补助，1000万元也是补助，但这差别很大。如果这些补助最终没有落地，这个资源还算不算数？

如果合伙人帮公司介绍下游资源，那么要介绍多少资源？考核期内成交量要达到什么范围？这些都需要明确，而不是这个合伙人随便甩几个电话给公司就算资源到位了。

也就是说，知识产权、资产和资源最终都要落到结果上，以结果为导向去判断，而不是停留在表面空谈。

知识产权、资产和资源被量化之后，公司具体想买的东西就清楚了，接下来就可以给它们定价。

11.1.3 合理定价定权重

在换股中，理清了公司买的是什么以及具体的落地要求后，接下来就要给它算第二笔交易，给它定价了。定完价，到底该换多少股，就很清晰了。定价也是有据可依的，如果有市场价，就按市场价走；如果没有市场价，可以根据经营要素权重来判断。

1. 按市场价定价

合伙人给创业项目提供的房屋，根据一个月租金的市场价，暂定提供的时长，就能得出价格；一项知识产权的价值，可以参考类似知识产权转让价，每年的授权费，也能算出价格；如果是提供下游资源换股的，可以参考市场上成功介绍客户并成交的中介费，也能算出价格。

有了定价，接下来就可以根据第9章的内容，按资金的权重，算出合伙人提供这些知识产权、资产和资源该获得多少股权。

2. 按经营要素权重定权重

可能某些知识产权、资产和资源没有市场价，比如，一些秘方或者关系资源。那该怎么办呢?

也可以根据第9章的内容，把知识产权、资产和资源作为经营要素，单独估算权重，这样也能算出对应的股权。

3. 避免与已有经营要素贡献重复计算

如果这个知识产权、资产和资源已经作为经营要素贡献计算过一次股权了，就不应当单独再算一次。

比如负责软件开发的技术合伙人，他的某个经营要素贡献是为公司开发一个互联网交互平台，基于这个贡献，他已经获得了10%的股权。如果这时候他说自己有个互联网交互平台的雏形，想作为知识产权再拿出来入股，可以吗？

开发平台本来就是他应当做的事情，如果同意他用知识产权再次入股，相当于额外又给了他一部分股权，属于重复计算。正确的方式是，10%的股权比例不变，他已经开发出来的雏形应当免费送给公司，也就是说，在他已有的平台雏形上继续开发形成的平台归公司所有，这个贡献已经体现在10%的股权中了。

11.2 换股有什么风险

一些创业者，听到合伙人要换股，就急着考虑具体如何换股。但这里还有一个前置的重要问题：该不该接受合伙人的换股请求？这就需要先了解换股可能给创业项目带来哪些风险，最后再权衡是否接受换股请求。

换股主要有两大风险：

一是知识产权、资产和资源最后没有到位，给公司带来巨大的经营风险，而且股权也要不回来。

二是不该用股权解决的问题用股权去解决，可能导致浪费股权。

11.2.1 不到位风险

先看知识产权、资产和资源最后没有到位的风险。

案例2

背景

杭州一家电商公司有两位合伙人，他们原来是同学，毕业工作多年后相聚，发现大家都打算创业。两人中一个运营管理能力很强，一个之前在“大厂”工作过，有很多大平台的资源，所以一拍即合一起创业。他们商议运营管理能力很强的合伙人专门负责运营管理，“大厂”出来的合伙人专门负责引流和资源对接。他们都认为这个搭配非常好，业绩一定能很出色。

冲突

公司运营半年后，逐渐显露出一个问题：虽然负责引流的合伙人确实在给公司引流，但引流的质量和合伙的时候说的完全不一样：一是引来的流量小，二是引流过来的用户都不是目标群体。

负责运营管理的合伙人发现资源跟不上，卖不出货，只好亲自出去找了一些有效的流量，相当于一个人干着两个人的活，公司这才勉强存活下来。

到了这个时候，负责引流的合伙人发现自己好像也没什么作用，索性就不浪费时间引流了，直接躺平，偶尔来公司打打下手，做些无关紧要的工作。那位负责运营管理的合伙人非常后悔：当时怎么就那么相信自己的同学呢？如果一开始就自己单干，可以少许多需要协调的烦心事，说不定能更顺利，而且股权还不用分出去。

这个案例就属于资源不到位的情况。这种不到位的情况该如何预防呢？那就是在协议里约定清楚，如果知识产权、资产和资源不到位，可以收回股权。这时你会发现，我们前面做的量化的过程就非常有意义。下面我们根据知识产权、资产和资源可量化和不可量化两种情形分别讨论。

1. 可量化的需要写明确

只有量化了的知识产权、资产和资源，才是可执行可判断的，才能和股权一一挂钩，股权才有可能收回。

比如在上文所述的电商公司这个案例中，假设他们的协议中只写某位合伙人负责引流，而不约定具体是怎样的流量资源，运营管理合伙人还是很难收回股权。

因为引流合伙人确实引流了，只是引流质量不高。但如果一开始就写清楚引流合伙人引流的规模、转化率要达到什么标准，当最后没有达到标准时，就属于资源没到位，其他合伙人就有可能收回股权。

2. 不可量化的需要衡量风险

对于那些没办法量化的知识产权和资源，比如经验和人脉资源，该怎么办呢？

这时候，创始人就要衡量一下，如果无法量化的资源最终没到位，这个结果是否能接受。如果能接受，那可以尝试冒险；如果没办法接受，比如没这个资源，项目根本就无法推进，那就要再考虑其他办法了。

这里举个特例。

案例3

背景

武汉有个生物科技项目，这个项目中有个非常重要的经营要素，即人脉资源，这位资源合伙人本身是位“大咖”。

冲突

核心创始人在与我讨论股权比例的过程中表示，这个资源很难被量化，而且资源合伙人实在太“大咖”了，如果因为谈股权收回条件，资源合伙人可能直接不和他合作了，怎么办？

分析

我仔细询问了这个生物科技项目的商业特点及里程碑安排，发现这并不是个难题。因为资源合伙人对核心大股东没有竞业禁止的要求，而且，假设这位资源合伙人的资源没到位，那么这个项目基本就算是结束了。

方案

因此，完全可以直接给这位资源合伙人股权，也不用谈太多条件，只需要核心创始人把握好将技术投入项目的节奏即可。假设资源真的不到位，核心创始人可以放弃这家公司，继续寻找新的合伙人重新创业。

11.2.2　消耗股权风险

知识产权、资产和资源换股权给创业项目带来的第二个风险是可能导致股权不必要的消耗。并不是所有的知识产权、资产和资源都值得用股权去交换，这点在第4章已经做过详细分析，不再累述。

我非常理解大部分创业项目一开始都会出现资金紧张的问题，核心创始人能省就省，所以会倾向于用股权去换取知识产权、资产和资源。但认真判断后发现，这个问题并不是真的完全迫不得已，还是有别的解决方法的。

案例4

背景

我之前接触过一家创业公司，其产品已经比较成熟。为了快速扩大市场，该公司打算进行股权融资。但是，这家公司的创始人没有太多投资人的资源。他听说某位多年不见的朋友老张很懂融资，所以想请老张帮忙。

老张确实有资源，也表示愿意帮忙牵线搭桥。创始人担心老张虽然口头答应，但实际上不怎么上心，所以主动向老张提出，如果老张能推荐投资人投资1000万元，就给老张10%的股权。老张最后真的介绍投资人投了1000万元，得到了这家公司10%的股权。

分析

我们分析一下这10%股权的价值。

老张原本不是这家公司的创始人，即使他引进了投资人，这也是一锤子买卖，股权到手后，老张对公司就没什么其他义务了，公司要发展，还是得靠原来的创始人。但是这10%的股权就永远属于老张了，相当于公司在创业初期把股权给了对公司没有长期贡献的人。

我们再还原一下这件事情的本质。这个案例中老张引进1000万元资金，公司按道理是需要给介绍费的，若按5%计算，就是50万元。老张10%的股权相当于是用这50万元买的，其实这也是两步并作一步走的问题。

前面介绍费给50万元没问题，但是后面为什么一定要卖10%的股权给老张呢？等融到资、有了钱，公司也不缺这50万元，大可以不卖股权，让老张拿钱走人，一锤子买卖就是一锤子买卖。这10%的股权留在公司，用于将来做股权激励，或引进其他新的合伙人，价值会高很多。

创始人即使考虑到如果没有股权，老张可能不会那么尽心尽力帮公司找融资，那也可以考虑给一部分钱的同时给一部分股权。这样老张既有钱赚还能有股权，也会觉得这是个不错的交易，对其他合伙人而言，也保留了更多股权。

而且，根据我们的经验，很多类似老张这样的财务顾问，打心眼里更希望“落袋为安”。有些公司也误判了财务顾问对风险的偏好，可能大家都没有把真实想法摆上台面，这样换股对双方而言都不是最理想的结果。

蓝色光标的创始人孙陶然在《创业36条军规》一书中提道："很多创业者会因为需要某个人帮助公司而对其赠予股权，这也是大有问题的。一方面，并非非得如此对方才会帮助你，换言之，不赠予股权对方也可能会帮助你，甚至其他方式的酬劳对方可能更喜欢，因为初创企业的股权别人并不一定当回事；另一方面，即便对方能帮上忙，给予其股权也未必合适，因为股权意味着长期的收益权以及同股同权的股东权利，所以不管对方的帮忙价值多么巨大，都只应该给予一次性回报。"

因此，换股本身没问题，但创始人需要认真分析一下：换股有没有价值？有没有达到股权设计该有的效果？

11.3 如何给兑换的股权做登记

明白换股的逻辑后，还需要了解换股如何落地的实操性问题。

首先是知识产权。能入股的知识产权必须是《公司法》[①]认可的知识产权，是有证书的知识产权，比如专利、软件著作权、注册商标。如果仅仅是某种技艺，或具备某种特长甚至是秘方，是不能作为出资直接换股的。如果这类知识产权要作为出资换股，只能采取变通方法。

其次是资产。资产按法律规定一般都能入股，但是要做好评估，将资产真正转让给公司了才算完成出资。比如将房产转给公司，需要到房管局做权属变更登记后才算完成出资。

最后是资源。按法律规定，资源是不能作为出资入股的，也需要采用变通方法。

11.3.1 可直接入股的操作方式

首先，对于按法律规定可以直接入股的实物、知识产权和土地使用权

① 《中华人民共和国公司法（2018 年修订）》，简称《公司法》。

等，一定要先做好评估，既不能高估也不能低估[①]。其次，权属一定要变更登记在公司名下。这些都可以在股东协议中约定好，如果最后没变更登记在公司名下，其他合伙人可以收回对应的股权。

还有一种操作方式是实物入股的股东先以现金入股，再与公司签订买卖合同，公司用出资的钱来购买实物股东的资产，这样也实现了资产入股，只是中间会有一些交易税费损耗。

11.3.2 不能直接入股的操作方式

对于按法律规定不能入股的知识产权和资源，该怎么办？那就按前面讲的方式，量化好、算好股权，约定好知识产权、资源不到位的后果，或约定到位了再给股权。写清楚了，双方就不会有顾虑。

针对换股股东认缴的注册资本，也可以考虑上文提到的方式：换股股东以现金入股，再与公司签订合同，公司用出资的钱购买换股股东的知识产权、产品或服务。公司还可以利用注册资本认缴的时间差，在公司正常经营且盈利后，用分红的钱来补足知识产权股东的出资，或者股东之间进行出资款的赠予。其中因交易产生的税费损耗，创始人在实际操作中协调即可。

11.3.3 大额换股务必咨询律师

如果创业者遇到的是大额换股，尤其涉及一些复杂的资产、核心的知识产权，其中又可能涉及各种税务安排及复杂的变通方案，而且容易产生纠纷的，务必咨询律师，规避风险。

---

① 《公司法》第二十七条规定："股东可以用货币出资，也可以用实物、知识产权、土地使用权等可以用货币估价并可以依法转让的非货币财产作价出资；但是，法律、行政法规规定不得作为出资的财产除外。

对作为出资的非货币财产应当评估作价，核实财产，不得高估或者低估作价。法律、行政法规对评估作价有规定的，从其规定。"

画重点

换股可以理解为两笔交易：

- 合伙人先把他的知识产权、资产和资源卖给公司；
- 合伙人再用公司付给他的钱来投资公司获得股权。

换股三维度：

- 确定公司买的是什么；
- 将知识产权、资产和资源具体化、标准化；
- 合理定价定权重。

换股两大风险：

- 不到位风险；
- 消耗股权风险。

实操问题：

- 能直接入股的，注意流程规范，完成权属变更；
- 不能直接入股的，采取变通方法；
- 大额换股务必咨询律师。

第12章

怎么预留员工激励股权

前几章介绍了针对当前阶段合伙人如何计算股权比例的问题，在理发店的股权战略规划中，还有三个未来的安排。

一是扩张阶段需要引进懂软件技术和懂财务运作的人以及可能需要的其他核心高管；

二是需要有未来的店长与股权挂钩的激励机制；

三是未来可能需要给外部关系一部分股权。

那么，想要引进和留住新高管、激励店长以及锁定外部关系，股权应从哪里来？本章将解决这个问题。

12.1 该不该预留股权

大部分创业者也清楚自己的公司将来是要进行股权激励的。但是，有的创业者在创业早期根本顾不过来，那么，可不可以等将来有实际需求的时候再做打算呢？我们先看一个案例。

案例1

背景

有一家做教育培训的公司，一共有三位股东，发起人是核心人物，也是大股东，持股约40%。他是整个公司行业经验最丰富的人，剩下的两位股东是认可这位大股东而一起跟着创业的朋友，持股分别约30%。三位股东把股权分完后，没有预留任何股权。

冲突

公司发展很顺利，没过两年就到了高速发展期，这时发起人认为公司必须引入新的人才才能继续发展。于是，他把两位小股东召集到一起，商量大家一人出让一点股权给新的合伙人。

没想到，两位小股东怎么都不同意。他们也有自己的理由，在他们看来，自己的股权本来就少，怎么可能再让股权出来。大股东那么多股权，他自己出让不行吗？何况引进新合伙人是大股东的提议，又不是他们的提议。

但发起人认为，公司引进新合伙人对大家都是好事，又不是他一个人获益，为什么要他一个人出让股权？但是，不管发起人怎么解释引入新合伙人的好处，两位小股东就是不同意。

结果

这个创业项目确实挺不错，为了顾全大局，百般无奈下发起人只好自己出让股权给新合伙人。本来发起人的股权就不多，只有40%，现在又出让了一部分，导致发起人的股权比原来两位小股东的股权还少，拿到的公司分红更少，发起人更难控制公司。

而且，因为引进新合伙人这件事情，三位股东之间产生了矛盾，私下拉帮结派，小冲突不断，事事推进都受到原来两位小股东的质问和阻碍，直接影响了公司的发展。

分析

这位发起人一开始合伙时考虑不周，股权分配不当，自己的股权偏少，也没有提前预留激励股权，造成后面的被动局面，使得难以引进新合伙人，公司治理也出现重大问题。

因此，在创立之初最好把将来引进新合伙人、高管以及进行激励的股权来源约定好，一开始就要把合伙人预期调整到位，不要临时商量出让股权，这样容易使合伙人之间产生矛盾，也可能使人才不到位。

那么，该预留多少股权？该怎么预留呢？

12.2 应当预留多少股权

创业初期一般预留10%～30%的股权作为激励股权池，这个比例随着公司未来融资注册资本的增加而被不断稀释。

具体该预留多少股权，和创业项目的行业特征及商业模式有很大关系。创始人可以设想一下，预留出的激励股权意味着多大的利益，这部分利益是否足够你留住将来的高管和核心人员。创业公司也经常出现预留的激励股权不够用，需要不断扩大激励股权池的情形，只要早期合伙人白纸黑字约定好将来需共同提供激励股权，一般都不会有太大问题。

12.3 预留的股权该放在哪里

如何预留股权？此处介绍两种常见方式。

12.3.1 大股东代持

大股东代持是常见的预留股权方式，采用这种方式，大股东对公司的控制力会增强，而且可以节省设立持股平台的工商成本。

- **理发店案例**

假设理发店预留20.00%的激励股权，大家同意让锤子来代持激励股权。

那么老徐让出他21.21%里面的20.00%，也就是21.21%×20.00%≈4.24%，老徐的股权比例就变成了16.97%；以此类推，锤子让出10.61%，还剩42.42%，爱德华让出5.15%，还剩20.61%，这样激励股权合起来就凑够了20.00%。

实际操作中，老徐这个角色也可能不愿意提供激励股权，毕竟他只是出资人，可能会认为理发店经营本来就应该是锤子和爱德华的事情，人力股都是锤子和爱德华分走的，如果要补充人才，自然应当是锤子和爱德华提供股权。不过站在锤子和爱德华的角度来看，这里的激励股权是分给未来的人才的，在那之前理发店基于资金已经发展到了一定阶段，甚至可能老徐已经分了不少红利。那个时候大家是一个整体，为了让理发店获得更好的发展，应该是全体股东一起提供股权，现在只是为了便于长期规划，将提供股权的步骤提前了而已。

以上两种情况在实际中都是存在的，主要看合伙人怎么看待这个问题。理发店案例中我们模拟老徐愿意共同提供激励股权。

凑出来的20.00%的激励股权全部登记在锤子名下，因此，工商登记的股权比例就变成了老徐16.97%，爱德华20.61%，锤子62.42%（本来属于锤子自己的42.42%加上大家预留出来的20%）。而锤子的这62.42%里面，只有42.42%是属于锤子的，剩余的20.00%是属于未来激励员工的。详情见表12-1。

表12-1　通过大股东代持激励股权的工商登记示范

合伙人	 老徐	 锤子	 爱德华	合计
初始股权比例	21.21%	53.03%	25.76%	100.00%
出让的比例（各自的 20.00%）	4.24%	10.61%	5.15%	20.00%
合伙人剩下的股权比例	16.97%	42.42%	20.61%	80.00%
最终登记股权比例	16.97%	62.42%	20.61%	100.00%

采用大股东代持的方式会出现一个问题：如果将来公司净资产高于合伙人出资成本，或者公司通过融资提高估值后，大股东把股权转给激励对象或持股平台时，可能需要缴纳个人所得税。因此，如果你只是做个小生意，可以保持现状，合伙人之间把合同签好就行；如果是有可能进入资本市场的创业项目，大股东代持只能是个过渡方式，建议尽量在公司净资产超过股东投资或股权融资之前把激励股权转移到持股平台。

12.3.2　设立持股平台

设立专门的持股平台持有激励股权也是常见的预留激励股权方式。

如果理发店案例中预留的20.00%的激励股权登记在持股平台名下，理发店合伙人的股权比例就会发生改变，如表12-2所示。

表12-2　通过持股平台持有激励股权的工商登记示范

合伙人	 老徐	 锤子	 爱德华	持股平台	合计
初始股权比例	21.21%	53.03%	25.76%	—	100.00%
出让的比例（各自的 20.00%）	4.24%	10.61%	5.15%	—	20.00%
合伙人剩下的股权比例	16.97%	42.42%	20.61%	—	80.00%
最终登记股权比例	16.97%	42.42%	20.61%	20.00%	100.00%

这个持股平台一般采用有限合伙企业的方式，将来如果公司引进新的高管或者进行员工股权激励，就可以把持股平台中的股权转给高管和员工。合伙企业的具体优势和设置方式还会在第20章做详细介绍。

如果一家创业公司很明确要给外部关系保留股权，可以设立两个持股平台，一个专门做内部股权激励，另一个专门做外部关系激励。不同的激励平台规则是不一样的，内部股权激励的规则会更严格，而外部关系激励的规则相对较宽松。设立两个平台有利于分类管理。

以理发店为例，假设合伙人预留5.00%的股权用于外部关系资源激励，那么理发店股权结构的变更如表12-3所示。

表12-3　员工激励持股平台和外部关系资源激励持股平台并存的工商登记示范

合伙人	 老徐	 锤子	 爱德华	员工激励持股平台	外部关系资源激励持股平台	合计
最终股权比例	16.97%	42.42%	20.61%	15.00%	5.00%	100.00%

为了便于表述，在后面的章节中我们会假设理发店只有一个员工激励持股平台。

12.4 预留股权实操经验

12.4.1 未授予出去的激励股权收益如何分配

要求合伙人提前预留激励股权通常会遇到一个障碍：有的合伙人会关心，他将激励股权预留出来登记在了某位合伙人名下或持股平台名下，在全部分给员工之前，如果公司要分红、被收购或者上市，没分出去的股权收益归谁呢？如果代持股东擅自把激励股权卖了怎么办？激励股权对应的实缴出资义务由谁来承担？

这是非常现实的问题，因为谁都不能保证最后激励股权会被全部用完，中间免不了会出现分红、被收购、上市或者承担出资义务的情况而触碰到合伙人的利益。因此，合伙人需要提前约定好没分配完的激励股权的权利义务的分配。尤其是利益，别看公司现在不值钱，将来公司值钱了，这点不清不楚预留出来的股权很容易引发矛盾。

关于这个约定，有个非常简单的基本的处理原则，那就是，谁预留出来的，就归谁所有。

假设激励股权是大股东自己预留的，那么，没分完的激励股权的权利义务自然归大股东；如果是几个股东一起预留的，那就由他们一起分担和享有。这样既公平又合理。

与此相关，创业项目在进行股权融资时，投资方律师因为不了解企业背景以及为了尽可能为投资方争取利益，通常会要求未分配完的激励股权最后归全体股东（即包含了投资方）所有。创始人应当注意根据创业项目的实际情况，按照前面介绍的原则判断这是否会损害了自己的利益并与投资方律师友好沟通调整约定。

12.4.2 预留的激励股权不够用怎么办

案例2

背景

有一个电商项目，创始团队在公司发展的过程中，将原来预留的10%的激励股权用完了。如果公司还要继续发展，就必须增加激励股权才能吸引更多的人才。但是，现在公司除了创始团队外，还有后期引进的其他股东以及已经被激励的高管，这么多形形色色的股东，该怎么再分出激励股权呢？

方案

我给出了两种方案。

第一种方案是全体股东商量一起稀释股权。比如公司可以再设立一个持股平台，该持股平台增资到公司，全体股东的股权就自然被同比例稀释了。

第二种方案是如果其他股东不同意稀释股权，那就由创始团队以及已有的持股平台按比例转让一部分股权，形成新的持股平台，相当于创始团队自己承担，其他股东不承担。

结果

投资人非常认可创始团队，也不希望创始团队的利益不断被分散变小，最后全体股东同意一起稀释股权。

虽然大部分创业项目的激励股权都由创始团队或全体股东同比例提供，但也可以约定在一定范围内先由大股东提供，超出部分再由创始团队或全体股东同比例提供。重点在于，一定要提前约定好，这样才能管理好大家的心理预期。

12.4.3 未预留激励股权该如何弥补

你可能已经设立好了公司，但在设立公司时并没有预留出激励股权，怎么办？

创业团队组建早期是解决激励股权来源问题的最佳时机，这时大家最容易达成一致意见。对于已经分完股权的创业项目，建议趁大家还没有明显的利益冲突时，创始团队内部尽快协商好激励股权的来源，直接设立股权激励平台；即使基于成本考虑，暂时不设立，也至少让股东先签好协议清楚激励股权的来源。因为，公司发展得越好，利益越大，股东之间的矛盾就会越多，这种事情越往后只会越来越难协商。

股权激励平台还涉及和投资人关系的处理、将来进行期权和虚拟股权激励如何达到激励效果、让股权激励与公司的商业战略挂钩、避免反激励、避免造成上市障碍等问题。但这些不属于合伙人股权设计阶段需考虑的问题，我将会在股权激励书籍中再做详细介绍。

画重点

股权计算四环节（目前已完成）如下图所示。

务必提前预留激励股权。

激励股权短期内可由大股东代持，长期来看建议登记在持股平台名下。

实操问题：

- 未授予出去的激励股权出资义务及权益归激励股权来源方承担及享有；
- 提前约定预留的激励股权不够用时谁来提供新的激励股权；
- 未预留激励股权的公司需趁合伙人还没有明显利益冲突时尽快达成一致意见。

第四步

Step Four

避险

通过动态调整规避各种打击带来的风险

好的股权系统应当能抗打击，但是，给出去的股权是泼出去的水。

怎样让股权和贡献一一挂钩？

怎样让合伙人把丑话说在前？

怎样在发生意外的时候保护公司的股权？

让静止的股权动起来！

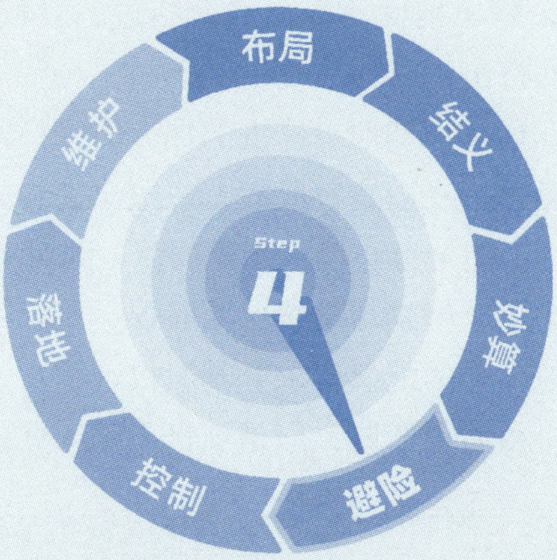

第13章

你的股权系统是否抗打

在前面的章节中，我们系统地计算了合伙人的股权比例，也预留了激励股权，完成了创业项目的初步股权设计，这些都是在应对股权的稀缺性。接下来，我们要继续应对股权的稳定性。

由于股权具有稳定性，因此截至目前，这个设计还是脆弱的，还是一成不变的死系统。假设股权设计到此结束，那么不管未来创业公司发展成什么样，只要大家没有达成新的共识，这个股权状态就不会发生改变。但创业环境是会不断变化的，你的合伙人也是有血有肉、活生生的人，死系统并不能应对变化多端的现实，这样的股权系统就不抗打，很容易崩溃。

13.1 股权可能遭受哪些打击

如何设计抗打击的股权方案呢？首先需要清楚打击可能来自哪里，要先知“害”，再知“利”[①]。

在股权设计方面，除了前面章节已经介绍过的股权比例分配不合理带来的风险外，其他常见的打击还有：

合伙人能力不够，远达不到他自己说的那么厉害；

合伙人制造同业竞争，一边拿着股权，一边出去和公司抢市场；

合伙人在外兼职，不能全身心投入创业项目，同时还带来各种商业风险；

合伙人离职不想干了，但是却继续保留股权；

合伙人离婚了，他离异的配偶要求分割股权；

合伙人发生意外，虽然很遗憾，但是项目还得继续往前走；

---

① 参考《孙子兵法·作战》：“故不尽知用兵之害者，则不能尽知用兵之利也。”

市场不好或者战略失误，创业项目面临解散；

合伙人自己卖了股权套现，导致股权系统失衡；

项目公司缺钱，需要引入资金。

这些都是艰难的情况，不管你愿不愿意去想，它们都可能会发生。

13.2 “把丑话说在前”——找底线

找准了打击的来源，接下来就需要合伙人之间进行摊牌了，也就是“把丑话说在前”，这是动态股权设计的大前提。

这个过程需要将每位合伙人获得的每一分股权对应的应该要做到的具体贡献，都摆上桌面，商量清楚如果无法实现或做不到该怎么办，这也是实现股权设计的目标之一——管理合伙人的心理预期——的途径。

换句话说，不要期待在发生变数的时候再去和你的合伙人商量调整股权的事宜，这样会打破合伙人的心理预期。而且变数可能会多次发生，你一次次地去打破合伙人的心理预期，那么合伙人之间就只剩不满和冲突了。

在实际操作中，一般是由控制人来推进“把丑话说在前”这个环节，但在找其他合伙人说丑话前，控制人应当先将自己能接受的底线按本步骤先梳理清楚，最好是带着方案去找其他合伙人沟通。

案例1

我接触过一个医药项目，因为创始人之间没“把丑话说在前”，在花了几百万元资金后，这个项目不了了之。

背景

这个项目一开始有两位合伙人，一位是天使投资人，一位是资源整合方。天使投资人非常信任资源整合方，提出自己愿意出资3000万元，由资源整合方出面整合这个项目需要的资源，把项目做起来。双方没有签协议，天使投资人直接先向公司打了1000万元。

过了一年多，这个项目进展缓慢，资源整合方联系到了一些愿意加入这个项目的专家，准备安排专家签股东协议。既然要签股东协议，就免不了约定天使投资人和资源整合方的权利义务。这个时候，天使投资人才开始思考自己投钱到底要达到什么目的和实现什么样的效果，资源整合方能不能给自己一个结果，如果没有结果怎么办。于是他在股东协议中做了一些对赌安排。

冲突

此时，资源整合方不乐意了："一开始说好的就是你出钱，我出力，我也一直在辛辛苦苦、跑前跑后地张罗，怎么过了一年多突然向我要结果？结果哪是这么容易出来的，创业本来就有风险，没有必成的项目。难道最后项目没成我还要赔你钱？"

这时项目公司已经花了好几百万元了，协议没谈妥，资源整合方也不敢继续花钱了。天使投资人也很尴尬，钱已经花了不少，如果现在叫停是挺亏的，但是只有自己在出钱，如果资源整合方能力不行，做不成事或者中饱私囊，难道要送钱打水漂？

结果

最后，这个项目就不了了之了，天使投资人损失了几百万元，资源整合方付出了一年多的努力，原来两个关系很好的伙伴也弄僵了。

这个项目的两位合伙人如果在早期就"把丑话说在前"，清楚每个人想要什么，哪些事情做不到该怎么办，彼此的底线、止损线在哪里，大概就能避免最后双输的局面。当然，还有一种可能是底线没谈拢，那就没有启动合伙，至少各自没损失。

接下来将根据本章梳理出来的打击，按照"把丑话说在前"的方式，逐个介绍如何设计动态股权方案，将创业项目股权方案变成一个反脆弱的系统。

画重点

好的股权系统应当能抗打击。

合伙人应当"把丑话说在前"，寻找彼此的底线。

第14章

合伙人不给力怎么办

路遥知马力，合伙创业最大的痛点就是搭伙之后才发现合伙人不给力，根本不能胜任岗位。这和有些人找伴侣一样，谈恋爱的时候你侬我侬，结婚后发现所托非人。

因合伙人能力不行而产生股东矛盾的案例太多了，第1章案例3、第2章案例1、案例2及第11章案例2都是这种情形，此处不再累述。遇到这种情况时，控制人会想把能力不行的股东请走。不少公司都遇到过这种情况：控制人先找合伙人沟通要求退股，然后被要求退股的合伙人一般都会拿公司的“秘密”和控制人说事儿，表示不同意，接着控制人只能出高价收购股权，这个过程中退伙的合伙人再顺带要求一点其他好处。股权能收回已经算是好的结果了，一些公司最终也没能收回股权。

出现这种被动局面，归根结底是创始人在项目早期未考虑合伙人能力不够该怎么办，未将股权与实际能力挂钩。要解决这个问题，就需要设计规则让合伙人的股权跟能力挂钩，如果能力不达标，就要收回相应的股权。

14.1 控制人不给力怎么办

股权动态调整的规则一般由控制人制定，其他合伙人接受规则后就可以将规则写到股东协议中予以明确。

现实中，很多创业项目的控制人是不会给自己制定因为能力不够而降低初始股权比例的规则的，他们一般只给其他合伙人制定此类规则。不仅如此，他们甚至可能设置提高自己初始股权比例的规则，比如当公司超前完成某重要里程碑时，公司向控制人增发股权，以扩大控制人的股权比例。这类控制人一般是在创业中具有绝对价值和话语权的创始人。

比如雷军，他在合伙人中具有绝对的威信。创立小米时，雷军的身家在几十亿元人民币左右，远超其余所有人的总和。而且雷军在当时已经名满天下，是成功的职业经理人、创业人和天使投资人。小米初次融资估值能达到2500万美元，也是因为这是雷军组的局，换成其他任何一位合伙人去融资都很难成功。假设要制订雷军业绩不达标而使他的股权比例降低的方案，其他合伙人肯定会跟你“红脖子”，投资人也不会同意，因为他们认定的就是雷军。

再比如一些医药项目，它们能发起就是因为某些专家从海外归国，带回了先进的技术及那些专家具有研发能力。这些专家作为控制人时，一般也不会给自己制定能力问题导致股权变少的规则。其他合伙人和投资人心里也有数，如果这类控制人真的能力不够，那就代表整个创业项目都不行了，股权调整的意义已不大。

不过，与本书理发店相似的比较传统的行业，项目成功与不成功之间不存在明显的分水岭。假设控制人在早期确实不存在绝对威信，那么控制人也可以给自己制订动态股权调整方案。这样，控制人在和其他合伙人沟通他们的动态调整方案时，将心比心，大家更容易接受。

本书接下来就假设锤子给自己也制订了股权动态调整方案，他需要先思考自己能真正获得的非资金股的标准是什么，并将方案给另外两位合伙人确认。

14.2 调整股权的两个步骤

对于如何实现股权的动态调整，我总结为两步。

第一步是明确触发动态调整的条件，也就是针对每位合伙人应当完成的贡献，明确达标标准，没达标就会触发动态调整。这个步骤在分股权中确定经营要素及计算贡献权重方面已经有初步体现，但还不够有目的性，需要在动态调整的步骤中进行细化。

第二步是确定调整模式，也就是针对每个经营要素贡献的特点，确定具体的股权调整方式。

为了方便理解，下文将先介绍调整模式，再介绍如何将触发动态调整的条件与调整模式相结合。

14.2.1 股权先给后收还是先收后给

不管你之前听说过多少种股权动态调整的模式，归根结底就是两种：一种是先给后收，另一种是先收后给。不管哪种模式，都意味着合伙人需要达到一定的条件才能真正获得股权。这个过程经常被称为“股权兑现”或“股权成熟”。

1. 先给后收模式

所谓先给后收，是先把股权分配到每位合伙人身上并完成工商变更，当合伙人不能完成任务的时候再根据动态调整规则收回对应的股权，同时办理收回股权的工商变更。

比如，某科技公司合伙人A承诺一年内将研发出某项成果，基于这个贡献，其他合伙人同意给他5%的股权。结果一年内合伙人A并没有研发出该成果，那么他需要返还这5%的股权，返还的5%的股权可以登记在股权激励平台，也可以由大股东先代持，合适的时候再分配给新合伙人。

2. 先收后给模式

所谓先收后给，意思是股权先由控制人或持股平台暂时持有，在每位合伙人达成具体的贡献后，控制人或持股平台才将对应的股权转让给该位合伙人。

比如，某电商公司负责销售的合伙人B的业绩目标是某款产品首年年营业额不低于500万元，只要达到这个业绩，其他合伙人同意他就可以得到5%的股权，结果当年度结束，该产品的年营业额还不到300万元，因此合伙人B就得不到这5%的股权。

不过，先收后给的模式有个小问题，那就是非核心合伙人前期获得的股权很少，而创业的前两年又是最艰辛的时候，只要他们稍微觉得有点不公平或付出和回报不对等，就可能动摇。这时候，你可以考虑创业的前两年在分红、分成或奖金上略倾斜于非核心合伙人，让他们能获得超出股权的经济收益。这在一定程度上能化解前面提到的问题，同时又能激励他们做出更好的业绩，对初创公司而言是有价值的。

14.2.2 调整人力股的判断标准

不同合伙人对不同经营要素的贡献点不同，但我们在前面分股权的过程中已经打好了基础，所以动态调整的标准并不难制定。从动态调整的角度对经营要素进行分类，可以分为三类：一是能直接标准化的经营要素；二是能间接标准化的经营要素；三是难以标准化的经营要素。对应的处理方式很清晰。

我非常熟悉这个流程，所以在帮很多公司做咨询时，会直接在算股权的过程中把各经营要素进行标准化处理。如果你认为这样更有利于你理清思路，可以尝试和我一样，在算股权的过程中把这件事情一并完成。这样做的好处是，如果某位合伙人明确表达他达不到其他合伙人认可的经营要素到位标准，可以直接在计算股权比例阶段减去他相应的权重并调整股权比例。

1. 能直接标准化的经营要素

如果是能直接标准化的经营要素，比如出资、资产、专利、商标、著作权等，只需要列出创业项目具体的需求，然后与股权调整一一对应，同时选择采用先给后收或是先收后给的模式就可以了。

第11章已经专门介绍了知识产权和资产的标准化方式，此处以理发店案例中的资金为例做简单分析。理发店中，在被激励股权稀释20%后，老徐因为出资80万元占了16.97%的股权，如果老徐最后实际只出资了40万元，那么老徐资金股里面的一半就要收回来给锤子和爱德华。

有的创业项目需要一些特殊的经营要素，比如有的互联网平台需要和商家紧密合作，那么可以设计每谈成与多少商家的合作对应获得多少股权；有的农业项目迫切需要土地资源，那么可以设计每谈成50亩土地的承包权对应获得多少股权；科技项目的核心资产是技术，那么可以设计每研发出达到某种级别或实现某种效果的技术对应获得多少股权。

表14-1罗列了一些常见的能直接标准化的经营要素到位参考标准，创业者可结合自己的实际情况进行调整。

表14-1　能直接标准化的经营要素到位参考标准

经营要素类别	内容	标准化	到位参考标准
有形资产	出资	现金	支付到公司账户
	办公场所	特定的场地及使用期限	实际使用
	设备	特定品牌、功能及新旧设备的所有权或使用权	转让给公司或提供给公司实际使用
	房产	特定位置、存在价值的房产所有权	作为出资转让登记到公司名下
无形资产	专利	特定编号的专利或尚未注册专利的技术的所有权或使用权 使用权应明确具体期限及是否独家排他	转让登记到公司名下或签署协议授权公司使用①，且公司实际能顺利使用 尚未注册专利的技术通过协议方式明确归公司所有或授权公司使用，且公司实际能顺利使用 针对转移所有权的专利或技术，应当交付完整的技术细节
	商标	特定编号商标的所有权或使用权	
	著作权	特定编号、内容的著作权的所有权或使用权	
销售	销售业绩	考核期限内的营业额、毛利率、销售数量等	考核期限内的营业额、毛利率、销售数量等达标
特殊经营要素	商家合作	谈定商家与平台正式合作，明确具体是怎样的商家，合作内容是什么，合作金额大小等	商家与公司签署合作协议并开始实质履行合同达到一定程度
	承包土地资源	与土地使用权者确定承包关系，明确土地承包的位置、类型及面积等	公司与土地使用权者签署承包协议
	技术研发	研发出达到某种级别或实现某种效果的技术	该技术能被验证且研发者交付了完整的技术细节

① 所有权和使用权差异很大，一般建议是将所有权转让给公司，避免公司对知识产权的使用依赖股东授权。

案例1

某食品公司三位合伙人都有一定的销售背景，一时很难明确谁负责销售，而把产品销售出去就是该公司早期的存亡关键，最好各位合伙人都能帮上忙。

因此，针对销售这个经营要素，该公司最终制订的股权动态方案如表14-2所示。

表14-2 某食品公司销售经营要素的业绩标准及对应可获得的股权比例

时间期限	业绩标准	可获得的股权比例
第一年	100 万—200 万元	0.5%
	200 万—300 万元	1%
	300 万元以上	2%
第二年	200 万—300 万元	0.5%
	300 万—500 万元	1%
	500 万元以上	2%
第三年	另议	另议

这个以销售业绩换股权的方案比较适合采用先收后给的模式，因为一开始无法预估每位合伙人可能做出的销售业绩，同时这种方式可以激励每位合伙人去争取销售业绩对应的股权，从而极大地激发公司的销售潜能，度过最危险的初创期。创业两年之后，需要合伙人有更明确分工时，谁更适合担任销售负责人就显而易见了，到时候可以再额外给销售负责人配备股权及业绩指标。

2. 能间接标准化的经营要素

很多经营要素都属于能间接标准化的经营要素，比如理发店中的运营管理能力。运营管理能力本身较难被直接标准化，但是可以通过理发店的经营业绩来间接衡量。又如消费品公司中的产品研发能力。公司很难直接判断研发者的能力，但是可以通过其研发出的产品数量及产品的销售数据来进行判断。

表14-3罗列了一些常见的能间接标准化的经营要素到位参考标准，创业者可结合自己的实际情况进行调整。

表14-3 能间接标准化的经营要素到位参考标准

经营要素分类	内容	具体化	到位参考标准
经营管理能力	经营数据	考核期限内的营业额、毛利率、销售数量、用户数、日活、开店数量等	考核期内营业额、毛利率、销售数量、用户数、日活、开店数量等达标
产品	产品研发	开发出合格的产品	产品完成上市且无重大瑕疵，或产品实现多少销量
	选品	从各厂家中选出符合公司定位的产品	厂家与公司签署产品合作协议，且产品反响符合预期
资源	客户资源	介绍客户与公司进行交易，明确具体是怎样的客户，合作内容是什么，合作金额大小等	公司与客户签署交易合同或收到客户支付的交易款项
	融资资源	向公司推荐投资人	投资人向公司支付投资款

• **理发店案例**

现在以理发店中锤子因运营管理能力及理发美发技术获得股权的动态调整为例进行案例分析。

被激励股权稀释20%后，锤子的资金股为4.24%，理发美发技术股为9.09%，运营管理能力股为29.09%。假设锤子的资金股4.24%全部兑现，现在对锤子的运营管理能力股及理发美发技术股制定业绩指标，实现贡献间接标准化。

表14-4模拟了锤子的运营管理能力到位标准方案。

表14-4 锤子的运营管理能力到位标准及可获得股权比例模拟

期限	业绩目标	若实现业绩目标		若未实现业绩目标
		兑现的运营管理股	尚未兑现的运营管理股	
第一年	理发店基本实现营收平衡	6%	23.09%	不影响已经兑现的其他股权，但需要通过下一次业绩考核继续兑现剩下的股权
第二年	合伙人全部回本	6%	17.09%	
第三年	合伙人共同制定业绩目标，达到三分之二人数同意即通过	6%	11.09%	
第四年		6%	5.09%	
第五年		5.09%	0	

表14-5模拟了锤子的理发美发技术到位标准方案。

表14-5 锤子的理发美发技术到位标准及可获得股权比例模拟

<table>
<tr><th rowspan="2">期限</th><th rowspan="2">业绩目标</th><th colspan="2">若实现业绩目标</th><th rowspan="2">若未实现业绩目标</th></tr>
<tr><th>兑现的理发美发技术股</th><th>尚未兑现的理发美发技术股</th></tr>
<tr><td>第一年</td><td>首年暂不对锤子的理发美发技术进行考核</td><td>0</td><td>9.09%</td><td rowspan="5">不影响已经兑现的其他股权，但需要通过下一次业绩考核继续兑现剩下的股权</td></tr>
<tr><td>第二年</td><td>在爱德华制定出理发美发技术标准后，制定理发师的招聘、培训流程及职级绩效、考核等制度，并完成落地</td><td>2.30%</td><td>6.79%</td></tr>
<tr><td>第三年</td><td>理发师充足率、流动率、客户对理发效果的投诉率符合标准，招聘、培训流程及职级绩效制度、考核制度等顺利实施</td><td>2.30%</td><td>4.49%</td></tr>
<tr><td>第四年</td><td rowspan="2">合伙人根据理发店届时实际情况共同制定业绩目标，达到三分之二人数同意即通过</td><td>2.30%</td><td>2.19%</td></tr>
<tr><td>第五年</td><td>2.19%</td><td>0</td></tr>
</table>

实际中，与人力资源相关的经营要素在初创企业是比较难标准化的。即使一些流程和制度能顺利实施，也不一定能达到预期效果，如果没有一定规模的数据支撑，就只能主观判断了。如果你的公司是这种情况，可以直接参考下面“难以标准化的经营要素”中提到的方式。

没达成业绩目标怎么办？

假设锤子每年都完成业绩，那么五年后股权就能全部兑现了。如果某些年份没完成业绩，比如第三年没完成，那么第三年的股权就不能兑现，这个考核期可以延后，原定的五年考核变成六年考核。

为什么先制定两至三年的业绩目标？

因为公司早期很难预测三年后的情况，如果一开始就制定连续多年的业绩目标，很可能后面几年的目标会完全脱离现实，要么过高要么过低。如果后面几年公司已经发生战略转型，那么原定的业绩目标也会失去意义。

因此，创业早期可以先制定两至三年的业绩目标，或者一年一年地制定业绩目标也可以，边走边看。

业绩目标太苛刻怎么办？

在理发店的这个方案中，后面年度的业绩是不确定的，锤子担不担心爱德华和老徐故意给他制定高标准，让他实现不了目标而逼走他呢？我们来看如下几个假设。

假设锤子本来做得就不错，为了理发店长远发展，爱德华和老徐不会轻易逼锤子走，换掉称职高管对理发店而言是不利的。

假设虽然锤子做得不错，但老徐和爱德华就是故意制定不合理的业绩目标赶走锤子，或者锤子自认为自己做得不错，但是锤子的合伙人都不满意，不愿意继续和锤子合作。这说明锤子并不适合与老徐、爱德华合伙，锤子强行留在理发店只会加剧矛盾，最后对理发店的发展也不利。锤子不如早点退出来，权当自己找错了合伙人，及时止损，同时还能继续找别的创业项目，不耽误时间。

假设为了防止意外，锤子不能接受没有预期的业绩目标，可以提出今后商定的业绩目标不能超过上一年的百分之多少，这也是一种平衡。因此，锤子需提前思考清楚结果，调整好自己的心理预期，只要最坏的结果还在自己能接受的范围内，就是可以商量的。如果发现最坏的结果已经超出自己的接受范围，就不能接受这个方案，必须调整到范围之内，如果达不成一致意见，就要谨慎考虑继续合伙会不会浪费时间。

一直完不成业绩怎么办？

假设锤子接受了业绩目标，但几年过去了，只完成了其中两年的目标，其他几年都完成不了，怎么办？

这是老徐和爱德华最不愿意看到的结果，说明锤子的能力远达不到他们的预期。老徐和爱德华可以提前约定当这种情况发生时，锤子可以保留已经兑现的部分，但需把剩下的股权让出来，或者提前约定好一个价格，把锤子的股权全部收回来，另外再找其他合伙人。

提前完成业绩怎么办？

相反，锤子有可能确实非常厉害。假设合伙人期待五年后可以开十家分店，同时公司整体盈利，结果锤子第三年就做到了，应该怎么办呢？

答案是，可以提前给锤子增加一个加速兑现的条款，比如，只要五年内达到了开十家分店且整体盈利这个标准，那就说明锤子是一位优秀的管理者，可以兑现全部股权，不用等五年。这对老徐和爱德华而言也是好事，能促使公司尽早达到里程碑，全体合伙人都更安全。

业绩目标能不能豁免？

假设锤子确实能力不错，但因各种因素，比如疫情影响、市场变化、资金不足等导致理发店连续几年都没达到业绩目标，此时，锤子的大量股权很难兑现，锤子心灰意冷，萌生离意，但老徐和爱德华都不希望锤子离开，怎么办？

人才难得，此时其他合伙人可以豁免锤子的业绩目标，同意锤子兑现部分或全部股权，只要合伙人商量一致，签署好协议即可。

3. 难以标准化的经营要素

有些经营要素比较难标准化，比如美工设计、行政管理、关系维护等，该怎么制定标准呢？针对这类经营要素，这里介绍三种应对方式：一是引入绩效打分机制；二是按年限兑付股权；三是控制人分期转让股权。

引入绩效打分机制。

有些工作没办法全靠客观标准衡量，还要有一些主观标准，各位合伙人可以每季度或每年度就被考核合伙人的业绩情况进行打分，最后签字确认。如果达不到提前约定好的分值，比如累计或连续一次、两次、三次都不达标，就需要进行一定比例的股权调整。

一个合伙人如果真的做得不错，大家不会故意把他逼走，毕竟公司需要优秀的合伙人；假设遇到一些极端情况，当年分值不高，大家也可以商议延期或者视为达标；如果真的是合伙人表现不佳，那就按约定行事。

若今后起了纠纷，之前每位合伙人签字的打分记录也可以作为证据提交法院。

按年限兑付股权。

按年限兑付股权是最简单粗暴的方式，比如针对美工设计的合伙人，可以考虑将他的股权按五年兑付，每工作一年兑现五分之一的股权，工作满五年，就可以全部兑现了。这种方式适合大家对某位合伙人的能力已经有了共识、合伙人发挥比较稳定的情形。

控制人分期转让股权。

假设同样是美工设计师，如果大家对这位设计师的工作不满意，但设计师打算在公司耗着，拖够五年，拿到全部股权，怎么办？这时可以使用第三种方式——控制人分期转让股权。这是最有利于控制人、最主观的方式，适合对合伙人能力不确定，而且控制人具有绝对权威的情形。

操作方式是，股权一开始全部登记在控制人名下，能制定标准的，就制定标准；不能制定标准的，就看控制人的满意程度，如果满意，那就逐年转让股权给这位合伙人。这个标准完全掌握在控制人手上。

每家公司的实际情况不同，没有放之四海而皆准的方式，更多时候是将前面提到的林林总总的方式进行灵活搭配。

4. 放弃标准化的经营要素

放弃标准化的意思是，虽然某个经营要素可以被标准化，但考虑到合伙人的特殊背景，其他创始人放弃对其进行考核，不再做标准化处理。

这样做的目的一般是：合伙人是个“大咖”，不希望与之弄僵关系；体现控制人信任某位合伙人，让合伙人安心工作。

我的建议是，创始团队需要思考清楚如果该位合伙人负责的经营要素最终没有到位是否在可接受的范围内，或创业团队是否有其他的选择，否则，就要做好股权给出去了但合伙人却不能实现他应当做出的贡献的准备。自己把底线拉低，就要承担不利后果。

这部分的内容较多，层层递进，如果你觉得思路不是很清晰，可以翻看本书末的合伙人股权设计思维导图理清一下。

14.3 收回的股权该怎么分

合伙人这么多，收回来的股权该怎么分配？根据实际情况可以做如下处理：

（1）如果股权原本是从控制人名下转出来的，可以将股权还给控制人。

（2）如果股权是合伙人一开始统一分配的，可以放到股权激励持股平台，用于引入新的激励人才，或者将股权按比例分配给参与公司经营的其他合伙人，一般可以不分给财务投资人。

- **理发店案例**

假设爱德华最后没能全部兑现理发美发技术股及运营管理能力股，这返还的股权最好分给锤子或给到持股平台。

老徐实际的角色是天使投资人，不参与公司经营，那么，把原本给参与经营合伙人的股权分配给投资人，创始团队的股权就少了，这是不合适的。而且，老徐作为天使投资人，出资对应的股权实际已经到位，出资没有发生变化，不应该再变动他的股权。

站在锤子的角度来看，锤子将来还可以把这个股权转给引进的其他合伙人，即使不给其他合伙人，留给锤子也是合理的。锤子作为负责运营管理的人，即使爱德华退出，原本爱德华负责的事务锤子自然会接过去想办法处理。哪怕后来没有引进其他合伙人，公司被并购或上市了，这些股权归锤子所有都是合理的，毕竟这是锤子一个人经营管理达成的结果。

14.4 所有合伙人都不给力怎么办

以理发店为例，老徐是最先履行义务的人，出最多的钱，如果锤子和爱德华不给力，理发店始终没办法实现盈利，那老徐会很被动，怎么办呢？老徐可以在股东协议中提前设置好自己的退出安排。

退出安排。

比如，如果理发店三年内没有实现营收平衡或者五年内没有实现回本，老徐可以提出清算理发店。

清算后可以分配的资产，就不是按股权比例分配了，这个时候要先返还出资，也就是老徐先拿走他的80万元，锤子和爱德华分别拿走20万元。如果不能全部返还出资，那就按出资比例分配，这样对老徐公平。假设分完出资后，还有剩余资金，大家再按股权比例分配，因为这是在原来出资的基础上，合伙人辛苦经营产生的资产，这样对锤子和爱德华公平。

转让如何定价。

假设老徐按约定提出清算理发店，但锤子和爱德华却认为这家理发店未来还是有前景的，不同意清算怎么办？针对这种情况，建议提前约定好，如果锤子和爱德华不同意清算，则需按约定价格把老徐的股权收回来。这个价格可以是他的本金价格或加点利息，也可以按公司净资产价值计算，只要提前约定好、管理好预期就行。这样，老徐可以安全退出，锤子和爱德华也能继续开店，两全其美。

14.5 收回股权注意事项

关于收回合伙人股权的约定，有四个注意事项。

14.5.1 灵活设置回购价款支付时间

创业早期，项目一般不怎么盈利，如果回购价款金额较高，建议设置为分期支付，否则短期内支付高额回购款可能会把一家创业公司及其他合伙人压垮。

14.5.2 收回剩余股权表决权

如果某位合伙人能力不行或离职了，根据回购规则他保留了一部分股权，建议把这部分保留股权的表决权收回来给留守合伙人。具体的方式可以让能力不行或离职的合伙人通过有限合伙企业间接持股，或者进行委托投票或签署一致行动协议、修改公司章程等。具体操作在第20章有介绍。这样可以避免该合伙人通过表决权间接干涉公司的经营管理。

14.5.3 回购约定明确清晰

首先，回购约定最好在股权工商登记前，白纸黑字地写在股东协议中并签署好，提前确认清楚。

其次，在股东协议中不能概括地写发生什么事情谁就需要退出股权，一定要明确约定退出事件、退出时间、退出方式（将股权具体转给谁）、退出价格的计算公式。如果不写清楚，到时候大家还得再商议，实操性就会降低，也增加了得到法院支持的难度。合伙人可以参考本章和第17章中的表格进行约定。本书附件：股东协议参考模板也可以作为参考资料。

14.5.4 明确违约责任

建议约定合伙人不配合履行退出机制应当承担的违约责任。在实践中经常遇到虽然合伙人之间约定了退出机制，但退出合伙人就是一直拖延不配合办理工商变更手续的情形。

如果股东协议约定了违约责任，但退出合伙人不配合，那么这位合伙人就必须承担一定的违约金，而且每拖延一天，就要按拖延天数多赔偿一定数额。这种情况下，绝大多数退出合伙人都不会去冒这个险承担违约责任。

经过本章一系列的动态股权调整，老徐终于可以放心了，因为如果爱德华干不好，爱德华就要交出股权；如果锤子干不好，锤子也需交出股权；如果锤子和爱德华都干不好，那么老徐可以再找其他合伙人把股权分出去，或者清算理发店，按出资比例拿走理发店大部分剩余资产，假设锤子和爱德华不同意清算，那他们就按原先约定的价格收购老徐的股权，老徐也能接受。

现在我们能有条理地制订股权动态调整方案了，因为在前面分股权环节认真计算了贡献，了解了每个人的股权具体是怎么来的。股权和贡献一一对应，才能在合伙人不胜任的时候准确收回股权。

画重点

为防止合伙人能力不行，应当将股权与能力一一挂钩。

能力不行而调整股权的两个步骤——针对经营要素制定股权动态调整的标准，针对每个标准确定具体的调整模式。

两种调整模式——先给后收、先收后给。

股权动态调整的依据：

- 能直接标准化的经营要素直接与调整模式对应；
- 不能直接标准化的经营要素进行间接标准化；
- 难以标准化的经营要素要引入绩效打分机制，按年限兑付股权、控制人分期转让股权；
- 放弃标准化的经营要素要做好最坏的打算。

收回的股权建议分给经营者。

收回股权注意事项:

- 灵活设置回购价款支付时间;
- 收回剩余股权表决权;
- 回购约定明确清晰;
- 明确违约责任。

可以提前制定项目发展不顺时的清算和退出机制。

第15章

合伙人与公司竞争怎么办

经过上一章的安排，创业公司不用担心合伙人能力不行带来的股权风险了。然而，有的合伙人虽然能胜任岗位，但是私自从事和创业公司相同或相似的行业，成了竞争对手（简称“同业竞争”），这对创业公司的伤害是巨大的，相当于搭公司的顺风车与公司竞争利益（见图15-1）。

图15-1 同业竞争

股东与公司竞争的情形并不少见，几位创始人干出成绩后，总会有人觉得经营公司也就这么回事儿，自己也能做，与其现在和大家一起分股权，还不如自己单干。单干可以自己说了算，钱全部自己赚，而且公司现有的资源还能帮助自己起步，所以不少公司的高管干几年之后都会出来自己单干，并做同样的业务。

案例1

背景

深圳有家经营红酒的Y公司，有三位合伙人，经过几年经营，有了稳定的渠道和客户，营业收入每年逐步上升。但是，从2019年开始，公司一些比较稳定的客户陆陆续续减少或停止了采购，于是大股东开始找原因。

冲突

在和原有客户沟通后发现，客户从公司采购的一些红酒，公司并没有卖过。这是怎么回事呢？再详细了解后发现，原来这些不在公司销售范围的酒，是公司的一名小股东自己采购、自己销售、自己盈利的。客户因为采购了这些可替代的红酒，就减少了从Y公司采购红酒的数量。

客户说，他们并没有感觉到供应商有变化，因为平时Y公司的日常销售本来就是那名小股东在对接。小股东推荐了新的酒品，自己觉得还不错就多采购了一些，平时也没签合同，采购款都是直接打到小股东报的账户或者微信转账了。

理由

大股东了解情况后，怒火中烧：这不是小股东在吃里爬外吗！于是拉上另一位股东质问这位小股东为什么要抢公司的客户。

小股东却说："怎么能说我抢公司的客户呢？我卖的红酒和公司卖的红酒完全是不同的风格，我有自己的客户，只是公司有些客户觉得我的红酒很好，愿意且主动购买。即便他们不在我这里买，也会去其他有这类红酒的公司购买，公司一样会失去这些客户。"

大股东继续质问："你拿着Y公司的股权，分着Y公司的红，为什么不把这类红酒拿到Y公司来销售，而是自己销售？"

小股东继续解释："一开始设立公司的时候已经说好了，Y公司的采购渠道主要是你来负责的，我主要负责销售对接，那我自己找到的采购渠道凭什么一定要放到Y公司？如果放到Y公司，你会多给我股权吗？"

其他两位股东非常生气："你既然持有公司的股权，那么默认大家就是一起做红酒生意的，你就不能再单独做红酒生意，要不然咱们为什么要合伙？"

小股东也很生气："问题是，一开始合伙时你们也没这么说啊，如果一开始你们说我不能再单独做红酒生意了，我可能就不和你们合伙了，或者我就不愿意做小股东了。现在你们看我自己做起来了，就要来分我的蛋糕，这不是抢吗？没门！"

结果

最后，股东之间并没有谈妥，反倒是矛盾越来越激化。为了不让这位小股东再从公司分红占便宜，大股东和另一位股东索性不再用Y公司收款，而是从个人账户收款，并且开始注册新公司，准备用新公司接手老公司的业务。同时，他们还逐一给全部客户打电话解释那位小股东的种种不是，请客户务必不要再向那位小股东采购红酒。但大部分客户只是想买好酒而已，他们才不管这酒是从哪里买的，因此有的客户继续找小股东买，有的客户索性两边都不买了，换新的采购渠道。

同时，小股东还向公安申请立案，认为另外两位股东用个人和新公司账户收款的做法涉嫌职务侵占罪，侵害了Y公司的利益。另外两位股东也到法院起诉小股东，主张他作为公司高管，自营与公司同类的业务，所得收入应当归公司所有。

经过这一系列折腾，Y公司就基本不行了，三位股东也卷入各种司法程序而诉累缠身。

15.1 合伙人与公司竞争危害极大

合伙人与公司竞争的危害主要表现在以下几个方面。

15.1.1 直接争夺公司利益

以上述红酒公司为例，小股东逐渐把Y公司的市场变成了自己的市场，Y公司很快就被架空。在其他案例中，同业竞争的股东抢注公司专利、模仿公司商业模式、挖走公司核心人员、利用公司资源开拓上下游商业机会等情况比比皆是。

更重要的是，你的竞争对手是最熟悉你的人，他就像你的枕边人，知道你的喜恶、长处、软肋、习惯及规划，他若想加害于你，简直轻而易举。

15.1.2 严重影响其他合伙人的斗志

只要创始人团队中有一人挑起同业竞争，就会非常影响其他合伙人的斗志，因为公司每前进一步都可能是在给别人铺路，而竞争的那位股东可以享受两边公司的红利。如此的不公平，让其他创始人逐渐失去了拼命干的动力，最终导致公司四分五裂、名存实亡。

案例2

有家电商公司就是这样，一位创始人的配偶开了个电商账户，卖的产品和公司的产品类似，一开始大家都不好说什么，后来其他几个创始人的家人也陆陆续续开了自己的电商账户。逐渐地，大家就都以自己家人开的电商账户为重了，公司运营逐渐停滞，大家各自心照不宣。

因此，每个创业团队都必须谨防合伙人与公司竞争，否则会引起连锁反应。

有的创业者从直觉上认为，股东从事和公司相竞争的业务，明显不合情理，一定是可以通过法律途径解决的，因此不少创业者带着各种资料来咨询，说自己的股东同业竞争，怎样能追回公司损失，能不能收回股权，能不能强制要求其关闭新的公司等。但是，法律并不禁止股东与公司从事相同或相似的行业，一个人同时是几家相同或相似行业公司的股东是没问题的。《公司法》只限制了董事和高级管理人员经营与所任职公司同类的业务。

15.2 《公司法》对同业竞争的限制有限

《公司法》第一百四十八条规定，董事、高级管理人员不得未经股东会或者股东大会同意，利用职务便利为自己或者他人谋取属于公司的商业机会，自营或者为他人经营与所任职公司同类的业务，董事、高级管理人员违反此规定所得的收入应当归公司所有。

但是注意，此处竞业禁止的主体只有两个：董事和高级管理人员，而不包括股东。现实中，并非所有的合伙人都会被登记为董事和高级管理人员，因此，虽然某些创始人的行为的确侵害了公司利益，但并不能适用该规定保护其他股东的利益。而且，很多人并不会天真地直接以自己的名义从事竞争业务，而是使用亲友的名义，如此，要证明这位合伙人侵害了公司利益，更是难上加难。

即使从事相同行业的合伙人刚好是董事或高级管理人员，这条规定也并不能要求违反竞业的合伙人退出股权，仅仅规定将其所得的收入归还公司，股权仍可以继续保留。但事已至此，创始人相互之间很可能已经失去信任，不再适合一起创业，如果他不愿意退股，那么大家都会如鲠在喉，异常难受。

因此，要限制合伙人同业竞争，最好是在股东协议及公司章程中做出明确约定。虽然并不是所有的人都带有恶意，但如果不提前约定规则，可能合伙人之间的心理预期会产生偏差，就像红酒公司这个案例，小股东反而觉得自己很无辜。没有规则，就是在暗示合伙人可以在道德的边缘试探。千万别奢望你的合伙人能主动分清界限。

15.3 如何限制合伙人同业竞争

通过股东协议和章程明确禁止同业竞争，需要确定清楚：

（1）限制竞业的对象及限制期限；

（2）公司的业务范围是什么，哪些业务算是公司的竞争业务，即竞争行业的范围；

（3）违约责任。

15.3.1 限制竞业的对象及限制期限

一般情形下被限制竞争的对象包括参与公司经营的全部合伙人，在理发店案例中，锤子和爱德华属于这个范围，老徐属于天使投资人，一般是不受同业竞争限制的。

如果锤子或爱德华离职了，但持有理发店股权或者虽未离职但是不再持有理发店股权了，怎么办？或者虽持有理发店股权，但股权比例低于5%甚至1%了，是否还需要受同业竞争的限制呢？个中的微妙变化需要根据创业项目的行业特点来权衡。

一般建议在职期间不论是否持有股权，都禁止同业竞争；如果不在职了，在离职后两年内或持有公司股权超过一定比例期间，酌情禁止同业竞争。

同业竞争的对象最好包括合伙人的近亲属及其伴侣的近亲属，这样可以在一定程度上防止合伙人通过近亲属代持的方式实现同业竞争。

15.3.2 竞争行业的范围

竞争行业的范围是指哪些业务算公司的竞争业务。一般就是创业公司的经营范围，比如公司从事跨境电商业务、互联网教育业务、医疗信息化业务、细胞治疗业务等。同行业的范围并不是随便怎么写都可以得到法律保护，最后法官还是会根据公司实际情况，从业务性质、客户对象、产品的可替代性等方面进行综合判断，因此实事求是地表述即可。

竞争的业务范围过于宽泛或狭窄都不合适。如果约定的同业竞争业务范围过于宽泛，可能导致协议很难执行，而且任何一位合伙人都可能是最终的受害者。比如一家公司是做互联网果蔬送货上门的，要求合伙人离职后不能从事与互联网相关的任何行业。这范围就太广了。现在大多数行业都已经互联网化了，如果完全与互联网隔绝，很可能就直接待业在家了。但如果约定得太窄，对公司的保护作用就会有限。还是以刚才这家公司为例，如果只限制合伙人不能从事互联网果蔬送货上门，就太窄了，最好是把这个商业模式下可能发展出的业态包含进来，比如把生鲜日化送货上门都定义为竞争业务。

15.3.3 违约责任

对于同业竞争，一般可以约定以下几种违约责任：

一是同业竞争产生的收入归公司所有；

二是其他股东可以收回违约股东部分或全部股权；

三是要求违约股东向创业公司支付违约金。

具体的条款表述可以参考附件：股东协议参考模板。

画重点

合伙人同业竞争的危害：

- 直接争夺公司利益；
- 严重影响其他合伙人的斗志。

《公司法》对同业竞争的限制有限，应当用协议及章程规定约束合伙人，明确以下内容：

- 限制竞业的对象及限制期限；
- 竞争行业的范围；
- 违约责任。

第16章

合伙人兼职带来什么风险

合伙人兼职是很多创业公司都会面临的问题。因为现在创业项目太多了，如果你的项目不是特别“硬核”，或者自身能力不是特别强悍，就很难在项目初期找到全职状态的合伙人。早期他会先观望一下，兼职协助你，等你的项目真的有点眉目了，他才敢放心辞职和你一起创业。而且有的合伙人由于身份约束，确实暂时没办法全职到公司工作，比如学校的教授、医院的专家等。

兼职合伙人最大的特点就是不确定，他的身份不确定、投入不确定、时间不确定，最终是否会全职加入这个项目，也是不确定的。这种不确定性，不仅会对其他全职合伙人产生消极影响，还会带来一系列风险。

我将常见风险进行了总结，即项目风险、股权风险、知识产权风险、商业秘密风险，下面逐一介绍。

16.1 项目风险

项目风险是指合伙人兼职可能增加项目失败的风险。

这个很好理解，因为兼职合伙人不能全身心投入创业项目，工作时间不能保障，比如创业公司遇到紧急事项需要他处理时，他却在其他单位加班或出差，不能及时处理。创业项目的其他合伙人能理直气壮地说他不应该吗？很难说，因为他本来就是兼职的，创业项目的需求和他自己工作的需求孰轻孰重，很难去评判，这时候创业项目的进度就会存在不确定性。

案例1

上海一家做数据分析的创业公司，最核心的数据分析合伙人因为个人原因暂时只能兼职，创业公司于是给了他比市场略低的薪酬，但同时给他分配了股权，希望他把个人事情处理完后能到公司全职工作。但这位核心合伙人总是被个人事情耽误时间，导致公司的产品开发进度远低于预期。公司一直不能下定决心换人，因为毕竟已经合作大半年了，这位合伙人的技术能力确实是不错的，公司也付出了很高的成本。那位兼职的合伙人一直没办法明确什么时候可以到公司全职工作，成了这个创业项目不稳定的因素。

针对项目风险，常规建议是：

明确全职时间——项目早期先不全职没关系，但是一定要明确一个确定的时间或项目发展到什么阶段必须全职，否则这位兼职合伙人就必须退出这个项目。这样兼职合伙人也知道你的底线，能预判自己能否达成，好提前规划，实在达不到，那就不合伙了。如果没有明确的全职时间，大家的心理预期就容易错位，不管是谁某天提出不合伙了，对方都可能很难接受。

储备好备用人才——创业团队不要对兼职合伙人寄托太大的希望，也不要把希望寄托在某一人身上，注意储备备用人才。如果你只有一个选择，那将来就会很被动，兼职合伙人可能会有恃无恐或坐地起价。即使是好聚好散，如果没有人马上顶上，也会对项目进展造成影响。

16.2 股权风险

合伙人兼职的股权风险主要体现在：

一是兼职合伙人可能想要超出他目前价值的股权；

二是重要合伙人不全职，股权融资会遇到障碍；

三是想要收回兼职合伙人的股权是件很困难的事。

本章案例中的那家上海创业公司在取得一定里程碑后就向那位负责数据分析的兼职合伙人提出到公司全职工作的要求，结果兼职合伙人提出，如果要从兼职变成全职，那就要增加他的股权，提高薪酬水平。这个要求，让其他合伙人感到非常吃惊。薪酬确实可以提高到市场水平，但是股权的事情早已确定，当时同意他兼职还是对他的宽容和理解，现在居然反过来要求增加股权。

但是那位兼职合伙人却认为自己的要求很正常，因为他原来是兼职状态，所以愿意拿低于他心理预期的股权和薪水，现在需要他放弃其他事情全职工作，自然是要提高待遇的。

更麻烦的是，当时这家公司正在和投资人谈股权融资。投资人明确提出，负责数据分析的那位合伙人是非常重要的核心人才，必须全职或者找到同等能力的合伙人来替代，否则他们就不投了。这又导致了股权融资被拖延。

其他合伙人既不想再多出股权又不想影响融资，该怎么办呢？他们决定把负责数据分析的那位合伙人的股权收回来，另外找新的数据分析人才。但事情没他们想象得这么简单，那位负责数据分析的合伙人根本不同意，他认为自己辛辛苦苦在公司做了这么多贡献，现在想让他走太欺负人了，坚决不退股。

如果这个矛盾解决不了，那就没有股权给新的负责数据分析的合伙人，融资也拿不到，合伙人之间也会失去信任，这个创业项目也会随时面临解散的风险。

这就是看起来不起眼的兼职问题带来的严重股权风险。该如何预防这种风险呢？我从简单到复杂给你三个办法。

第一个办法是，先只给兼职合伙人发工资，股权预留着先不给，约定好明确的兼职期限，全职后再分配股权。这种方式最简单、好操控，比较适合时间较短的兼职。如果兼职时间预估较长，采用这种方式，兼职合伙人可能会很没安全感，担心付出较长时间后却拿不到股权，或者感觉这个创业项目可有可无，不一定会认真处理创业项目的事情。这时可以考虑采用第二个办法。

第二个办法是，给兼职合伙人制定绩效指标，达成指标就给相应比例的股权，但先不登记，同时要求在约定的期限内必须转为全职，超期则收回股权。这种方式比较务实，只看重结果，不在意过程，也能让兼职合伙人有个盼头。

第三个办法是，先把股权给兼职合伙人，约定好在什么期限内必须转为全职，若超过这个期限还没有转为全职，那就收回股权。

案例2

上海一家生物公司早期直接给了一位海外很资深的兼职专家股权，约定好他在一定期限内回国全职工作，否则收回股权。

那位专家没回国前就一直远程处理公司的事情，但是到了约定的期限却没有回来。公司同意给他延期，但延期期限届满了，专家依然不愿意回国。这时其他合伙人不再同意延期，于是按约定将专家的股权转让给了其他合伙人。

这种方式比较适合兼职合伙人比较强势的项目，但存在一定的风险。假设兼职合伙人没有如期转为全职，但又不配合退回股权，还需要通过诉讼手段收回股权。在股权收回前，兼职合伙人还能继续享有股东权利，如果他在公司融资或其他重大事项上投反对票，会对公司经营发展形成影响。

有没有规避这种风险的方案？有的，如果一个创业项目有兼职合伙人，而且一开始必须给股权，那最好让他通过持股平台间接持有公司股权，或通过控制人代持的方式持股。

兼职合伙人间接持股，就不能直接参加公司表决了，而且即使将来因为收回股权产生诉讼纠纷，他的股权和创业公司之间还隔了持股平台，也不会影响公司的正常运营。

代持也是不错的选择，股权先给他，但是先不进行工商登记，约定等他转为全职了再登记，超过时间则收回股权。这样，公司股东表决时不用他签字，避免他投反对票；假设他违约，那么股权就自动全部收回了，不需要他配合办理工商变更手续，操作方便。

16.3 知识产权风险

兼职合伙人带来的知识产权风险要格外注意，现在很多创业项目都涉及关键知识产权，比如开发软件、发明专利、文章、音频、视频、形象设计等，这些都是知识产权，是创业项目的核心资产。

核心知识产权存在风险，意味着创业项目存在巨大风险，可能融资困难、可能被起诉、可能被处罚吊销证照。尤其当这些知识产权是兼职合伙人完成的，这个风险就更大。

兼职合伙人给创业项目带来知识产权风险的原因主要有两个。

第一个原因是，很多项目未与兼职合伙人签署知识产权归属协议，约定兼职合伙人的知识产权归属于创业项目。如果没有这个约定，那知识产权很可能最后归兼职合伙人所有或双方共有。我们在为投资人做投资法律尽职调查时，经常发现创业项目和兼职合伙人没签署任何关于知识产权归属的文件。

此时，如果合伙人之间产生矛盾，兼职合伙人主张创业项目不能使用他做出的知识产权，这对项目的打击就可能是致命的。

第二个原因是，如果兼职合伙人的发明创造利用了他现在全职单位的资源，哪怕整个开发过程只有他自己参与，根据法律规定①，大概率该知识产权也归他当时就职单位所有。很多创业项目并不知晓这种风险的存在，以为和兼职合伙人签了知识产权归属协议，技术就归创业项目所有了，却没想到居然会被合伙人现在全职的单位起诉，最后知识产权归属于兼职合伙人现在全职的单位，白忙活一场。

创业团队需要关注知识产权产生的方式是不是利用了兼职合伙人现在全职单位的资源，是不是属于工作单位的本职工作，如果是，让这位合伙人尽快离开这个单位，至少渡过竞业期再入职创业公司。

另外，即使合伙人已经入职，也需要注意其创作出的知识产权是否属于

---

① 《中华人民共和国专利法（2020修正）》（中华人民共和国主席令第五十五号）第六条规定："执行本单位的任务或者主要是利用本单位的物质技术条件所完成的发明创造为职务发明创造。职务发明创造申请专利的权利属于该单位，申请被批准后，该单位为专利权人。"

《中华人民共和国专利法实施细则（2010修订）》（中华人民共和国国务院令第569号）第十二条规定：

"专利法第六条所称执行本单位的任务所完成的职务发明创造，是指：

（一）在本职工作中作出的发明创造；

（二）履行本单位交付的本职工作之外的任务所作出的发明创造；

（三）退休、调离原单位后或者劳动、人事关系终止后1年内作出的，与其在原单位承担的本职工作或者原单位分配的任务有关的发明创造。"

"退休、调离原单位后或者劳动、人事关系终止后1年内作出的，与其在原单位承担的本职工作或者原单位分配的任务有关的发明创造"，如果是，这个知识产权也可能属于其原任职单位，注意谨慎对待。

假设相关风险确实很难规避，且该合伙人并不是无法替代，从长远考虑也可以更换合伙人。

知识产权风险判断比较复杂，如果创始团队不太有把握，且该知识产权对创业项目非常重要，建议咨询一下专业律师。

16.4 商业秘密风险

商业秘密对很多项目来说都关系到生死，兼职合伙人虽然是兼职的，但创业团队往往把他当成真正的合伙人对待，因此，他可能知道项目的一切商业秘密，但他有可能最终没加入这个创业团队，或者一直"脚踏两只船"。那么，创业项目的商业秘密很可能会被他带走或者卖给竞争对手，导致项目失败。

我时常了解到一些创业项目兼职合伙人把创业公司还没来得及申请专利的技术申请为自己的专利，或者把创业公司核心商业秘密透露给竞争对手，作为加入竞争对手的敲门砖。

为预防此类情形发生，创业团队需注意：

第一，从商业秘密的披露上，针对兼职合伙人，可以不披露或少披露，从根源上降低风险。

物理上的信息隔离是最有效的方式，比如，在公司系统中设置他的访问权限和下载权限，或者在告知他重大信息时进行必要脱密（比如将核心供应商信息、技术标准、交易金额等隐去）等。

第二，与兼职合伙人签署保密协议，约定好明确金额的违约责任，增加他犯错后的成本。

画重点

风险类型	风险	规避方案
项目风险	•增加项目失败风险	•明确全职时间 •储备好备用人才
股权风险	•兼职合伙人可能想要超出他目前价值的股权 •股权融资会遇到困难 •难收回兼职合伙人的股权	•先只发工资不给股权 •根据完成的绩效指标给股权 •先给股权，违约收回
知识产权风险	•兼职合伙人的知识产权不归创业团队所有	•签署知识产权归属协议 •进行合理规避或换掉不合适的合伙人
商业秘密风险	•兼职合伙人泄露或滥用创业项目商业秘密	•不披露或少披露商业秘密 •签署保密协议

第17章

合伙人离职、离婚或离世怎么办

“你有你的计划，世界另有计划。”①

世界最大的魅力就是充满着各种不确定性，无法根据过去的经验来推断事件未来发生的准确概率，更无法根据你的愿望而左右事件未来发生的概率。

不得不承认，合伙人离职、离婚或离世都是有点晦气的话题，但它确实存在客观发生的概率，不会因为你情感上的逃避就不会发生。比如：

2014年某视频网站创始人入狱；

2016年某问诊互联网平台创始人因病过世；

2018年某著名互联网及智能设备平台的两位创始人因个人原因离职；

2019年某快递黑马创始人意外过世，他定下的100亿元目标还没完成；

2020年某著名图书网站两夫妻股东中的男方第二次向法院提出离婚，女方不同意离婚，认为夫妻感情尚未破裂。

上面这些算是比较知名的创业项目的情况，还有多少尚不知名的创业项目的合伙人正在发生种种意外，我们不得而知。

如果没提前做准备，这些晦气的事情一旦发生，就会很被动。比如创始人在离婚的时候，很可能会身不由己。到底该不该离婚，其要考虑的就不再是单纯的感情问题了，中间还夹杂着各种利益关系，让生活和创业变得纠缠不清。

接下来我会以合伙人离职、离婚和离世为例，分析如何应对合伙人的各种意外情形。

---

① 《你有你的计划，世界另有计划》是万维钢2018年出版的一本探寻真实世界的书。

17.1 如何处理离职合伙人的股权

合伙人离职再寻常不过了，但一些创始人认为，大家都有股权了，都是创始合伙人，怎么会离职呢？因此，大多数创业公司都没有提前制定合伙人离职的预案，没有考虑如果合伙人中途离职，需不需要再找新的合伙人；从哪里找新股权给新合伙人；离职合伙人是不是要继续享受公司发展的红利；离职合伙人的股权能不能收回，该收回多少；等等。

案例1

背景

杭州一家互联网公司有三位创始人，曾经发展得不错，接受了几家风投投资，但后期遇到了一些瓶颈问题一直没办法突破，企业经营开始出现困难。其中两位合伙人此时对公司不太有信心，就离职了，但仍然拿着公司的股权。剩下的那位创始人，我们称为“W”，打算继续坚持，向上市冲刺。

但是，两位合伙人离职后，即使W精力再充沛，也难免会感到身心俱疲。一年后，W打算引入新合伙人一起奋战，加速公司发展。但是新合伙人加入肯定是要给股权的，W所持股权本来就不多，员工激励股权也不够用了，于是希望离职的两位合伙人让出一点股权。

冲突

但是离职的两位合伙人都拒绝了。这里有个背景，风投在投资这家企业的时候要求创始合伙人的股权需要分四年逐年兑现，而这两位合伙人在离职时，四年兑现期已经结束了。也就是说，按照与投资人签署的协议，两位创始人持有的股权是真实归自己所有的，而且是自己付出四年努力得来的，现在已经离职一年多，让他们让出股权，肯定是很难接受的。

这让W很无奈，两位离职的合伙人确实已经兑现完股权了，但他们已经不再给公司做贡献了，而公司离成功还有很长的距离，自己愿意留下来继续为大家做贡献，难道不能得到他们的理解吗？

还好在投资人的各种协调下，两位离职合伙人愿意让出一部分股权，但前提是得按照最近一轮风投投资价格的50%收购。这又难办了，因为风投投资的估值很高，即使打五折，对于W和新合伙人而言，也是没办法支付的巨款，大家也不可能再去个人贷款买股权，创业的风险本来就很高了，创业成功也遥遥无期，现在还增加个人负债，无疑是雪上加霜。

结果

最后协商的结果是，两位离职合伙人还是低价让出了一点点股权，但是比原来预期的少很多，同时创始人说服了全体投资人，同意公司通过增资[①]扩股的方式再释放一点股权放入股权激励平台，这意味着对全体股东的同比例稀释，这样才凑出了给新合伙人的股权。

和离职合伙人谈收回股权为什么这么难？因为项目启动分股权时，没有管理好离职合伙人的心理预期，一旦发生离职事件，各方原有的心理平衡就被打破了，矛盾就会产生。如果合伙人离职的时候，创业项目已经取得了阶段性成功，比如已经有了不错的盈利，或已经上市了，留守合伙人心里可能还好受点。但如果创业项目还没有取得阶段性成功，没有盈利，还是个无底洞，留守合伙人心里肯定是不平衡的。

其实，在分股权阶段的小小设计，就能解决这个难题。

合伙人离职的股权动态调整规则如何设计？接下来分享的这种方式非常简单，适合绝大多数创业公司，并且在前面分股权的章节提前做的一些安排也会派上用场，水到渠成。简单来说，可以分为三个步骤：

第一，确认合伙人已经兑现的股权；

第二，判断合伙人是善意离职还是恶意离职；

第三，判断合伙人离职时公司属于什么经营阶段。

• 理发店案例

以理发店中的爱德华为例，爱德华的资金股是4.24%，理发美发技术股是9.09%，运营管理能力股是7.27%，其中，理发美发技术股和运营管理能力股合计为16.36%，下面就统一称为“人力股”，人力股需要爱德华在理发店做持续贡献才能获得。

---

① 增资的方式会使现有全体股东的股权比例被稀释，包括投资人的股权。

假设根据第14章的安排，最终决定爱德华的人力股直接按年限兑现，兑现期限是五年，现在爱德华干了两年离职了，怎么办？

1. 确认已兑现的股权

我们来看爱德华干满两年后兑现了多少股权。首先，资金股4.24%是一出资就兑现了，人力股16.36%分五年兑现，干满两年就兑现了6.55%，加上已经兑现的资金股，爱德华一共兑现了10.79%的股权，还剩9.82%没有兑现。

没兑现的9.82%很好处理，约定直接无偿收回就行。对于已经兑现的10.79%如何处理呢？我们接着从爱德华是否为恶意离开来进行区分。

2. 确认是否为恶意离职

我们可以将是否为恶意离职进行如下分类（见表17-1），这个分类仅供参考，创业者请根据创业项目的实际情况来设计。

表17-1 合伙人离职情况分类及股权调整方案参考模板

分类	情形	已兑现股权收回股权比例	收回价格
恶意	严重违反公司规章制度、损害公司利益被辞退	推荐全部收回[①]，但也可以部分收回，原则上收回的股权不低于非恶意离开收回的股权比例	推荐按实际出资价格收回，甚至可以零对价收回；也可以参考净资产或净利润收回，原则上比非恶意离开收回的价格更低
	同业竞争被辞退		
	给公司造成重大损失被辞退		
	被采取刑事强制措施超过三个月或被判刑服刑		

① 考虑此情况下恶意离职，股东与其他股东之间大概率已经失去信任，若继续留作公司股东可能会给公司发展造成不必要的障碍，因此一般建议全部收回。

（续表）

分类	情形	已兑现股权收回股权比例	收回价格
非恶意	友好协商离开，不存在恶意情形	一般参考公司发展阶段确认收回股权比例（下一节会介绍）	一般参考公司发展阶段确认收回价格（下一节会介绍）
	因能力不够而被其他合伙人按约定要求其离职或收回股权		
	身体因素或意外导致客观上无法继续工作，比如成为无民事行为能力人、失踪或过世		

针对非恶意离职该收回多少股权和以什么样的价格收回，可以参考创业公司所处的发展阶段，下一节会介绍。

被判刑的情形经常会被创始人忽略。比如某位创始人被判刑服刑去了，他的工作就没人做了，公司经营会受影响；如果他是因为经济因素被判刑，对公司声誉的影响也会很大；其他创始人要想办法找人替代他的位置，这样就需要再分出股权，股权来源也就成了问题；公司进行融资的时候，需要签字、表决，他在监狱里，这些都很难处理；如果公司引入过风投股东，创始人被判刑很可能触发投资协议中的回购条款，这对创业项目而言是个生死问题。

如果合伙人之间没有提前约定，公司章程也没有规定，那你的合伙人因为犯罪被判刑，哪怕是因为盗窃公司资产被判刑，甚至服刑多年，他的股权也不会自动丧失，他仍然是公司的股东，仍然能继续享有分红及公司发展带来的其他红利。这对其他继续付出的合伙人而言非常不公平。

3. 参考公司发展阶段确定回购股权比例和价格

为什么要参考公司发展阶段？因为合伙人对创业公司的贡献是逐渐累积的。

比如创业早期是公司高频死亡期，这时候离职的合伙人对公司的贡献几乎可以忽略不计，同时，他的离职对项目的打击也是很大的，因为初创时期最需要创始人付出，因此最好是收回全部股权预留给顶替他位置的人。

如果某位合伙人已经在公司工作十几年，公司也已经非常成熟了，甚至已经请了职业经理人，这时某位合伙人离职，可以尽量保留他的股权，因为他对公司的历史贡献已经沉淀在公司，而且他的离职对公司的影响已经很小了。

为什么合伙人离职还可以考虑给合伙人留一定的股权？这也是在管理心理预期。

如果合伙人知晓不管什么时候，只要他离职，所有的股权都会被收回，那么他在公司的行为就更可能考虑自己的短期利益而不是公司的长远利益。而且，人是有主观能动性的，为了股权不被收回，他可以变着法子不离职，但实际上已经心猿意马，这对公司的管理也是非常不利的，很可能影响整体士气。

相反，如果他知晓只要工作有一定年限，哪怕离职了也可以保留部分股权，那么他在公司的行为便可能考虑公司的长远利益，因为公司未来的红利也有他一份。而且，让他保留一部分股权，大家就还是利益相关者，还是一条船上的人，离开后不会轻易地来拆老公司的台，有什么好的资源也不忘给老公司分一杯羹。这是双赢的局面。

以上考虑都是为了使规则更公平合理，大家更愿意执行，如果规则本身不合理，在执行中必然会受到很多阻力，最后可能形同虚设或者被别有用心的人利用。

该如何设置公司的发展阶段，有哪些判断标准呢？表17-2可供你参考：

表17-2 公司发展阶段判断标准及对应的股权调整方案参考模板

<table>
<tr><th>阶段</th><th>判断标准</th><th>收回股权比例</th><th>收回价格</th></tr>
<tr><td>初创期</td><td rowspan="3">按业务里程碑：比如获得资质牌照、获得批文、产品上市，营业收入、净利润、用户数量、开店数量达到一定标准等
按融资进度：获得多少估值的股权融资
按年限：比如创业第三年及第四年期间、第五年及第六年期间等</td><td>一般全部收回</td><td>一般按原出资价格或者净资产价格</td></tr>
<tr><td>发展期[1]</td><td>一般部分收回</td><td rowspan="2">一般参考原出资价格、净利润、净资产、股权融资估值[2]价格的溢价或折扣价等</td></tr>
<tr><td>成熟期</td><td>一般只收回少部分或者不收回</td></tr>
<tr><td>被并购或上市</td><td>签署并购协议或成功上市（可往前追溯6个月）</td><td>一般不收回</td><td>—</td></tr>
</table>

① 发展期也可以再继续根据本表格第二列的判断标准划分为更多阶段。

② 假设参考股权融资估值价格，建议在融资估值价格的基础上打折，因为融资估值价格对应的是公司未来价值，并不是目前公司的真实价值。否则很可能出现公司最后创业失败，坚持到最后的创始人身无分文，反倒是中途退出的股东大赚了一笔的情况，不太合理。

• 理发店案例

以理发店为例，初创期可以设置为连锁店不超过3家且在达到盈亏平衡之前。成熟期可能是连锁店已经有了20家以上，而且公司处于持续盈利状态。而两者中间的状态就属于发展期。也可以根据股东对理发店的规划，将发展期继续细化，在拥有10家连锁店之前或15家连锁店之前收回的股权和价格都可以不同。

关于收回股权条款注意事项可参考第14章中的“收回股权注意事项”。

17.2 拆除合伙人离婚风险这颗炸弹

创业和离婚合起来是个很有意思的话题，因为创业去做夫妻财产安排，有的创业者会产生抵触心理，而有的创业者却让创业成了去做夫妻财产安排的很好理由，个中缘由，就不摊开细讲了。

17.2.1 离婚可能导致公司分裂

为什么建议把合伙人离婚的影响考虑进股东协议？不是我乌鸦嘴，即使你们夫妻感情非常好，但也拦不住你的合伙人可能会离婚，一旦有合伙人离婚，公司股权就存在不确定性，这就相当于动了创业公司的地基。有的案件中，是创业的那方固执已见、毫不退让；有的则是没有经营能力的那一方，非得把公司股权拆了，攥一把在自己手里。这些看似暂时对自己有利，其实最终未必都是最有利的选择。非官方数据显示，每年企业家涉嫌经济犯罪的，来自配偶及家人的检举占到了大半，正是曾经最爱，才会相爱相“杀”。

股东离婚案一直是媒体关注的焦点，稍微有名一点的公司股东闹离婚、分股权，都是吃瓜群众的最爱。

比如2011年，某上市公司股东和他老婆离婚，被分走了该股东持有公司股份总额的近一半，相当于1.67亿元财产，被大家戏称为“最贵的离婚”。

再比如，某同城网和58同城原本是旗鼓相当的平台，2012年某同城网本来打算在美国上市，但据媒体报告，因为大股东离婚加上转移财产等，上市就暂缓了。58同城赶先在美国上市，最后某同城网只能寻求与58同城合并。

现在社会离婚高发，根据民政部公布的《2020年民政事业发展统计公报》，2020年的结婚率是5.8%，离婚率是3.1%（见图17–1）。依法办理离婚手续433.9万对，其中民政部门登记离婚373.6万对，法院判决、调解离婚60.3万对，也就是说，14%的离婚夫妇没能和平分手，矛盾都激化到了走司法程序的地步。

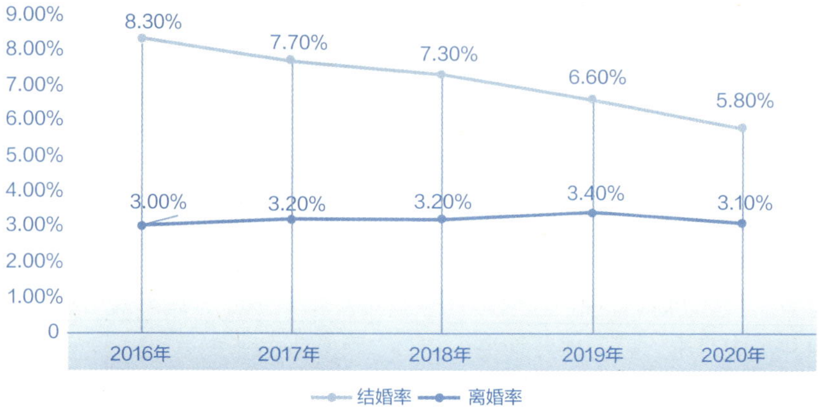

图17–1 2016—2020年结婚率与离婚率[①]

将来公司股东离婚案还会更多，诉讼可能会更加激烈和复杂。离婚不再是家庭内部私事，而会影响到很多相关方的利益，包括公司利益、创业小伙伴的利益、投资人甚至公众股东的利益等。

今日资本徐新曾表示，今日资本已规定，对准备投资的公司，凡是老板已婚的，要访谈其配偶。但她也承认：“谁也不能保证你访谈完了就不会出现问题，也不能保证能白头到老。”

同时，现在创业公司的股东本身也越来越关心离婚对他们公司发展的影响，不少创业者主动咨询律师该如何预防离婚给创业项目带来的风险。

---

① 摘自中华人民共和国民政部于2021年9月10日公布的《2020年民政事业发展统计公报》。

17.2.2　离婚分裂公司的判断标准

首先要明确一个大的背景，如果没有丰富的离婚诉讼经验，普通人是很难从常识去判断一对夫妻诉讼离婚时财产具体会如何分割，离婚财产分割结果是需要看个案具体情况的。

有的财产会很明显是婚前财产或是婚后财产，比如一方父母在婚前给子女全资买的房产，很明显是一方的婚前财产，这种财产分割不会有太大争议；而有的财产界限则没那么清晰，比如男方父母婚前出首付登记在女方名下而且由女方自己还房贷的房产，不同的法官的判断标准很可能不同，“魔鬼在细节”，稍微有点差异，就会造成定性的变化。而且，司法解释也会不断明确一些有争议情形具体该如何认定，这是一个动态的过程。因此，以下的分析是基于目前普遍的、常规的司法观点，不可片面地认为放之四海而皆准，遇到具体的复杂的情况建议咨询专业婚姻律师。

离婚带来的创业风险需要分两种情形讨论：一种是婚前创业，另一种是婚后创业。

17.2.3　婚前股权也可能变成夫妻共同财产

有些夫妻，相识于微时，创业初期水深火热，另一半不离不弃，婚后公司越做越大，融资了，上市了……婚姻却走到了尽头。这时候如果你以为公司是婚前创办的，每天加班辛苦打拼也是自己的功劳，给离异配偶几十万元算是仁至义尽了。但，没那么简单！

像车子、房子这种婚前财产，你的就是你的，我的就是我的，但是创业所涉及的“公司股权”这种财产非常特殊：一是它的价值在婚前、婚后增长可能特别大；二是这种增值中只要有你的功劳，就有你配偶的功劳。

这里有个原则性的判断标准：股权带来的收益是被动产生的，还是主动产生的？

被动产生的收益是指你没付出什么努力而自然获得的收益。比如你婚前投资了一家公司，只是单纯出资，完全不参与经营管理，全靠其他股东经营获益，或者公司主要是靠婚前投资的不动产或股票升值获益，这样，对你而言这个股权带来的收益就是被动的，大概率会继续认定为你的个人财产。相反，如果你婚前取得一家公司的股权，婚后你在这家公司投入了精力，认真经营，或者在婚后通过公司进行各种投资，那么婚后这家公司的收益是你主动为之而产生的，那么股权收益属于夫妻共同财产。背后的逻辑在于，即便配偶一方没有直接投入，那也通过承担更多的家庭责任，间接做出了贡献，所以这个收益也应属于夫妻共同财产。

案例2

在（2015）浙温民终字第401号案件中，金某于1998年受让永嘉县人人国际酒店股权5万元。2001年和2005年，金某对酒店进行两轮增资后，该酒店股权登记变更为金某出资232万元。之后，金某和翁某结婚。

2011年6月2日，金某与潘某（潘某和金某是母子关系）签订股权转让协议书一份，约定金某将其酒店股权中的16.81%以人民币840.5万元转让给潘某所有，转让金已支付。

2011年11月，翁某向法院起诉离婚，请求分割金某的股权转让价款收益。

浙江省温州市中级人民法院认为，金某并没有提供证据证明金某没有实际参与酒店经营管理，认定金某是酒店的实际控制人之一。因此，前述股权转让款扣除婚前投入本金后的剩余款项为夫妻关系存续期间取得的收益，应属于夫妻共同财产予以分割。

接下来，我以股权涉及的三类资产为脉络，逐个进行解释。

1. 股权出资

股权出资是指结婚之前投入公司的投资款。比如，你婚前和合伙人开公司，注册资本200万元，你投了40万元占20%股权，那这40万元的注册资本本金永远是你的个人财产，除非你签了婚姻财产协议，有其他约定。

但假如你在婚后用共同财产增加了出资，比如增资了60万元，增加的部分就算是婚后夫妻共同财产。

2. 股权分红

公司如果赚钱了，可能会分红。如果分红发生在婚后，并且你参与了这家公司的经营管理，按《中华人民共和国民法典》（中华人民共和国主席令第45号）（简称《民法典》）的规定，这笔钱属于经营投资收益，是夫妻共同财产①。当然，如果这家公司的分红是被动产生的，则这笔分红可以认定为你的个人财产，但是分红一旦和家庭其他财产混同了，不好意思，这些理不清来龙去脉的资金通常也会被认定为夫妻共同财产。

3. 股权增值

如果创业项目做得好，不断进行股权融资，公司估值会越来越高，这时你套现卖了一点股权大赚一笔，当初出资的100万元现在变成2000万元，那么婚后增值的1900万元也会被认定为夫妻共有，除非是被动增值。

案例3

在（2020）最高法民申1003号案件中，2009年11月11日雷某和其他股东设立贵州省黔东南州新鸿基房地产开发有限公司（简称“新鸿基公司”），注册资本金为800万元，雷某持股81%。2011年11月8日，雷某和谭某登记结婚。雷某在其婚姻存续期间转让股权，股权转让款约4600万元。2018年，雷某、谭某离婚，谭某请求分割雷某的股权转让款收益。

---

① 《民法典》第一千零六十二条规定：“夫妻在婚姻关系存续期间所得的下列财产，为夫妻的共同财产，归夫妻共同所有：

（一）工资、奖金、劳务报酬；

（二）生产、经营、投资的收益；

（三）知识产权的收益；

（四）继承或者受赠的财产，但是本法第一千零六十三条第三项规定的除外；

（五）其他应当归共同所有的财产。

夫妻对共同财产，有平等的处理权。”

最高人民法院认为，雷某所持有的新鸿基公司股权属于雷某的个人婚前财产，双方并无异议。雷某持有的新鸿基公司股权价值在婚后的变化，主要是由公司所持有的地产市场行情变动引起的，并不是雷某对公司进行经营管理或者利用该股权进行再投资产生的收益。因此，雷某转让其持有的新鸿基公司股权即便有溢价也应定性为自然增值，不应作为夫妻共同财产进行分割。

因此，即便是婚前获得的股权，当婚后进行股权分红和增值时，也可能会变成夫妻共同财产，而往往这部分才是股权价值构成最大的一块。一旦婚变，巨额的经济利益可能会让双方争得非常惨烈。

17.2.4 婚后股权怎么判断能否分割

婚后创业获得的股权就很清晰了，肯定是夫妻共同财产。只是在离婚分割财产的处理方式上，需要区分创业公司是有限责任公司还是股份公司，针对不同类型公司，离异配偶请求分割股权的权利是不同的。

有限责任公司和股份公司的概念听着可能比较陌生，接下来我用大白话解释一下。普通创业者设立的公司一般都是有限责任公司，我从业这么多年只遇到一次创业者将公司设立成了股份公司，这也给这家初创企业带来一系列股权上的麻烦。基于这个原因，本书中没有明确强调“股份公司”的地方，均指“有限责任公司”。有限责任公司的特点是股东比较少，大家基本都是相互认识的、愿意一起做股东的，陌生人不是想进就能进的，得看其他股东是否同意。有限责任公司就如普通老百姓，是主流的形态。

而股份公司，你可以把它想象成普通老百姓通过自己的努力考取了功名。股份公司一般更成熟、规模更大，而且大部分是冲着上市去的，因为只有股份公司才有资格上市，因此很多有限责任公司发展壮大后就把自己变更为股份公司。股份公司意味着有更多股东，人一多大家不一定相互认识，所以只要有人卖给你股权，你就可以当股东，不需要别人同意。

你记住一句话就行，要成为有限责任公司股东需要其他股东同意；要成为股份公司股东，只要有股东愿意卖股权给你就行，不需要其他股东同意。

1. 离异配偶能否成为有限责任公司股东存在不确定性

回到婚后创业这种情况，夫妻一方婚后获得的股权属于夫妻共同财产，一旦离婚，离异配偶就可以要求分割股权。

假设公司是有限责任公司，离异配偶不一定能成为股东。离异配偶要成为股东，必须获得其他股东过半数同意，如果过半数股东不同意，或者现有股东想买这些股权，那么离异配偶只能获得相当于股权转让款的经济收益，而无法直接得到股权。假设其他过半数股东既不同意合伙人离异配偶获得股权，也不愿意自己买或者不存在股东行使优先购买权①，这时离异配偶才可以成为公司股东②。因此，在公司为有限责任公司的情况下，离异配偶能否成为公司股东，存在不确定性。这听起来可能比较绕，你可以看一下图17-2：

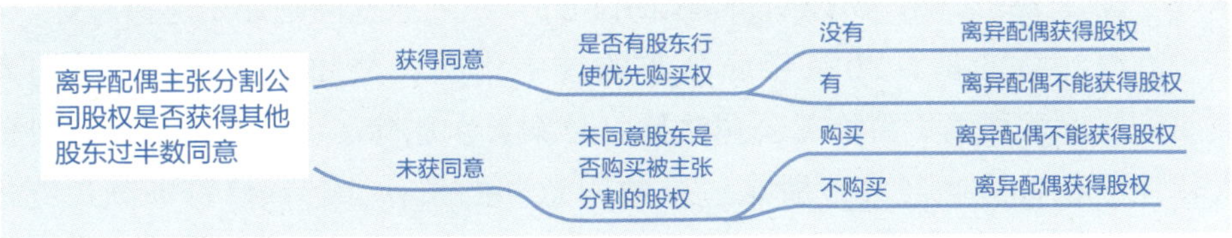

图17-2 判断离异配偶能否分割有限责任公司股权思维导图

---

① 优先购买权的意思是，如果几位购买方对拟出售股权的出价和条件是一样的，那么出让方应当将股权转给有优先购买权的一方。打个比方，爱德华出售一把剪刀，老徐和锤子都想买，但是锤子有优先购买权，老徐没有优先购买权。老徐报价100元，如果锤子报价也是100元，那么爱德华只能把剪刀卖给锤子；但如果老徐报价120元，锤子报价低于120元，即使锤子有优先购买权，爱德华也可以把剪刀卖给老徐。

② 原《最高人民法院关于适用〈中华人民共和国婚姻法〉若干问题的解释（二）》（法释〔2003〕19号）第十六条对此有明确规定，但《民法典》生效后已废止前述司法解释。不过，依据《公司法》第七十一条规定依然可以得出此结论，《公司法》第七十一条第二款、第三款规定："股东向股东以外的人转让股权，应当经其他股东过半数同意。股东应就其股权转让事项书面通知其他股东征求同意，其他股东自接到书面通知之日起满三十日未答复的，视为同意转让。其他股东半数以上不同意转让的，不同意的股东应当购买该转让的股权；不购买的，视为同意转让。

经股东同意转让的股权，在同等条件下，其他股东有优先购买权。两个以上股东主张行使优先购买权的，协商确定各自的购买比例；协商不成的，按照转让时各自的出资比例行使优先购买权。"

假设一方离异配偶成了公司股东，这下就麻烦了，因为创业公司的股权是和合伙人的责任关联的，现在天上掉下来一个股东，他对公司不出力，如果再加上经营理念不合，很可能导致公司出现管理困难、高管离职等问题。

可能有的朋友会认为，这不是很简单吗？我们一帮子创业伙伴肯定不会愿意合伙人的离异配偶来做股东的，大不了大家凑点钱把分割的那部分股权买过来就行，不会对公司造成重大影响。

但是，这种想法过于简单了，假如离婚财产分割谈不拢，离异配偶是可以向法院起诉申请财产保全查封另一方股权的。如果这场官司持续两三年，那公司在这个期间很可能融不到资、借不到银行贷款。现在大家做生意都知道查一下合作公司的股东情况，若发现合作方核心股东的股权被查封了，合作可能就会受到影响，所以对待离婚引起的一系列股权问题还是谨慎点好。

值得注意的是，2021年底公布的《中华人民共和国公司法（修订草案）》征求意见稿（简称《公司法修订草案》）删除了“股东向股东以外的人转让股权，应当经其他股东过半数同意”的条款，若该修订条款最终通过，且没有新的司法解释对离异配偶主张分割股权进行明确解释，则离异配偶主张分割公司股权将不受其他股东是否同意的限制，若其他股东不行使优先购买权，届时法院可能支持离异配偶直接分割公司股权。

2. 离异配偶有权成为股份公司股东

如果你的创业公司已经是股份公司了，那合伙人离婚的后果就很直接了。

若公司已经成为股份公司了，意味着公司的发展规模已经比较大了，甚至准备上市了。前面介绍了，要成为股份公司股东，只要获得股权就行了，不需要其他股东同意，所以合伙人的离异配偶如果要求分割股权，他是可以直接成为股东的。这也是我们经常看到媒体报道某上市公司股东离婚，离异配偶直接分走价值不菲的公司股份的原因。

公司上市后被分走股权还不算最尴尬的，因为大家都能获益不菲，只是多少的区别。最尴尬的是，你为了上市，把公司变成股份公司了，但在上市前居然离婚了，这问题就大了。

案例4

某豆网曾是著名的视频网站，其创始人W和配偶Y离婚就影响了某豆网上市。2010年，某豆网已经在美国提交了上市申请，随后，Y提起诉讼，要求分割婚姻存续期间两人的共同财产——某豆网76%的夫妻共有股份。因诉讼的介入，法院冻结了某豆网38%的股份，禁止转让，某豆网的上市之路被迫暂停。后来被优酷抢先上市，最后某豆网被优酷收购。

对于夫妻双方而言，这都是两败俱伤的结果，而且创业伙伴和投资人也跟着遭受损失。

17.2.5 如何预防离婚带来的创业风险

要防止离婚给创业带来的不确定性，建议创业团队要求每位合伙人和配偶充分协商，权衡利弊、顾全大局，将离婚后股权如何处置的事情提前约定好，这样才有可能双赢。注意，这里需要合伙人和自己的配偶签署财产协议，而不是单纯几位合伙人之间签协议就行，不要操作错了。

协议该怎么设置呢？这里有两种方案供大家参考。

第一种方案是最干净利落的方案，直接约定股权是一方个人财产，包括婚姻期间产生的股息、红利、增值、转让所得[①]等，婚姻存续期间或离婚后另一方都不得要求分割。但是，要往这个方向谈估计家里要闹翻天，建议可以相应地在其他资产上多分配一些给配偶。

第二种方案，将股权区分为收益权和收益权以外的权利（包括登记权、表决权、转让权等权利），约定收益权为夫妻共同财产，收益权以外的权利归创业者个人所有。这种方式达到的效果是，在经济收益上，和股权是夫妻共同财产的效果是相似的，只是股权只能登记给创业者，维持公司股权的稳定。

与夫妻财产分割及离婚相关的协议不能单纯按照商事合同的逻辑去判

① 在婚姻存续期间，如果前述财产与家庭财产产生了混同，还是存在被认定为夫妻共同财产的可能性。

断，因为这类协议有很强的身份属性，其中有很多微妙的地方，你写下的意思最后不一定能生效或执行，如果你认为这件事情对你非常重要，一定要找专业的婚姻律师帮你把关。

17.3 合伙人离世，股权怎么继承才合理

合伙人离世可以与合伙人离职归为一类，因为合伙人离世属于基于客观事实不能在公司任职的情况，在合伙人离职的章节已经明确其他合伙人可以设计规则收回股权。但是，合伙人离世不仅仅是少了一位合伙人，还可能给创业公司带来其他更棘手的问题。

案例5

曾有家经营得还不错的电商公司二股东来咨询，说他们公司的合伙人大股东意外去世了，这位合伙人的妻子找到他，要求继承去世合伙人在这家公司的股权。他为此很苦恼，因为公司还没实现盈利，还属于打拼阶段，公司大股东是负责公司运营的，这个岗位很重要，现在大股东不在了，他希望这份股权能给到其他能撑起运营管理的合伙人，如果给了大股东的妻子，她是家庭主妇，给不了公司什么帮助。但是大股东的妻子坚持不要钱，不退让，一定要登记全部股权，搞得二股东很苦恼，不知道该怎么办。

仅由其配偶一个人来继承还算好的，有的创始人离世，继承人不仅有配偶，还有父母、子女，甚至有过二婚的合伙人，继承人可能更多。

案例6

2015年山西某著名的“焦炭大王”因病去世，他生前没立遗嘱。据媒体报道，他的两位“妻子”和各自的儿女对股权展开争夺。地方政府为了保住这家公司，还专门参与协调他们家股权继承的事情，但都没有效果，后来各方抢夺公章，转移资产，有的还报警，让警方抓人，搞得公司元气大伤。最

后，这家原本资产过百亿的明星企业在2019年被申请破产重整。

合伙人没提前做好安排，可能既害了公司其他股东，自己的继承人也没得到应得的权益，两败俱伤。

要预防这种风险，需要合伙人先商量好，如果任何一位合伙人遭遇不测，他的股权该如何处理，并将处理方案约定写入股东协议，同时规定到公司章程中。因为，按照《公司法》的规定，如果章程没有特别约定，那离世股东的继承人是可以直接继承股权的[①]，如果章程有特殊约定，那就按特殊约定执行。

特殊约定一般可以参考三种方案。

方案一：继承人继承财产权。

约定继承人有继承权，但是继承的只是财产权，没有投票权、提案权和表决权等。这样继承人的财产权利不受损，同时可以保持公司正常运作。

但这种方式一般适合发展成熟稳定的企业，这时候一位股东离世对公司经营管理的影响已经不大了。而针对初创企业，是不太适合的，因为公司还需要创始人打拼，正是缺人才的时候，利益给了继承人，就少了可以吸引更多人才的筹码。

方案二：继承人没有继承权。

约定继承人没有资格继承股权，不能成为公司的股东，离世股东的股权以协议约定的价格转让给其他股东，而继承人可以获得这笔股权的转让款。这适应了创业企业的特点，没有让不被其他合伙人所接受的人成为股东，从而保证这个项目能够正常发展。

方案三：动态方案。

动态方案是指根据公司的不同发展阶段设定不同的股权收回及继承比例。

合伙人可以参考本章关于合伙人离职部分的表17-2来制订股权回购方案，剩下的股权/财产权由过世创始人的继承人继承。一般阶段越靠后，能继

① 《公司法》第七十五条规定："自然人股东死亡后，其合法继承人可以继承股东资格；但是，公司章程另有规定的除外。"

承的股权/财产权就越多，这种方案更符合企业发展的规律，也照顾到各方的感受，更有利于达成共识。当然，创始股东如果能提前立好遗嘱，避免继承人之间的争夺，对继承人之间的和气及公司的顺利发展而言，都是好事。

画重点

离职股权调整三步骤：

- 确认已兑现的股权；
- 确认是否为恶意离职；
- 参考公司发展阶段确定回购股权比例和价格。

合伙人离异配偶是否有权主张分割股权判断标准：

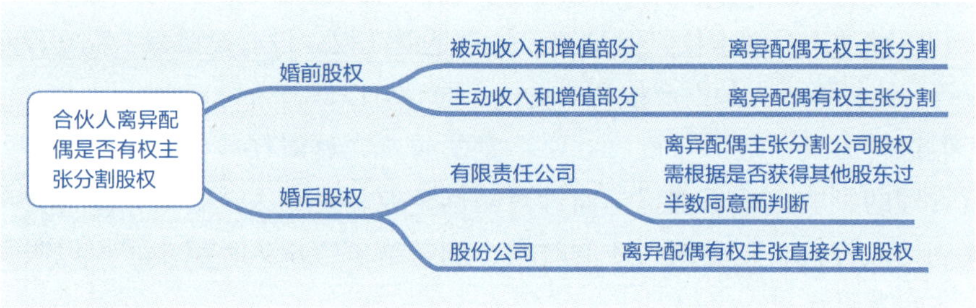

合伙人对股权继承权的三种方案：

- 继承人继承财产权；
- 继承人没有继承权，但可获得股权对价；
- 动态方案：根据公司的不同发展阶段设定不同的股权收回及继承比例。

第18章

合伙人股权不能想卖就卖

前面几章是介绍合伙人的贡献与股权在不匹配的情况下如何收回股权，本章内容刚好相反，是要求正常工作的合伙人不能随意把股权卖掉。也就是股权既不是能随意获得的，也不是能随意脱手的。

18.1 合伙人任意转股会破坏公司商业战略

为什么要限制合伙人转让股权？本书第1章至第3章介绍了一家创业公司股权战略和商业战略的关系，股权战略是商业战略中的一部分，如果合伙人任意转让股权，就会破坏股权战略的均衡，进而影响商业战略的达成。

案例1

背景

长三角有家科技公司共三位创始人，一位负责市场运营，一位负责核心技术研发，一位负责生产线管理。对这家公司而言，最核心的就是技术研发合伙人，他的可替代性最低。但是技术研发合伙人资金比较紧张，因此设立公司时购买的股权不算多，约20%，大部分启动资金都是负责市场运营和生产线管理的合伙人承担的，市场运营合伙人持有约30%的股权，生产线管理合伙人持有约50%的股权。

冲突

经营了不到一年，公司产品还没上市，技术研发合伙人基于各种原因，想卖一半股权给一位个人投资人，遭到了另外两位合伙人的反对。这两位合伙人表示，并不熟悉那位个人投资人，而且投资人也不懂技术，怎么能一起经营这家公司？况且，这两位合伙人投了这么多资金就是为了和技术研发合伙人一起把项目做起来，现在技术研发合伙人把一半股权卖给别人，自己提前套现降低股权比例，两位合伙人非常担心已经投入的精力和资金会付之东流。

分析

按照《公司法》的规定，如果其他股东不同意技术研发合伙人对外出售股权，就需要以相同的价格购买技术研发合伙人的股权，否则就视为同意了①。也就是说，为了不让那位个人投资人成为公司股东，另外两位合伙人就必须按技术研发合伙人与那位个人投资人商量的价格购买技术研发合伙人的股权。

而在创业早期，两位合伙人在公司投入了大量资金，很难再抽出资金去购买这部分股权。即使有钱购买，技术研发合伙人顺利套现后，他持有的公司股权比例会进一步降低，对技术研发合伙人的激励效果也会明显下降，这家创业公司对技术研发合伙人而言可能会成为可有可无的存在，这也不符合另外两位合伙人的心理预期。

结果

最后的结果是，三位创始人僵持不下，也不愿意打官司，索性把公司整体给卖了，大家都拿回了部分成本，这个项目就算半送给别人做了。

因此，要求合伙人维持股权比例是对合伙人的合理约束，是确保分股权的三个目标“匹配经营要素”“管理合伙人的心理预期”“维护控制人对公司的控制权”能持续发挥效果的保障。

对合伙人的股权转让限制可以从时间、比例和股权受让对象三个维度进行。

① 《公司法》第七十一条规定：“有限责任公司的股东之间可以相互转让其全部或者部分股权。

股东向股东以外的人转让股权，应当经其他股东过半数同意。股东应就其股权转让事项书面通知其他股东征求同意，其他股东自接到书面通知之日起满三十日未答复的，视为同意转让。其他股东半数以上不同意转让的，不同意的股东应当购买该转让的股权；不购买的，视为同意转让。”

18.2 对外转股要有时间限制

创业早期合伙人的心思应当都在努力创业上，一般不同意合伙人进行股权转让，但公司发展到一定阶段，尤其是取得阶段性的成果后，比如达成里程碑、完成融资等，可以开始同意合伙人对外转让股权。

18.3 对外转股要有比例限制

在同意合伙人对外转让股权的同时，需要限制转让的比例，一般同意转让的比例不能影响合伙人在公司的重要地位。比如，针对原本有控制权的合伙人，同意其股权转让的比例一定要确保其能持续控制公司，如果一旦失去控制权，整个创业项目就可能失控。

股权转让的时间和比例都可以参考第17章中对企业发展不同阶段的划分而分阶段设置。比如初创期可转让比例为0，发展期可转让比例是每位合伙人持有公司股权中的5%，成熟期可转让比例是每位合伙人持有公司股权中的15%等。

比如，某位合伙人持有公司30%的股权，那么他持有的公司股权中的5%等于30%乘以5%，也就是公司1.5%的股权。

18.4 不能随意转给任何人

受让股权的对象会成为创业公司的股东，因此最好是能理解创业项目和创业团队的人，这样，股东们在经营决策方面的理念才更可能达成一致。因此，优先购买权的设计及禁止转股给竞争对手是很有必要的。

一般合伙人对外转让股权，最好是创始团队的成员享有优先购买权。如果创始团队的成员不购买，那么创业公司的其他现有股东就享有优先购买权，比如投资人或资源方等；如果其他现有股东也不购买，才能卖给新股东。这样可以尽可能地避免空降不熟悉的股东。

同时，新股东不能是公司的竞争对手，竞争对手一旦成为创业公司的股东，就可能阻碍公司发展、损害公司利益。一些公司专门将收购竞争对手的股权作为打击竞争对手的手段，需要提防。

关于限制股权转让的约定不仅需要写入股东协议，还需要在章程中明确规定，这样才可以对抗善意第三人。

画重点

合伙人任意转让股权会破坏公司股权战略及商业战略。

从时间、比例和股权受让对象三个维度对合伙人股权转让进行限制。

第19章

公司融资，股权怎么变才合理

前面几章都在规避由合伙人导致的股权风险，本章是“避险步骤”的最后一章，将介绍如何规避公司融资带来的股权风险，公司融资应该怎样变动股权才合理。

初创公司缺钱是常态，有的是日常运营资金周转不过来；有的想扩张业务，但现有资金不足；有的是还未达到盈利状态，却一直烧钱，需要不断投入资金。而公司一旦缺钱，就意味着要补充资金这个经营要素，这就可能涉及股权变动。这时候创业公司已经渡过创设期，情况已经发生很多变化，就不能再完全用初创期资金要素的比重来调整股权了。

创业公司寻求资金的方向主要有两个：一是向内找资金，也就是各位合伙人来出钱；二是向外找资金，也就是找投资人出钱。下文将分别介绍这两种情况。

19.1 向合伙人融资的处理方法

按法律规定，股东只要出资到位了，是没有义务向公司继续出资的。也就是说，如果创业项目缺钱、经营困难，公司没有权利强制要求股东继续投钱。假设股东愿意继续投资，这资金肯定是不能白给的，要么是给公司的借款，公司正常付利息；要么是股权投资，要提高出资股东的股权比例。

借款好办，按市场行情走就行了。假设是股权投资，该怎么操作呢？从法律概念上讲，有人给公司投资金换股权，就叫增资，如果章程没做特殊规定，则全体股东按实缴出资比例享有优先认缴权[①]。

19.1.1 股东同比出资不用调整股权比例

最理想的状态是，全体股东均按实缴出资比例认缴[②]新的资本，也就是将创业项目需要增加的资本按合伙人股权比例[③]分成几份，每位合伙人认缴自己的部分，这是最简单的情况。这样大家的股权比例是没有发生变化的，只是认缴的公司注册资本数额发生了同比例的增加。

- **理发店案例**

以理发店为例，假设理发店原本注册资本是120万元，各位股东计划再投资100万元并且全部股东按股权比例认缴这100万元，那么理发店出资额从120万元变成了220万元，但是股东的比例并不会发生变化[④]（见表19-1）。

表19-1 理发店合伙人同比增资公司股权比例不发生变化[⑤]

股东	增资前股权比例	原注册资本/万元	增资分配的出资款/万元	增资后注册资本/万元	增资后股权比例
老徐	16.97%	20.36	16.97	37.33	16.97%
锤子	42.42%	50.91	42.42	99.33	42.42%

① 《公司法》第三十四条规定："公司新增资本时，股东有权优先按照实缴的出资比例认缴出资。但是，全体股东约定不按照出资比例分取红利或者不按照出资比例优先认缴出资的除外。"

② 按《公司法》的表述，购买有限责任公司的资本用词为"认缴"，购买股份公司的股份用词为"认购"，但为了便于普通读者理解，本书未严格区分该表述，读者可以把"认缴"和"认购"理解为相同意思。

③ 为方便表述，下文假设股东均完成了实缴出资，或者公司章程规定股东优先按认缴出资比例认缴新增资本，如此"出资比例"等于"股权比例"。

④ 按照第12章股权激励持股平台的权利义务约定，在股权分给激励对象前，激励平台认缴的这20万元，理发店的三位股东按比例分配即可。

⑤ 因四舍五入，所以表中合计数字与单独数字之和存在一定差异，创始人在实操中稍作手动调整即可，下同。

（续表）

股东	增资前股权比例	原注册资本 / 万元	增资分配的出资款 / 万元	增资后注册资本 / 万元	增资后股权比例
爱德华	20.61%	24.73	20.61	45.33	20.61%
员工激励持股平台	20.00%	24.00	20.00	44.00	20.00%
合计	100.00%	120.00	100.00	220.00	100.00%

19.1.2 股东不同比出资需要对公司进行合理估价

在增资的情形下，假设有的合伙人无法全部认缴属于他的那部分出资，或者就一点都不认缴，剩下的部分其他合伙人还可以按比例认缴。因为有人认缴，有人没认缴；有人认缴得多，有人认缴得少。这样问题就来了，每位合伙人之间的相对股权比例会发生变化，那么到底该怎么变，创业公司的股权值多少钱呢？

• **理发店案例**

先看如果按平价会出现什么状况：假设理发店增资100万元，锤子和爱德华都没有资金认缴，被老徐全部认缴了，那么公司的股权比例就变成了表19-2所示的情况，老徐在公司的认缴出资额从20.36万元变成了120.36万元，股权比例从16.97%变成了54.71%，锤子的股权比例从42.42%变成了23.14%，爱德华的股权比例从20.61%变成了11.24%。

表19-2 理发店合伙人非同比增资公司股权比例将发生变化

股东	增资前股权比例	原注册资本 / 万元	增资分配的出资款 / 万元	增资后注册资本 / 万元	增资后股权比例
老徐	16.97%	20.36	100.00	120.36	54.71%
锤子	42.42%	50.91	0	50.91	23.14%
爱德华	20.61%	24.73	0	24.73	11.24%
员工激励持股平台	20.00%	24.00	0	24.00	10.91%
合计	100.00%	120.00	100.00	220.00	100.00%

这样是否合理呢？

假设增资前的理发店虽然暂时缺资金，但是发展一直很顺利，处于不断提升名气的阶段，营业额也在不断提高，按道理是比设立初期更值钱的。根据第10章的分析，理发店在设立时其实是有估值的，大约是377万元。但是按表19-2这种增资操作，老徐用1元出资购买1元注册资本，相当于公司估值又回到了投前的120万元，比公司设立时的价格还要低。同时，这种方式严重稀释了锤子和爱德华的股权，不符合资金和人才同样重要的原则，显然很不合理。

相反，假设理发店的发展一直很艰难，没什么起色，老徐出这个钱，可能是雪中送炭，功不可没。如果这个时候因为锤子和爱德华的股权被严重稀释，不同意老徐增资，这对大家也是一种伤害，该怎么平衡？

办法是，根据项目的行业特征，提前设置好公司估值的计算方式。一般可以参照公司上一年度净利润、营业额或净资产的倍数来确认。到了公司缺钱的时候，如果需要增资，就按提前定好的计算方式确定公司估值。

比如在理发店中，合伙人同意按理发店上一年度的营业额的一倍来确定估值，假设上一年度理发店的营业额是500万元，那么理发店现在的估值就是500万元。现在合伙人向理发店增加100万元出资，理发店的估值就变成了500万元加100万元等于600万元。此时，认缴这100万元对应新增的公司股权比例为100÷600×100%=16.67%，在老徐出资的100万元中，只有24万元[①]是用于增加注册资本的，剩下的76万元计入公司资本公积。如表19-3所示：

表19-3　理发店合伙人按估值增资后的股权变化

股东	增资前股权比例	原注册资本/万元	增资分配的出资款/万元	增资后注册资本/万元	增资后股权比例	资本公积/万元
老徐	16.97%	20.36	100.00	44.36	30.81%	76.00

① 此处24万元的计算过程是，已知老徐投资100万元，对应获得公司股权比例是16.67%，则公司注册资本金从原来的120万元变更为120÷(1−16.67%)=144（万元），144万元减去原来的120万元等于24万元，即为老徐增加的注册资本。

（续表）

股东	增资前股权比例	原注册资本 / 万元	增资分配的出资款 / 万元	增资后注册资本 / 万元	增资后股权比例	资本公积 / 万元
锤子	42.42%	50.91	0	50.91	35.35%	0
爱德华	20.61%	24.73	0	24.73	17.17%	0
员工激励持股平台	20.00%	24.00	0	24.00	16.67%	0
合计	100.00%	120.00	100.00	144.00	100.00%	76.00

你不用过于纠结估值是否非常精准，因为世上从来没有过关于创业公司估值的标准公式。但是你可以在设计方案草稿后，和合伙人一起根据方案演算一遍，去切身感受具体的数据，如果算出来的数据大家都可以接受，那这个估值方式就可以采用。

假设创始团队觉得原来的估值定得不合理，也可以协商更改，比如每达到一次新的里程碑，就调整一次公司估值的计算方式，如果协商不出新的结果，就按照原来约定的估值操作也不失为最有效率的方式。毕竟，按法律规定，大家是可以先按股权比例认缴新增注册资本的①，即使估值可能不是非常合理，但大家的机会是平等的。如果你不想股权被稀释，那就参与认缴，如果不认缴，就要承担股权被稀释的后果。

在创业效率面前牺牲一点点所谓的“绝对公平”，也是有价值的。

19.2 引进投资人，小心遇人不淑

向外找资金主要是两种方式：一种是债权融资，一种是股权融资。债权融资就是借款，这种情形就不详细讨论了，按市场行情还本付息即可。股权

① 《公司法》第三十四条规定：“……公司新增资本时，股东有权优先按照实缴的出资比例认缴出资。但是，全体股东约定不按照出资比例分取红利或者不按照出资比例优先认缴出资的除外。”

融资通俗讲是找投资人投资，创业项目在接受投资人投资时一般都是有估值的，并不是投资人出多少钱就占多少出资额，根据公司估值，一般只有一部分计入注册资本，剩下的出资款计入资本公积，这点在上一节理发店的案例中已经介绍过了。

股权融资不是本书的重点，但合伙人有必要在初创阶段就了解各类投资人的特点，以免走入误区，引入不合适的投资人，因此做简单介绍。

投资人大致可以分为两类：一类是非专业投资人，比如个人或一些同时经营实体业务的公司；一类是专业投资人，就是常见的风投基金。

19.2.1 非专业投资人的特点

非专业投资人的普遍特点是简单粗暴，信任你就给你资金，没那么多烦琐的流程，因此比较适合早期项目股权融资。

但是，他们也存在常见的问题，比如：

第一，可能不专业。

他们一般没有专业的投资经验，觉得有可能赚钱就愿意试一下，并不一定很了解创业项目所属的行业，也不一定看的是长期，所以很可能与创始人的经营理念不一致，容易发生干涉公司经营，导致决策分歧的情况。

第二，风险承受力可能较低。

非专业投资人对投资风险的认识往往不够，有的会为了获利愿意冒极大的风险，一旦投资失败，又很难冷静地接受结果。因此，他们经常会采用非常规的、比较极端的方式给自己止损，比如临时抽回资金，或者妨碍公司融资，处处投反对票，甚至起诉公司股东；可能会想各种办法来为难你，直到你退还本息。

第三，可能另有所谋。

如果投资人是实体企业，它可能是你的上下游或者甚至和你有一定的竞争关系，它会有自己的发展需求，因此投资动机不一定很单纯，可能会发生阻碍公司发展的情形，比如限制公司的对外合作，挖走公司的核心人员，抄袭公司的知识产权等。我不是说所有的这类投资人都这样，但确实是存在这种情况的，你需要留个心眼。

基于上述特点，创始人引入非专业投资人时需要注意：

（1）确保融资资金的自由使用，尽量少做资金监管。

（2）提前揭示风险，告知其不能保本保收益，让一些抱着不切实际幻想的投资人知难而退；也尽量避免找本来没什么资产，却被利益冲昏头将大部分储蓄都投资给你的人。

（3）尽量让非专业投资人间接持股，避免他们直接对项目提出非分要求。

19.2.2 专业投资人的特点

相反，专业投资人基本没有非专业投资人的那些毛病，他们专业、讲究标准化，不会朝令夕改；对风险有充分的认识，不会轻易因为项目失败而情绪失控；而且目标单纯，就是希望你的公司发展壮大，他们好退出赚钱。但是，他们也存在一些问题：

第一，挑剔——你可能不是他的“菜”。

专业投资人追求的不是每年有点分红，而是爆发性的、翻很多倍的回报。而且风投公司都有一套比较完善的投资评估方案，哪怕是挣钱的生意，不是他们的“菜”，他们也不一定会投你。

第二，他会让你身不由己。

正因为他们一门心思想着高回报，所以会对你形成巨大的压力。

他们会逼着你的公司必须快速发展，必须一轮轮融资走下去，冲上市或被高价并购。他们投资之后，你的休闲生活基本就结束了，你需要冷静判断自己能不能接受被风投投资的重大压力以及身不由己的工作状态。

第三，流程冗长。

专业投资人会有很多自己固定烦琐的流程，做完一个投资需要较长时间，少则两个月，多则半年。比如，他们在投资一家企业前通常都会做业务尽调、财务尽调和法律尽调，做完尽调还会召开投决会——集体表决到底投不投你的公司，表决通过后还有烦琐的交易文件、讨价还价过程及签署流程，最后创业公司需要准备一系列交割文件、做出各种承诺。前面全部事项完成后，他们才可能完成打款。如果你的项目急着用钱，不一定能及时等到投资款。

第四，投资协议天罗地网。

专业投资人出具的投资合同会有各种先决条件、承诺、特殊股东权益、特殊表决权、企业和创始人的违约责任等，一来就是几十上百页，可以直接把你“砸晕”。

而且，每个条款几乎都是模式化的表述，这都是投资人多年项目经验的积攒，某些条款甚至把投资人的商业风险也撇得干干净净，一句话——“我如果没赚到钱，你就得赔”。稍有不慎，你就会签下对自己、对创业项目非常不利的条款，严重的可能导致你倾家荡产成为失信被执行人，不能乘高铁坐飞机。

但，这也不能全怪投资人，因为投资协议都会由投资人聘请的律师把关，律师收人钱财替人消灾，自然不敢马虎，一定会尽可能全面规避投资人的风险，以免被投资人认为不尽职。如果你没看懂协议，或者没有很好的理由去说服律师，让律师对投资人有个放松条款的台阶下，那么情况对你是非常不利的。

因此，针对专业投资人，创始人需要注意：

（1）多规划一些融资渠道，不要把融资机会全部寄托于专业投资人身上。

（2）一定要思考清楚自己是否能在创业这条路上走到底的人，如果不是这样的人就不要上这条船，开弓没有回头箭。

（3）不要等着公司快没钱了才去找风投，最好提前预留几个月的时间，避免风投资金还没进来公司就断粮了，到时候谈判会非常被动。

（4）一定要请专业做投融资的律师帮你把关协议，找个帮你说话的人，规避创业给个人及家庭带来的风险。

这里我多说一句，投资人律师的服务费一般也是由创业公司承担①，这是市场默认规则。既然你需要花钱为投资人请律师，难道还不能为自己请个律师？

画重点

向内找资金：

- 股东同比出资不用调整股权比例；

① 投资协议中一般会约定：若投资人完成投资，则投资人聘请律师的服务费由项目公司支付。

- 股东不同比出资需要对公司进行合理估价。

向外找资金：

- 非专业投资人的特点——简单粗暴、不专业、风险承受力低、可能另有所谋。

  应对：尽量确保融资资金使用自由、做好风险提示、避开不合适的投资人、安排间接持股。

- 专业投资人的特点——挑剔、让你身不由己、流程冗长、投资协议天罗地网。

  应对：拓宽融资渠道、确定自己的创业意愿、提前预留融资时间、聘请专业律师服务。

第五步 Step Five

控 守住控制权 制

要知道如何守住控制权，你需要知道控制权是怎么产生的，记住三条关键控制线，合理利用“AB股”，搭建你的金字塔股权控制架构。

第20章

公司的控制权是如何形成的

在前面几章中，我们系统地设计了合伙人动态股权方案，这些都是在应对股权的“稳定性”。接下来，我们要继续应对股权的“管理属性”，因为分配股权时，不仅分出了利益，还分走了公司的部分管理权，要维护好控制人对公司的控制，就需要对分出去的股权进行特殊设置。

我们在第7章分析了谁应当是公司的控制人，在理发店案例中，锤子是最合适的控制人。想让锤子成为真正的控制人，需要先了解控制权到底是如何形成的，也就是公司表决机制是如何运作的，怎样才算能在一家公司拍板？

20.1 总经理、董事会与股东会的职权关系

在公司可以拍板的人，主要有三类，一是总经理，二是董事会，三是股东会，到底谁的职权更大呢？

为了让大家更容易理解，打个通俗的比喻，总经理相当于一个家族里的管家，家里的小事务都可以管，比如按规定给每个家丁发薪酬，确定每天的菜谱等。但是涉及一些大事，比如要不要买东村的几亩地，要不要把家里的家丁结构调一调，管家就做不了主了。

这个时候就需要当家的来决定，这就是董事会。比如，给管家涨个工资，把一些没用的资产降价处理，把薪酬结构调一调，这些事情当家的都能说了算。

但是当家的权力也是有限的，涉及调整每个家族成员切身利益的事情，他也做不了主，必须得开家族会议，这个家族会议就相当于股东会。比如，家族里新添了人丁，是不是把土地和房屋重新分一下？家族原来是做银票的，现在能不能进入军工火药行业？这类涉及企业股东切身利益和企业重大

决策的事项，一般都需要最高决策机构股东会来决定。

总的来说，家族会议（股东会）是最高决策机构，它决定了当家的（董事会）有哪些职权，当家的（董事会）又决定了管家（总经理）有哪些职权，权利是从上往下赋予的（见图20-1）。因此，上一层决策机构也可以收回、调整或干涉下一层决策机构的职权。比如，如果家族会议（股东会）认为当家的（董事会）或管家（总经理）的决策有问题，可以直接要求调整决策。

图20-1 公司内决策机构关系

以上就是总经理、董事会和股东会在公司内的关系。

20.2 初创公司主要设计股东会

你不用着急在总经理、董事会和股东会上都做各种完美的设计，因为初创公司的决策机构有自己的特点，机制设计够用就行。

第一，初创公司的总经理一般就是控制人，所以总经理怎么设置，大多初创公司就不用考虑了。

第二，初创公司一般是没必要设董事会的。董事会一般是存在外部股东，而且外部股东需要部分参与经营管理决策时才有必要设立，这是个系统性的问题，我将在股权融资的书中仔细介绍董事会该如何设立。初创公司一般设置执行董事就可以了，而这个执行董事通常也是控制人，因此，大多初创公司不用急着考虑董事会该如何设置。

这样，初创公司控制权的问题就只剩下考虑股东会怎么设计了。

20.3 三条关键股权线

股东会表决涉及三条非常关键的股权线，即绝对控制线、相对控制线和一票否决权线。下面的介绍是基于公司章程未做特殊规定下的情形。

20.3.1 绝对控制线

绝对控制线是66.67%的股权占比，也就是公司股权比例的三分之二。假设某位股东持股达到66.67%，那么除了少数明显损害其他小股东利益的事情不能做以外，相当于完全控制了公司，比如修改公司章程、分立、合并、增资减资等，都可以控制[①]。

20.3.2 相对控制线

相对控制线是超过50%的股权占比，也就是公司股权比例的二分之一以上。假设某位股东持有超过50%但不到66.67%的股权，除了上面提到的特定需要持有公司三分之二以上表决权股东同意的事情不能控制外，其他事项比如日常经营、决定员工报酬、调整公司规章制度等，都可以控制。

20.3.3 一票否决权线

重大事项一票否决权线是33.34%的股权占比，也就是公司股权比例的三分之一。如果某位股东持股达到33.34%，意味着他虽然不能决定做什么，但是那些需要三分之二以上表决权股东同意的事项，比如增资减资，只要这位股东不同意，就一定做不了。因为他的股权比例达到33.34%，意味着其他所有股东股权比例合起来不可能超过66.67%，那么，没有他的同意，公司的重

---

① 《公司法》第四十三条规定："股东会的议事方式和表决程序，除本法有规定的外，由公司章程规定。

股东会会议作出修改公司章程、增加或者减少注册资本的决议，以及公司合并、分立、解散或者变更公司形式的决议，必须经代表三分之二以上表决权的股东通过。"

大事项就通不过，就达到了重大事项一票否决的效果。

现在来看理发店的股权比例情况，老徐持股16.97%，爱德华持股20.61%，锤子持股42.42%，员工激励持股平台持股20.00%。

锤子的股权比例最高，超过34%，意味着拥有重大事项一票否决权，但锤子还不能决定任何事情，因此没有人能控制理发店，理发店做出任何决定，都需要去拉拢其他人。因此，理发店的股权很有必要进行控制权设计。

我们下一章将介绍初创公司保障控制权非常实用的几个方式。

画重点

三条关键股权线：

- 绝对控制线——达到66.67%；
- 相对控制线——超过50%，但不到66.67%；
- 一票否决权线——达到33.34%。

第21章

搭建金字塔股权架构控制公司

本章将介绍初创公司保障控制权最实用的方式——搭建金字塔股权架构。

金字塔股权架构是指公司控制人通过间接持股形成一个金字塔式的控制链。在这种方式中，公司控制人控制第一层公司，第一层公司再控制第二层公司，以此类推，通过多个层次的公司控制链条取得对目标公司的最终控制权。因为层级很多，一层层看起来有点像金字塔，由此得名。

21.1 如何搭建金字塔股权架构

金字塔股权架构又分为两种类型，一种是通过有限责任公司搭建的，一种是通过有限合伙企业搭建的。

21.1.1 通过有限责任公司搭建

为了方便你理解，就有限责任公司搭建的金字塔架构举个简单的例子：

案例1

张老板想注册成立一家旺财有限责任公司，简称“旺财公司”，注册资本100万元。如果张老板想拥有旺财公司51%的表决权，达到相对控制的状态，张老板需出资多少？一般人的回答是出资51万元。但如果采用金字塔架构，搭五层架构的话，张老板仅需出资6.76万元便可以获得旺财公司51%的表决权，如图21-1所示：

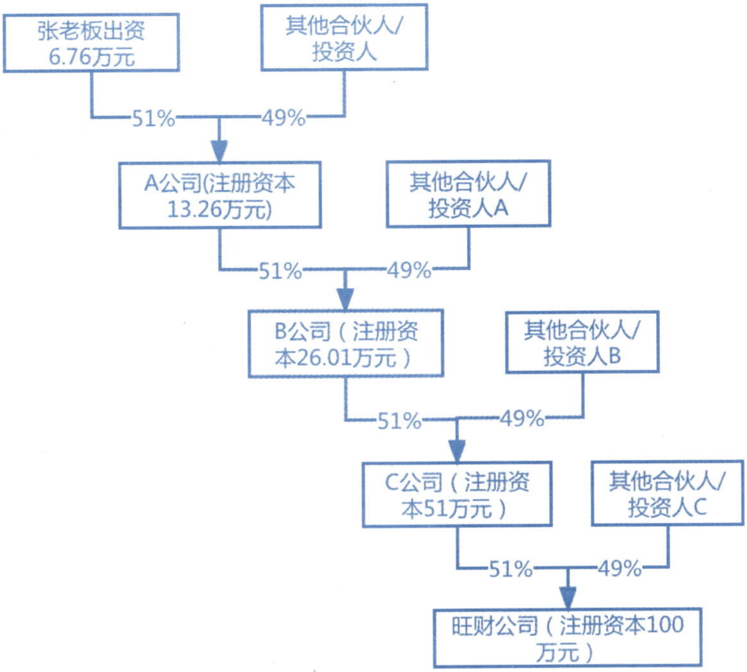

图21-1 通过有限责任公司搭建旺财公司金字塔股权架构

从图21-1中可以看到，张老板是可以控制A公司的，因为持股比例超过了50%，同时A公司又可以控制B公司，B公司控制C公司，C公司控制旺财公司，通过这种层层传导的控制，张老板最终控制了旺财公司。

当然，以此类推，如果再多搭几层架构，张老板控制旺财公司需要的出资金额就会越来越少。

21.1.2 通过有限合伙企业搭建

利用有限合伙企业实现控制权是最能以小博大的形式，绝大部分你常听说的“股权投资基金”都是有限合伙企业，都是利用了有限合伙企业在决策上的特殊性来达到控制基金运作的效果。

先简单介绍有限合伙企业的特点：

有限合伙企业的出资人分为两种：一种是普通合伙人，一般称为GP（general partner）；一种是有限合伙人，一般称为LP（limited partner）。法律规定[①]，有限合伙企业的经营管理对外决策由普通合伙人决定，有限合伙人不执行合伙事务（见图21-2）。换句话说，在有限合伙企业中谁说了算，不是看谁出资多，而是看谁是普通合伙人，普通合伙人出资再少，也是他说了算。

图21-2 有限合伙企业合伙人对外事务决策特点

打个比方，有限合伙企业就像一个国家，普通合伙人是国王，而百姓就是有限合伙人，百姓再多也做不了主，最后决定打不打仗、收不收税，只有国王说了算。

现在将刚才张老板那个案例变得更极端一点：

案例2

假设张老板只能出资1万元，其他合伙人或投资人出资99万元，张老板该如何控制旺财公司呢？答案是，只需要让其他合伙人或投资人以有限合伙人的身份，通过有限合伙企业持有公司股权，张老板再作为这家有限合伙企业的普通合伙人即可。如图21-3所示：

---

① 《中华人民共和国合伙企业法（2006修订）》（中华人民共和国主席令第五十五号）第六十七条规定："有限合伙企业由普通合伙人执行合伙事务。"

第六十八条规定："有限合伙人不执行合伙事务，不得对外代表有限合伙企业。"

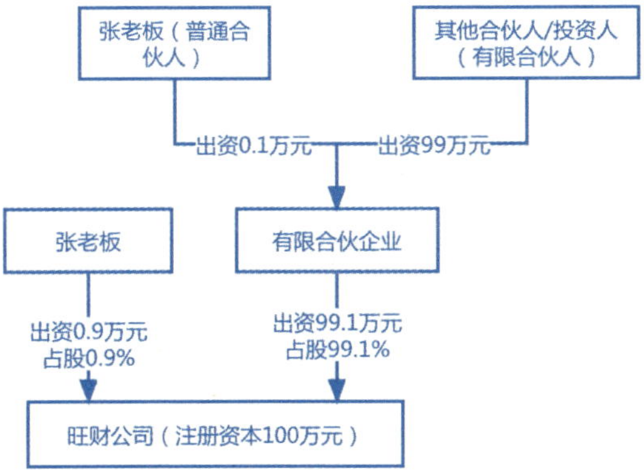

图21-3 通过有限合伙企业搭建旺财公司金字塔股权架构

从图21-3可以看出，张老板虽然只出资了1万元，但是有限合伙企业是由张老板这个普通合伙人控制的，相当于有限合伙人持有的公司99.1%的表决权都由张老板行使，加上他自己直接持股的0.9%，公司100%的表决权都归张老板了。同时，其他合伙人和投资人基于有限合伙企业间接持有的公司股权比例并没有发生变化，经济收益没有变化，可谓各取所需。

那到底该选择通过有限责任公司还是有限合伙企业控制你的创业项目呢？

这两种方式各有千秋，没有绝对的好坏，但一般建议创业者采用有限合伙企业的方式，除非你聘请了律师帮你做定制化设计。主要原因包括：

成本更低。

有限责任公司虽然也能达到控制效果，但是你得确保自己在每层都要有超过50%的股权占比，这超过50%的出资义务就是你的成本，而且每设立一层有限责任公司都需要成本。而在有限合伙企业中，哪怕你作为普通合伙人只出资1块钱，这家有限合伙企业持有的公司表决权也全部归你，如果没有特殊考虑，你只需要设立一层有限合伙企业就能达到效果。

实操方便。

虽然持有有限责任公司超过50%的股权，就意味着你在重大事项上控制了这家公司，但是从形式上而言，每次办理工商变更、向银行融资或对外做出重大决策时，你的交易对手一般还是希望你公司的其他股东签字，如果没有获得全部股东的同意，交易对手也不放心，因此在实操上会遇到各种困难。而有限合伙企业进行对外交易时，你的交易对手一般只看普通合伙人的签字，不会要求有限合伙人签字，这样省却了很多麻烦。

效果更好。

如果是通过有限责任公司来实现控股，要想达到能决定重大事项的效果，每层股权比例必须达到66.67%。而通过有限合伙企业来实现控股，只要你是普通合伙人的身份就行，不用纠结是相对控股还是绝对控股。

21.2 搭建金字塔股权架构案例实操

通过搭建金字塔架构达到控制效果的案例非常多，比如2014年3月，绿地集团借壳金丰投资（600606.SH）上市，张玉良出资仅3万元左右就控制了资产价值相当于188亿元的股权，可谓四两拨千斤，把金字塔股权架构用到了极致。这个案例相对复杂，因此未写入本书，如果你感兴趣，可以通过关注微信公众号“青阳股权”获取该案例的具体分析。

我们回头来看理发店的案例，在股权上该怎么设计控制权。

- **理发店案例**

理发店目前的股权比例，如表21-1所示：

表21-1　理发店股权比例分配情况

合伙人	 老徐	 锤子	 爱德华	员工激励持股平台	合计
最终股权比例	16.97%	42.42%	20.61%	20.00%	100.00%

要实现锤子对理发店的控制，最简单的方式是把员工激励持股平台20.00%的股权用有限合伙企业“装”起来，由锤子作为普通合伙人，再让爱

德华或老徐作为有限合伙人[①]。将来如果需要对员工进行激励，锤子和另外一位合伙人再把合伙企业的份额转给员工，这样员工就间接持有了公司的股权。但是锤子一直都或多或少保留一点份额在合伙企业里，以维持锤子普通合伙人的身份。股权架构如图21-4所示：

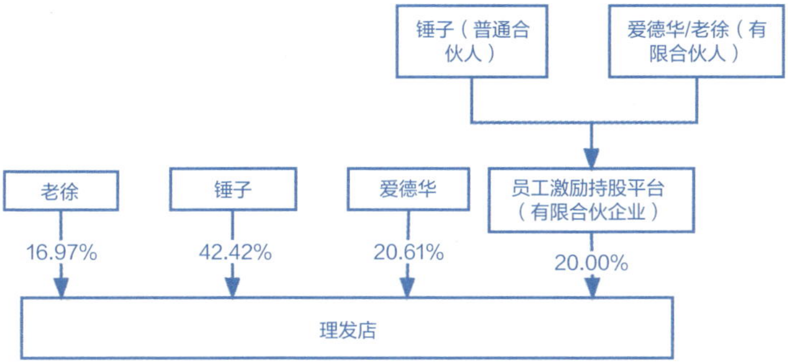

图21-4 通过有限合伙企业搭建理发店金字塔股权架构

通过上述设计，理发店的股权比例没有变，但是在表决权上，锤子就变成了自己原来的42.42%加上员工激励持股平台的20.00%，也就是62.42%，已经达到了相对控股的状态。经营决策上的事情已经是锤子说了算，算是比较合理的股权结构了。

21.2.1 金字塔股权架构加强

通过前面的操作，锤子已经有62.42%的表决权了，不过这个金字塔股权架构还可以继续加强。因为，如果将来通过增资引进其他投资人作为股东，锤子的股权比例就会被稀释，锤子的股权比例可能就低于51%了，怎么办呢？

不要忘了，现在公司还有一位天使投资人老徐，老徐的表决权是可以考虑给锤子的。

---

① 需要其他人作为有限合伙人的原因是，设立有限合伙企业需要至少两名合伙人，因此，除了锤子，还必须有另外一位合伙人参与凑数。将来进行员工股权激励时，可以让凑数的合伙人先把份额转给员工。

一般情况下，我会建议创业公司让早期个人财务投资人间接持股。因为直接持股，每次重大事项表决还得找他签字，而大多早期个人财务投资人不参与公司经营管理，在投资上也不是很专业，对公司情况不够了解。他如果愿意配合，也能很好地理解创业团队，那么创业项目并不会受到影响；如果他不配合，事事都想插手，那创业项目的发展就可能遇到各种障碍。

案例3

背景

我遇到过一家公司，早期个人财务投资人直接持有公司股权。这家公司一直不温不火，这位财务投资人逐渐没了耐心，想退出公司，于是提出让创始人高价收购他的股权，但是创始人自己也没钱收购，这件事就搁置了。

冲突

直到有一天，这家不温不火的公司突然有机会做一个大项目，于是公司决定进行股权融资，将资金投入到这个大项目里。那位早期个人财务投资人也发现机会来了，直接在决定融资的股东会决议上投反对票，而且明确说，想让他同意公司融资，只有一个办法，那就是收购他的股权。倒巧不巧，那位早期个人财务投资人的表决权刚好达到了否决这个议案的比例。

结果

创始人既着急又气愤，眼看着公司马上可以做大项目赚钱，没想到阴沟里翻了船。于是找我们研究各种法规政策，希望能绕开那位早期个人财务投资人的否决票。但最终确实没发现有可以绕开的可能性，创始人只能再去和那位早期个人财务投资人协商。

- **理发店案例**

回到理发店案例中，如果老徐相信锤子，愿意把自己的表决权给锤子，那么，可以再设立一家有限合伙企业来持有老徐对公司16.97%的股权，锤子做普通合伙人，老徐做有限合伙人。不过锤子只能象征性持有一点点份额，比如100元，剩下的份额全部归老徐，这样将来公司分红给这个有限合伙企业后，几乎所有的分红都是给老徐的，老徐的收益没有受损，但是表决权是属于锤子的。股权架构如图21-5所示：

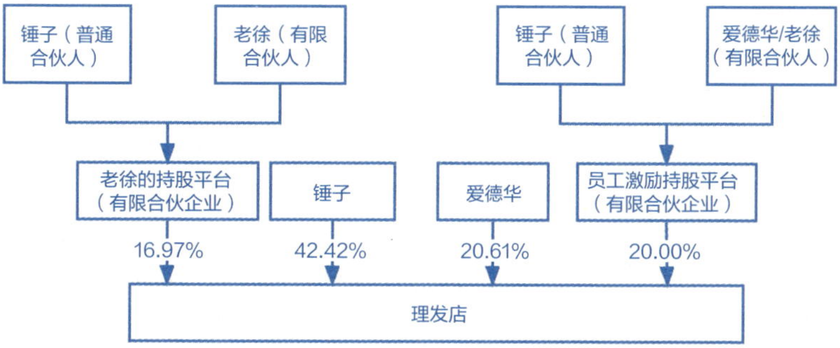

图21-5　通过有限合伙企业将投资人表决权转移给控制人股权架构

经过以上股权架构设计，这家理发店各位合伙人的股权收益比例没有任何变化，但是锤子的表决权从原来的42.42%加上员工激励平台的20.00%再加上老徐的16.97%，变成了79.39%，已经达到绝对控股的状态。

现在，一些创业项目也会把“爱德华”这样创始人的表决权通过上述方式一起给“锤子”。如此，相当于全体合伙人就是全心思认定了一位控制人，大伙儿就别想东想西了，奔着一个方向前进就行了。假设创业项目在这位控制人的领导下失败了，那大家只能认栽了，这就是创业风险。

以上就是通过金字塔股权架构调整公司控制权的方式，是治标治本的方式，下一章将介绍其他两种备用方式。

画重点

金字塔股权架构可以通过有限责任公司或有限合伙企业搭建。

通过有限合伙企业搭建的优势：成本更低、实操方便、效果更好。

早期个人投资人以及非控制人的合伙人可以通过有限合伙企业间接持股。

第22章

通过“AB股”及协议方式控制公司

本章将介绍保障公司控制权的另外两种方式：一是修改章程表决权比例，类似AB股的设计；二是签署一致行动或委托投票协议。

22.1 章程特殊规定——“AB股”

所谓“AB股”，是指把股权分成了A类股和B类股等不同种类，每个种类股权的投票权是不同的，比如A类股每股可投10票，B类股每股可投1票。这样，持有A类股的创始人虽然持股比例可能较低，但是每股的投票权更大，进而加强了创始人对公司的控制权。

在章程中规定不同的股权享有不同的表决权，就类似于“AB股”。

但实际上这里的AB股和你经常听到的阿里巴巴、京东和小米的AB股是有很大差异的。这里有个特殊背景，严格讲截至目前，真正意义上的AB股在中国内地公司中暂时还用不了，因为中国内地初创公司与小米这类海外上市公司适用的法律体系不一样。

中国内地初创公司适用的是中国内地相关法规，中国内地目前的《公司法》只规定了有限责任公司股东可以在公司章程中约定不按照出资比例行使表决权[①]，同时明确规定股份公司必须同股同权。你可以理解为在中国内地，有限责任公司可以通过章程特殊设计间接达到AB股的效果，而股份有限公司不能设置AB股。虽然科创板、创业板和新三板同意部分股份公司适用AB股的

① 《公司法》第四十二条规定：“股东会会议由股东按照出资比例行使表决权；但是，公司章程另有规定的除外。”

模式，但也存在很多严格的限制，和早期创业公司没有关系。

而阿里巴巴、京东、小米的运营主体虽然在中国内地，但上市主体是在境外，一般是在开曼群岛，适用的是开曼群岛公司法。而开曼群岛公司法和境外类似于香港联交所、纳斯达克证券交易所等这类主流上市交易所是支持公司设计AB股架构的。图22-1是小米上市架构图的简化版，其上市主体是一家开曼公司，上市的交易所是香港联交所。

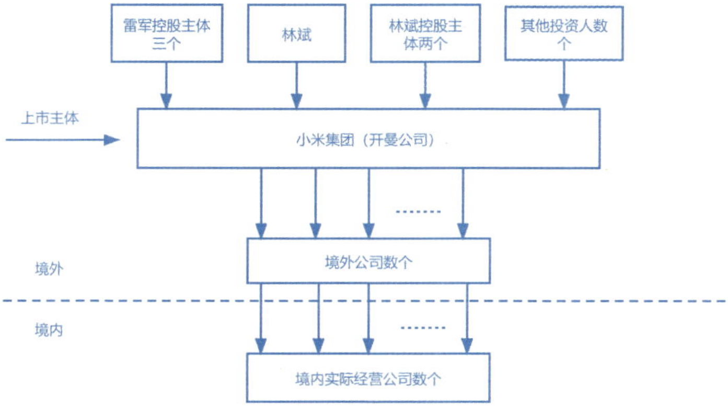

图22-1 小米上市架构图简化版

因此，我们日常生活中非常熟悉的这些公司，实际上都搭建了海外架构，它们体现控制权的主体在境外，所以他们很早就开始使用AB股架构了。

那么在中国内地的创业公司，如何设置“AB股”呢？

我估计绝大部分阅读本书的创业者的公司都是有限责任公司，你可以直接在章程中规定股权的特别表决权。比如下面的案例：

案例1

在（2016）鄂民终314号案件中，为明确各股东所持有的表决权，湖北潜江金华润化肥有限公司在章程中具体记载了每位股东的出资比例和表决权比例，即“金石公司出资2800万元，占公司注册资本的35%，在股东会表决权比例为51%；龙佑公司出资2720万元，占公司注册资本的34%，在股东会表决权比例为26%；昊润公司出资2480万元，占公司注册资本的31%，在股东会表决权比例为23%”。上述章程规定得到了湖北省高级人民法院的认可。

因此，创始团队可以将自己的表决权都让给控制人行使，以加强控制人对公司的控制权，一些个人投资人有时也会愿意这样做，但机构投资人是不太可能把自己的表决权让给控制人的。

在创业公司融资后期，可能创始团队整体持股比例也会低于50%，意味着投资人的持股比例合起来超过50%，投资人可以决定公司的某些经营决策事项。这时候可以考虑在章程中规定控制人对重大的经营决策事项享有一票否决权，比如高管任免、分红、收购并购、出售公司资产、业务调整等。

法院一般认为在公司章程规定特定股东对某些事项享有一票否决权是公司股东意思自治精神的体现，不会否定其效力。

案例2

在（2014）沪二中民四（商）终字第330号案件中，上海老友计网络科技有限公司章程规定股东奇虎三六零软件（北京）有限公司（简称“奇虎三六零公司”）对“公司形式变更”有一票否决权。上海市第二中级人民法院认为，赋予奇虎三六零公司对一些事项，包括股权转让的一票否决权，系奇虎三六零公司认购新增资本的重要条件。这种限制是各方出于各自利益需求协商的结果，符合当时股东的真实意思表示，未违反《公司法》的强制性规定，应认定符合公司股东意思自治精神，其效力应得到认可。

- **理发店案例**

以理发店为例，锤子的股权比例只有42.42%，但可以在公司章程中规定锤子的表决权比例是51%或者67%，老徐和爱德华的表决权相应往下调。

如果想增加锤子的一票否决权，可以在章程中明确规定，虽然锤子的持股比例只有42.42%，但是理发店高管任免、分红、收购并购、出售理发店资产、业务调整等，都必须得到锤子的书面同意。

这个方法看起来很简单，而且也够灵活，为什么没有首先推荐这种方式呢？因为：

实操不便。

这种特殊约定在章程中不常见，按特殊约定表决的结果办理工商变更可能会遇到障碍，或者找银行贷款的时候，银行风控为谨慎起见，可能会不认可章程中的特殊规定，因此在实操中会遇到麻烦。

效果不稳定。

如果创业公司是准备未来上市的，就需要从有限责任公司变更为股份公司。而《公司法》规定股份公司同股同权，除国务院另行规定外[①]，章程不能再做此类同股不同权的特殊规定，届时如果没有其他措施，控制人可能会立刻丧失控制权。

幸运的是，《公司法修订草案》明确了股份公司可以发行每一股表决权多于或者少于普通股的股份，若该修订最终通过，则有限责任公司章程中关于特殊表决权的规定可以继续在股份公司中明确，如此，效果不稳定的缺陷将被弥补。

因此，在章程中对表决权比例做特殊规定在某种程度上和某段时期会很便利，但是否能作为一种长期保持控制权的方式，尚待《公司法》修订的结果。

22.2 一致行动协议或委托投票协议

一致行动协议或委托投票协议都是通过协议方式来调整控制权的，效果差不多。

22.2.1 一致行动协议

一致行动协议是指某两位或多位股东承诺在股东会表决中保持一致，一般是统一以其中某位股东的意思进行表决。

---

① 《公司法》第一百二十六条规定："股份的发行，实行公平、公正的原则，同种类的每一股份应当具有同等权利。"

第一百三十一条规定："国务院可以对公司发行本法规定以外的其他种类的股份，另行作出规定。"

案例3

极米科技（688696）上市时，钟波作为公司控制人直接及间接控制极米科技29.1724%的股份表决权，为了稳定公司控制权，提高股东表决权的行使效率，2017年12月23日，极米科技的其他股东肖适、钟超、刘帅等六人（乙方）与钟波（甲方）签署一致行动协议。

甲乙双方在一致行动协议中约定："在对公司股东（大）会审议的事项行使股东表决权之前，乙方应先行就表决意见（赞成、反对或弃权，下同）与甲方进行沟通、与甲方达成一致意见，并根据与甲方达成的一致意见行使表决权。如乙方在行使股东表决权之前未能与甲方达成一致意见的，乙方应遵照甲方的表决意见行使股东表决权，即乙方应无条件确保其表决意见与甲方保持一致。协议自双方签字之日起生效，至公司在证券交易所挂牌上市之日起满三年失效。"

签署一致行动协议后，钟波实际控制极米科技46.342%的股份表决权。

22.2.2 委托投票协议

委托投票是指某位股东将自己的投票权委托给另外一位股东行使，一般通过委托投票协议或承诺函实现。

案例4

科大讯飞（002230）申请上市时，其控制人刘庆峰持有的公司股权比例仅为9.47%，为了增强刘庆峰对公司的控制权，公司的其他高管王仁华、陈涛、吴晓如等13人与刘庆峰签署了协议书。

各方在协议书中委托刘庆峰"出席讯飞公司的股东会或临时股东会，并在讯飞公司的股东会或临时股东会上，就股东会所议事项和所决议事项，代表委托人决策并行使投票权；当委托人本人出席讯飞公司的股东会或临时股东会时，经受托人同意，可由委托人自己行使投票权，委托人承诺与受托人保持行动一致，否则，委托人的投票无效；委托人同意对讯飞公司董事、高级管理人员的提名或推荐权由受托人行使；若委托人出任讯飞公司的董事，则在讯飞公司的董事会或临时董事会上，就董事会所议事项和所决议事项与受托人保持行动一致”。

签署协议书后，刘庆峰控制科大讯飞24.3%的股份表决权。

22.2.3 一致行动协议和委托投票协议的劣势

一致行动协议和委托投票协议也存在不少弊端，会遇到很多实操问题：

（1）当涉及股权变动或贷款等需要股东签字的情况，在向工商局或银行等机构递交公司内部决策文件时，工商局或银行一般不会轻易接受这类一致行动协议或委托投票协议，很可能还是会要求让出投票权的股东签字。

（2）一致行动协议或委托投票协议可能会设置有效期，就像极米科技的案例，有效期一过，控制权可能就转移了。

（3）这就是个君子协议，一致行动协议或委托投票协议可能因为各种因素被解除或撤销，比如一致行动人/委托人反悔。

（4）一致行动协议或委托投票协议对第三方没有约束力，例如，一致行动人的小股东身故导致股权被继承，此时需要股东与继承人重新签署补充协议，一致行动才能重新确立。

因此，虽然能实现一定期限内的控制权，但这是不稳定的方式，一般是作为对前两种方式的补充，最好不要单独使用。比如，你可以把一致行动的内容直接写进公司章程，这样可以增强对抗第三方的效力。

22.3 综合配置保障控制权方式

现实中，我一般会建议公司根据不同股东的情况选择一种或几种方式并用的方案，以达到对公司的最佳控制效果。

比如：针对个人种子投资人和员工持股平台，可以采用有限合伙企业持股的方式；针对非核心创始人，可以采用有限合伙企业持股方式或者要求签署一致行动协议或委托投票协议；针对风险投资人，可以要求在章程中约定部分重大事项必须经过创始人同意等，根据公司发展的不同阶段不断强化控制权。

比如前面提到的极米科技，控制人钟波除了与部分股东签署一致行动协议外，还通过作为公司两个员工持股平台普通合伙人的方式控制了一部分公司的股票表决权。

但不论如何，公司应尽量在早期就开始做保障控制权的强有力安排，这样越往后走才越有话语权，否则，等到了后期，控制人原来的股权不断被稀释后才反应过来要做架构调整，一方面税务成本会很高[①]，另一方面其他股东也不一定愿意配合。

画重点

有限责任公司可以通过章程特殊规定达到类似“AB股”的效果。

章程特殊规定调整控制权的劣势：

- 实操不便；
- 效果不稳定。

签署一致行动协议和委托投票协议的劣势：

- 第三方认可度较低；
- 一般会设置有效期，过期后不再有效；
- 可能因为各种因素被解除或撤销；
- 对第三方没有约束力。

① 若进行股权架构调整时公司的净资产已经高于股东的投资成本，可能会产生纳税义务，因此一般建议在项目早期，尤其是在公司净资产尚未高于股东投资成本之前完成股权架构调整。

第六步

Step Six

落地

完成股权登记

完成股权设计后，最终需要进行股权工商登记，落地阶段不能掉以轻心。

该不该找人代持，该不该替别人代持？

该不该严肃地签个协议？

注册资本是不是越高越好？

第23章

不懂代持就别代持

股权设计的核心流程已经完成，现在该准备做股权工商登记了。

在这个阶段很多创业企业会安排代持，要么是创始人帮不方便显名的投资人或资源方代持；要么是创始人暂时不适合显名做股东，所以找别人帮忙代持；要么是为了符合第三方对公司的要求（比如银行或投资人的要求），创始人之间相互代持一点，使书面上的股权比例和真实情况不一样等。

我的建议是：不懂代持就别轻易代持。股权代持的知识你一定要了解，因为你大概率会遇到被代持或替人代持的情形，能清晰评估股权代持可能给你个人及创业项目带来的风险，才能做出明智的选择。

创业者对股权代持的常见疑问是：

（1）股权代持关系合不合法，受不受法律保护？

（2）被代持股权的隐名股东有什么风险，该不该找人代持？

（3）作为代持人的名义股东有什么风险，该不该帮人代持？

（4）该如何与他人建立股权代持关系，代持协议应该有什么内容？

（5）股权代持会不会影响创业项目长远发展？

先确认一个法律规定的大前提，股权代持关系在不违反法律规定的情况下是有效的，这不仅有法律规定支持[①]，还有很多司法案例支持。

---

① 《最高人民法院关于适用〈中华人民共和国公司法〉若干问题的规定（三）》（法释〔2020〕18号）［简称《公司法司法解释（三）》］第二十四条规定：“有限责任公司的实际出资人与名义出资人订立合同，约定由实际出资人出资并享有投资权益，以名义出资人为名义股东，实际出资人与名义股东对该合同效力发生争议的，如无法律规定的无效情形，人民法院应当认定该合同有效。”

案例1

在（2013）民审字第389号案件中，济南迅华传媒广告有限公司（简称“迅华公司”）于2008年1月6日与深圳市兴华骐水业科技有限公司（简称“兴华骐公司”）签订《委托投资协议》，约定迅华公司委托兴华骐公司在威海成立威海海澄水务有限公司（简称“海澄公司”），500万元注册资本均由迅华公司支付。

但兴华骐公司对此代持事实不予认可，在再审中，兴华骐公司称，与委托投资事项相关的《兴华骐公司股东会决议》来源不合法，《海澄公司董事会决议》系伪造，足以否认《委托投资协议》的真实性。

最高人民法院认为，兴华骐公司受迅华公司委托设立海澄公司，其500万元注册资本均由迅华公司支付。兴华骐公司关于《兴华骐公司股东会决议》《海澄公司董事会决议》非法的主张缺乏证据支持，不能成立。最高人民法院最终确认迅华公司享有海澄公司股权有事实和法律依据。

但是，不管是找人帮自己代持，还是自己替别人代持，都存在很多隐藏在细节中的风险。股权对创业项目而言是非常重要的战略资源，如果股权存在争议，这是创业中的大雷。而代持当中的大部分风险是可以提前规避的，下文将从找人代持及替人代持两个角度，分别介绍代持的风险及解决方案。

23.1 找人代持的风险

找人代持常见有四类风险：一是代持关系不成立；二是代持关系被认定无效；三是无法登记为股东；四是名义股东不靠谱导致各种损失。下文中的“隐名股东”是找人替自己代持的股东，也就是没被登记出来的真实股东，“名义股东”是帮别人代持的股东，也就是被登记出来的代持股东。

23.1.1 代持关系不成立

隐名股东最大的风险是代持关系不成立，也就是说从法律的角度来看，这个代持关系是不存在的。

1. 没签代持协议

代持协议是双方存在代持关系最重要的证据，没有之一。因此，没签代持协议是最容易导致代持关系被认定为不成立的原因。

如果没签代持协议，要证明代持关系成立是很困难的，除非存在其他能证明代持关系存在的、非常有说服力的证据链，比如有适当备注的转账记录、邮件或微信记录对代持事实的确认、获得股东分红的流水、参与股东会表决的签署记录等。如果没有这些强有力的证据链，这个代持关系就是口说无凭，很难被支持。

案例2

在（2019）京01民终3233号案件中，于某于2015年3月19日与赵某签订协议，将其持有的北京行易道科技有限公司（简称“行易道公司”）12%的股权全部转让给赵某，行易道公司办理了股东的变更登记，至此于某就不再是行易道公司的直接股东。

但是行易道公司的股东赵某和于某一直在商议，于某可以以被代持的方式间接享有公司2%的股权。赵某曾在邮件中向于某表明，这2％的股权应该是在天津的持股公司里被代持，不可以由赵某直接替于某在行易道公司层面代持。之后赵某还向于某邮件发送了代持协议，但是于某对代持协议不太满意，又向赵某发送自己找律师准备的代持协议，就这样反复商量，双方未达成一致意见，最终也没有签署代持协议。

之后，于某向法院起诉要求确认行易道公司股东赵某名下2%的股权归其所有，并办理变更登记手续。

北京市第一中级人民法院认为，赵某与于某未签署股权代持协议，对代持协议的基本条款未做约定；另外，双方往来邮件的内容无法认定赵某、于某就股权代持合同基本条款达成一致意见。法院最终未支持于某要求确认赵某名下2％的股权归其所有的上诉意见。

2. 合同没签好，操作流程没做好

商业社会是复杂、具体的，虽然说起来都是代持，但产生的原因却千差万别，不同原因对应的权利义务、条款设计、法律风险也完全不同。网上搜来的股权代持协议模板并不能“包治百病”。即使签了协议，但协议签得不好，操作流程没做好，也可能导致代持关系不成立。

甚至，我曾在一个项目中遇到对方律师拟写的股权代持条款也存在不被支持的风险。那份文件是份借款协议，约定贷款人向公司提供借款，借款相关的条款都比较清晰，但协议同时约定，公司股东替贷款人代持了公司股权。这就奇怪了，借贷协议里突然跳出了股权代持条款，股权代持是怎么产生的？跟借款还款之间有什么关系？这些都没说明白，这样代持关系的认定就缺乏足够的事实和法律依据。你看，即便是律师，如果他经验不丰富，也可能写出不被支持的协议，更何况是缺乏法律知识的创业者自己准备的协议了。创业者一定要有这个认识，并不是协议上写了什么，最后就一定能得到法院的支持，想要被支持，还需要有可被支持的事实依据和法律依据。

我见过很多创业公司的股东代持协议，存在各种各样的问题，比如：

（1）未写清楚代持关系具体是怎么产生的；

（2）代持协议没有完整签署，或者签署的人不是协议的签署主体；

（3）代持协议里约定的认购代持股权的款项没有支付，或者应当支付给A的款项支付给了B，或者应当备注“投资款”的实际上备注了“借款”；

（4）未写清楚代持的具体是哪家公司的股权；

（5）未写清楚具体代持了多少股权；

（6）签署了多份其他协议，其他协议中的内容与代持协议中的内容存在冲突；

（7）代持协议里描述的代持产生的事实情况与实际情况不符。

以上这些情况都可能导致代持关系不成立或者存在与真实意思不符的情形。

案例3

在（2014）民二终字第145号案件中，2004年11月25日，黄冈亿和化工有限公司（简称“亿和化工公司”）（甲方）与胡某（乙方）签订了《关于控

股并购湖北祥云（集团）化工股份有限公司国有股股权的合作协议书》（简称《合作协议书》）。

协议约定利用胡某的优越条件控股并购湖北祥云（集团）化工股份有限公司（简称“祥云化工公司”）国有股股权；亿和化工公司在两年内委托以胡某的名义经营管理；并购的股权以甲方60%、乙方40%的比例分配；并购过户两年后，乙方应为甲方合法进入祥云化工公司股东会和董事会办理相关手续等内容。

后亿和化工公司认为胡某未能全面履行约定，致使其股东地位和相应股权未能得到有效确认，故向法院提起诉讼。

最高人民法院认为，《合作协议书》中约定亿和化工公司承担1600万元银行贷款风险以及其与胡某共同承担财政局1100万元借款风险，而事实上该2700万元款项均由胡某偿还。《合作协议书》约定内容与客观事实存在矛盾，亿和化工公司主张自己为祥云化工公司的隐名股东，但未能证实其实际上有出资行为，该主张缺乏事实依据。据此，亿和化工公司关于存在股权代持关系的主张不能成立。

23.1.2 代持关系无效

假设你签署好了代持协议，内容完善，相关操作也符合协议约定，但代持关系存在损害他人或社会公共利益的情形，也可能被认定为无效[①]。

常见情形是，代持拟上市公司股权或违反特殊领域的监管规定。

1. 代持拟上市公司股权

代持拟上市公司股权是常见的需求，现在很多创业公司都希望能上市，这个过程中可能会给帮忙的朋友、资源方或多或少的股权，但由于各种因素很多人都选择了代持。

公司要上市按规定必须披露公司真实的股权情况，假设有股东帮你代持

① 《民法典》第一百五十三条规定：“违反法律、行政法规的强制性规定的民事法律行为无效。但是，该强制性规定不导致该民事法律行为无效的除外。违背公序良俗的民事法律行为无效。”

了这家公司的股权，而你们的代持关系没有在申请上市时如实披露[①]。后来公司真的上市成功了，假设他卖股票赚的钱不分给你，你起诉他主张分配出售股票获得的收益，这个代持关系很可能会被认定为无效。

监管机构为保护广大投资者的合法权益，要求拟上市公司的股权必须清晰，不能存在代持。如果上市公司的真实股东不清晰，其他围绕上市公司的系列信息披露要求、关联交易审查、高管人员任职回避等监管举措就会落空，这必然损害到广大投资者的合法权益，损害到资本市场基本交易秩序与基本交易安全，损害到金融安全与社会稳定，从而损害到社会公共利益，因此，一般认定这种代持关系无效。

案例4

在（2017）最高法民申2454号案件中，杨某与林某于常州亚玛顿股份有限公司（简称“亚玛顿公司”）上市前签署协议，约定由林某代杨某持有亚玛顿公司1%的股权，在亚玛顿公司上市后，该股权继续由林某代持。后杨某起诉林某，要求确认股权并办理变更登记手续。

最高人民法院认为：案涉代持协议实际隐瞒了拟上市公司的真实股东或投资人身份，违反了发行人如实披露义务的规定，为《中华人民共和国证券法》《首次公开发行股票并上市管理办法》等证券监管规定明令禁止，将损害到资本市场基本交易秩序，损害到金融安全与社会稳定，从而会损害社会公共利益，依据《中华人民共和国合同法》（简称《合同法》）第五十二条第（四）项[②]，应认定代持协议无效。

合同无效后，最高人民法院认为，关于要求将诉争股权过户至其名下的

① 一般代持关系在上市申报过程中不会主动披露，因为主动披露会影响股权清晰造成上市障碍，而直接显名又面临税务成本提高及其他股东不同意显名的风险。

② 《中华人民共和国合同法》（中华人民共和国主席令第十五号）第五十二条第四项规定，损害社会公共利益的合同无效。虽《民法典》生效后《合同法》已失效，但《民法典》第一百五十三条第二款有类似规定：“违背公序良俗的民事法律行为无效。”

请求不能支持，但杨某可依进一步查明事实所对应的股权数量请求公平分割相关委托投资利益。

2. 违反特殊领域的监管规定

比较常见的违反特殊领域监管规定的情形是违反特殊领域和行业（如银行、保险、上市公司、证券、信托等公司）监管而建立的代持关系，或突破外商投资限制建立的代持关系。

案例5

在（2016）浙民再117号案件中，王某于2007年为杭州银河财务咨询有限公司（简称“银河财务公司”）受让华西证券的股权提供媒介服务，过程中王某也看好华西证券的股权，故王某（乙方）与银河财务公司（甲方）签署《股权代持协议》，约定甲方代乙方持有华西证券20万股，以抵充王某居间服务的劳务费。后王某因银河财务公司消极隐瞒股权代持事实，向法院请求确认代持协议有效。

最高人民法院认为，银河财务公司成为华西证券登记股东时，《证券公司监督管理条例》已经施行，可适用于本案《股权代持协议》。根据《证券公司监督管理条例》第十四条第二款[①]与《合同法》第四十四条[②]之规定，本案《股权代持协议》属于未经批准不能生效的协议，处于成立但未生效的状态，故王某要求确认代持协议有效的请求不能支持。

---

① 《证券公司监督管理条例》第十四条第二款规定：“未经国务院证券监督管理机构批准，任何单位或者个人不得委托他人或者接受他人委托持有或者管理证券公司的股权。证券公司的股东不得违反国家规定，约定不按照出资比例行使表决权。”

② 《合同法》第四十四条规定：“依法成立的合同，自成立时生效。法律、行政法规规定应当办理批准、登记等手续生效的，依照其规定。”虽《民法典》生效后《合同法》已失效，但《民法典》第五百零二条有相同效果的规定：“依照法律、行政法规的规定，合同应当办理批准等手续的，依照其规定。未办理批准等手续影响合同生效的，不影响合同中履行报批等义务条款以及相关条款的效力。”

我国外商投资负面清单[①]规定某些行业限制外国投资者投资，外国投资者对这类行业的投资必须经过审批机关批准；还有些行业禁止外国投资者投资，外国投资者对这类行业的投资不受任何法律保护。

按照法律规定，违反外商投资负面清单而建立的代持关系无效[②]。比如，你是一位外籍人士，找一位内地籍人士帮你代持了禁止外商投资行业的公司股权，达到曲线投资的目的，一旦你们之间发生股权纠纷，你的代持协议会因违反法律规定而无效，你的利益将很难得到法律保护。

因此，并不是签署了代持协议，代持关系就会得到法律保护。

23.1.3 无法登记为股东

隐名股东的第三个风险是最后不能登记为公司股东。按规定，隐名股东未经公司其他股东半数以上同意，要求登记为股东的，人民法院是不支持的。

也就是说，没有半数以上其他股东的同意，即使股权代持协议有效，你还是无法登记为公司股东。

案例6

在（2019）最高法民申2884号案件中，天津安捷医院有限公司（简称“安捷医院”）的登记股东为武某、马某、唐某三人，天津虹联创业投资有限公司（简称“虹联公司”）与武某签有《委托持股协议》，委托武某代持安捷医院86%的股权。

---

① 指《外商投资准入特别管理措施（负面清单）（2021年版）》（中华人民共和国国家发展和改革委员会、中华人民共和国商务部令第47号）。

② 《中华人民共和国外商投资法》（中华人民共和国主席令第二十六号）第二十八条规定：“外商投资准入负面清单规定禁止投资的领域，外国投资者不得投资。外商投资准入负面清单规定限制投资的领域，外国投资者进行投资应当符合负面清单规定的条件。”

《民法典》第一百五十三条规定：“违反法律、行政法规的强制性规定的民事法律行为无效。”

对此股权代持事实，没有证据证明另外两名股东知情。后虹联公司提起显名之诉，另外两名股东明确表示不同意虹联公司成为公司股东，也不同意办理股权变更手续。原审法院根据《公司法司法解释（三）》第二十四条第三款[①]之规定，判决驳回虹联公司的诉讼请求。

最高人民法院认为，根据《公司法司法解释（三）》的相关规定，安捷医院其他股东对代持股事实不知情，事后均表示反对的情况下，不满足其他股东过半数以上同意的条件，原审法院判决驳回虹联公司的诉讼请求并无不当。此外，虹联公司提供的新证据，既无法证明安捷医院其他股东过半数知道其实际出资的事实，又无法证明其实际行使股东权利的事实。据此，其再审申请理由亦不成立。

值得注意的是，《公司法修订草案》删除了“股东向股东以外的人转让股权，应当经其他股东过半数同意”的条款，若该修订最终通过，隐名股东未来要求直接显名可以不经过其他股东过半数同意，若其他股东不行使优先购买权，则法院可能支持隐名股东直接显名。

23.1.4 名义股东不靠谱或出意外导致损失

隐名股东的第四个风险，来自名义股东，如果名义股东不靠谱或者出了意外，你的股权就会受到威胁。

1. 名义股东擅自处置股权

名义股东未经隐名股东同意，擅自转让、质押或以其他方式处置代持股权，除非和他交易的对象明知代持关系的存在，否则此类转让、质押等行为

① 《公司法司法解释（三）》第二十四条第三款规定：“实际出资人未经公司其他股东半数以上同意，请求公司变更股东、签发出资证明书、记载于股东名册、记载于公司章程并办理公司登记机关登记的，人民法院不予支持。”

是有效的[①]。

股权一旦转让出去，你就没办法去找受让方要回股权了，将来这个股权分红、升值就跟你没任何关系，你最多只能让名义股东承担点违约责任，把本金或转让价款赔偿给你。

案例7

在（2021）粤03民终22831号案件中，深圳市外贸通达实业有限公司（简称“外贸通达”）和天虹数科商业股份有限公司（简称“天虹数科”）于2014年12月10日签订了《关于转让深圳市万店通商贸有限公司100%股权之股权转让合同》，将外贸通达所持有的全部深圳市万店通商贸有限公司（简称“万店通商贸”）的股权转让给天虹数科。

原告夏某主张其为万店通商贸的实际隐名股东，因此向法院起诉主张前述股权转让合同属于部分无效合同。一审法院驳回了原告的诉讼请求，原告向深圳市中级人民法院提起上诉。

深圳市中级人民法院认为，根据《公司法司法解释（三）》的规定，名义股东转让股权的问题应当参照善意取得的相关规定予以确认。天虹数科基于股

---

① 《公司法司法解释（三）》第二十五条规定：“名义股东将登记于其名下的股权转让、质押或者以其他方式处分，实际出资人以其对于股权享有实际权利为由，请求认定处分股权行为无效的，人民法院可以参照民法典第三百一十一条的规定处理。

名义股东处分股权造成实际出资人损失，实际出资人请求名义股东承担赔偿责任的，人民法院应予支持。”

《民法典》第三百一十一条规定：“无处分权人将不动产或者动产转让给受让人的，所有权人有权追回；除法律另有规定外，符合下列情形的，受让人取得该不动产或者动产的所有权：

（一）受让人受让该不动产或者动产时是善意；

（二）以合理的价格转让；

（三）转让的不动产或者动产依照法律规定应当登记的已经登记，不需要登记的已经交付给受让人。”

权工商登记的效力，已尽到一般交易人的注意义务，同时该转让符合善意取得的其他要件，因此该转让行为有效。天虹数科已经取得涉案股权的所有权。

2. 名义股东财产被执行

若名义股东负债累累成为被执行人，那么他所代持的股权极有可能作为执行财产被查封或拍卖，即使你有充分证据证明这个股权是自己的，法院也不会终止执行程序。你只能找这个负债累累的名义股东赔偿损失，但名义股东自己都被执行了，大概率已无钱可赔，你只能自认倒霉。

案例8

在（2017）最高法民终100号案件中，被执行人青海鑫通矿业有限公司（简称“鑫通公司”）因拒不履行生效文书确定的义务，其名下西宁百通小额贷款公司（简称“百通小贷公司”）20%的股权被冻结，案外人青海百通高纯材料开发有限公司（简称“百通材料公司”）提出执行异议称其为涉案股权的实际出资人，要求法院解除股权冻结，停止执行。

一审法院认为百通材料公司要求法院停止对涉案股权执行的诉讼请求于法无据，百通材料公司认为一审法院适用法律不当，故提起上诉。

最高人民法院认为，根据《公司法》第三十二条第三款的规定[①]，股权的实际出资人在对外关系上不具有登记股东的法律地位，所以其不能以其与登记股东之间的内部约定，来对抗与登记股东进行交易的善意第三人及登记股东的债权人。因此，当登记股东因其未能清偿到期债务而成为被执行人时，该股份的实际出资人不得以此对抗登记股东的债权人对该股权申请强制执行。

① 《公司法》第三十二条第三款规定：“公司应当将股东的姓名或者名称向公司登记机关登记；登记事项发生变更的，应当办理变更登记。未经登记或者变更登记的，不得对抗第三人。”

3. 滥用股东权利

名义股东可能滥用股东权利，比如他作为工商登记的股东，不配合你参加公司股东会的表决，或者违背你的意思开展活动，你很难阻止他。

4. 名义股东出意外

如果名义股东出了什么意外，你的股权也可能存在危险。

比如：名义股东离婚，他的配偶可能会主张分割股权；如果他意外身故，他的继承人可能要求继承代持股权。处理这些事情，让人心力交瘁，而且最后不一定会成功。

23.2 找人代持规避风险策略

作为隐名股东，该怎么规避以上这些风险呢，给你提供以下四个建议：一是找靠谱的人帮忙代持；二是签署合适的代持协议并留证；三是取得公司其他股东的认可；四是让名义股东的家属参与代持协议的签署。

23.2.1 找靠谱的人帮忙代持

帮忙代持的人越靠谱，你的代持股权就越安全，怎样的人算靠谱的代持人呢？

（1）品行好、财务状况好的人。这样的人不会轻易违约，也不太容易出现负债累累导致股权被执行的情况。

（2）比较年轻、身体好的人。因为年纪大或身体不好的人一旦过世，就会导致继承，会给你主张股东权利带来很多麻烦。

（3）家庭关系和睦的人。这样的人不容易离婚，可以避免离婚导致的代持股权被分割的风险。

23.2.2 签署合适的代持协议并留证

合适的代持协议是指与代持发生的真实情况相符的代持协议。真实情况是指代持发生的具体事由，比如你是通过委托名义股东设立公司而持有的股权，还是从公司原股东那里购买的股权，或是委托他人认购公司增加的注册资本而持有的股权？这些前因后果都需要在代持协议中写清楚。

谁是隐名股东、谁是显名股东、代持的哪家公司股权、购买股权的对价是多少、款项打到谁的账户，协议内容要和事实关系一一对应，不要出现你是向张三购买的股权，但钱却是打给李四的情形，这样证据就匹配不上，增加了举证难度。款项支付的具体信息也建议在协议里写清楚，并保存好相关凭证作为出资的证据。

23.2.3 取得公司其他股东的认可

为了能顺利显名，建议隐名股东取得公司其他股东对自己股东身份的认可。比如登记到公司内部的股东名册及章程内，参加公司股东会议，行使股东权利等，这是能顺利显名的最佳保障。

前述的内部股东名册、章程及股东会决议，并不需要到工商局备案，只需要全体股东签字就可以证明其他股东对你隐名股东的身份是认可的。如此，将来如果你要求显名登记，其他股东就无权妨碍你行使股东权利。

案例9

在（2017）最高法民申37号案件中，张某分别与淮阳市淮信房地产开发有限公司（简称“淮信公司”）、淮信公司的其他股东签订有缴纳出资的协议，而后又签订补充合同书，对出资事实再次进行确认，张某为实际出资人，殷某为名义股东。张某因未能正常行使股东权利，起诉要求确认股东身份及其份额，二审法院认定张某可以取得淮信公司股东资格，殷某不服，提起再审。

最高人民法院认为，公司及其股东均同意隐名出资人向公司缴纳出资成为股东且其他股东对该代持关系知情，隐名出资人确属实际出资，又多次以公司股东的身份参加股东会议，实际行使股东权利的，隐名出资人的股东资格应当认定。

当然，我知道现实中很多人是做不到这个程度的，因为大部分隐名股东就是单纯想做个财务投资，本来就想瞒着其他股东。这种情况下，剩下的三个建议务必要做到位，只要不存在代持协议无效的情形，至少经济收益还是能有一定的保障。

23.2.4 让名义股东的家属参与代持协议的签署

名义股东的家属参与代持协议的签署，明确代持股权是隐名股东的财产，不属于名义股东夫妻共同财产，也不是名义股东的个人财产，不能分割和继承，防止名义股东离婚或过世带来的股权分割和继承风险。

以上就是找人代持的风险及应对策略。

23.3 替人代持的风险

帮别人代持股权不是简单的请客吃饭，千万不要有碍于情面或卖个人情的想法，否则，有可能会引来不必要的麻烦。当然，不是说不能帮别人代持，而是在代持前应该了解清楚替人代持的具体情况和可能产生的风险，在帮忙的同时又不至于挖坑自己掉进去。

替人代持常见的三类风险：一是被要求出资，二是被要求承担债务，三是被隐名股东要求赔偿。

23.3.1 被要求出资

名义股东最常见的法律风险是被公司股东或债权人要求出资。

实践中，经常发生实际出资人因为丧失出资能力或不再看好投资项目等而出资不到位的情形，这个时候，你作为名义股东就得自己来承担这个出资责任了。

假设别人让你出资，你辩称自己只是帮人代持的，有协议为证，这是没用的。因为股权代持协议只能约束你们俩，不能对抗公司和善意第三人[①]。简单来说，你和隐名股东约定了什么，其他人不用管，只要工商登记的股东是

---

① 《公司法》第三十二条第三款规定："公司应当将股东的姓名或者名称向公司登记机关登记；登记事项发生变更的，应当办理变更登记。未经登记或者变更登记的，不得对抗第三人。"

你，你就得实缴出资。

案例10

在（2021）沪0107民初8417号案件中，原告上海诚裕投资有限公司（简称“诚裕公司”）的章程载明，公司注册资本为5000万元，股东分别为被告马某以及被告王某，二人认缴出资额分别为2450万元、2550万元，出资方式均为货币，出资时间均为2022年12月30日前。在工商档案中，未见验资报告。

2019年7月26日，上海市普陀区人民法院受理了申请人梁某对被申请人诚裕公司提出的破产清算申请，并指定了破产管理人。原告诚裕公司向法院起诉，请求被告马某、被告王某对不能清偿的债务承担补充赔偿责任，立即向原告缴纳出资款。

被告马某辩称其只是公司的名义股东，公司的实际股东是高某，高某因诈骗罪于2008年被判决有期徒刑三年半，无法担任公司董监高等职务，于2014年找到被告马某要求其代持股。

上海市普陀区人民法院认为，被告马某、被告王某作为公司股东所认缴的出资额均未缴纳，故破产管理人有权代表诚裕公司分别向被告马某、被告王某追缴出资。根据《公司法司法解释（三）》第二十六条，公司债权人以登记于公司登记机关的股东未履行出资义务为由，请求其对公司债务不能清偿的部分在未出资本息范围内承担补充赔偿责任，股东以其仅为名义股东而非实际出资人为由进行抗辩的，人民法院不予支持。故被告马某即使仅为名义股东仍应当对外承担股东的责任，但其在承担责任后可另行向实际出资人追偿。

而且，这个风险不仅存在于你替人代持股权期间，哪怕你将没有实缴的代持股权转出去了，依然存在你需要履行出资义务的风险[①]。

---

① 关于未届实缴期限的股权转让后，原股东是否对未实缴的股权存在实缴义务，在司法实践中尚存在争议，部分法院依据《公司法司法解释（三）》第十三条的规定，支持原股东依然存在实缴出资的义务，因此这个风险应当被名义股东重视。

案例11

在（2018）粤03民终18028号案件中，深圳市潮流荟商贸有限公司（简称“潮流荟公司”）成立于2013年，认缴注册资本总额为2000万元，公司股东王某、张某、李某、伍某、吴某认缴的出资额分别为：500万元、400万元、400万元、200万元、500万元，认缴注册资本总额为2000万元，实收资本总额为0。

2015年，吴某将其持有的潮流荟公司25%的股权转让给王某，李某将其持有的潮流荟公司20%的股权转让给张某，伍某将其持有潮流荟公司10%的股权转让给王某，并完成工商变更登记。

2016年，因租赁纠纷，潮流荟公司应当向深圳市万厅国际影城管理有限公司（简称“万厅影城”）支付30万元。万厅影城不仅起诉了潮流荟公司现有的股东，同时还起诉了已经将股权转出的吴某、李某及伍某。

深圳市中级人民法院认为，吴某、伍某及李某与公司其他股东关于股权转让权利义务的约定不能对抗善意公司债权人，依照《公司法司法解释（三）》第十三条第二款[①]及第十八条[②]的规定，原股东吴某、伍某及李某分别在500万元、200万元及400万元的本息范围内对潮流荟公司需承担的给付义务承担补充清偿责任。

不过，《公司法修订草案》明确了“股东转让已认缴出资但未届缴资

① 《公司法司法解释（三）》第十三条第二款规定：“公司债权人请求未履行或者未全面履行出资义务的股东在未出资本息范围内对公司债务不能清偿的部分承担补充赔偿责任的，人民法院应予支持。”

② 《公司法司法解释（三）》第十八条规定：“有限责任公司的股东未履行或者未全面履行出资义务即转让股权，受让人对此知道或者应当知道，公司请求该股东履行出资义务、受让人对此承担连带责任的，人民法院应予支持；公司债权人依照本规定第十三条第二款向该股东提起诉讼，同时请求前述受让人对此承担连带责任的，人民法院应予支持。

受让人根据前款规定承担责任后，向该未履行或者未全面履行出资义务的股东追偿的，人民法院应予支持。但是，当事人另有约定的除外。”

期限的股权，由受让人承担缴纳该出资的义务”，若该修订被通过，则名义股东将还未到缴资期限的股权转让后无须再履行出资义务，但转让的股权属于未按期足额缴纳的，名义股东依然需要在未按期缴足的范围内承担连带责任。

23.3.2 被要求承担债务

和实际出资人存在不能成为股东的风险一样，名义股东同样面临着难以退出公司的风险，只要没退出，就必须承担股东义务。

比如，股东对公司负有清算义务，如果你作为名义股东的公司要清算，同时还帮朋友在公司挂了职（比如董事、监事等），就有义务保管好主要财产、账册、重要文件，让公司顺利清算。假设你没做好，债权人主张你对公司债务承担连带清偿责任，你就有承担的风险①。这里可不是在没缴的注册资本范围内承担，而是公司负了多少债都得承担。因为公司资料没保管好，股东很难说清楚公司清算时到底有多少资产，是不是被股东侵占了，证明不了这个事实，那就得承担公司全部的负债。

① 《最高人民法院关于印发〈全国法院民商事审判工作会议纪要〉的通知》（法〔2019〕254号）（简称《九民会议纪要》）规定：“【怠于履行清算义务的认定】《公司法司法解释（二）》第十八条第二款规定的‘怠于履行义务’，是指有限责任公司的股东在法定清算事由出现后，在能够履行清算义务的情况下，故意拖延、拒绝履行清算义务，或者因过失导致无法进行清算的消极行为。股东举证证明其已经为履行清算义务采取了积极措施，或者小股东举证证明其既不是公司董事会或者监事会成员，也没有选派人员担任该机关成员，且从未参与公司经营管理，以不构成‘怠于履行义务’为由，主张其不应当对公司债务承担连带清偿责任的，人民法院依法予以支持。”

《最高人民法院关于适用〈中华人民共和国公司法〉若干问题的规定（二）》（2020年修正）［简称《公司法司法解释（二）》］，第十八条第二款规定：“有限责任公司的股东、股份有限公司的董事和控股股东因怠于履行义务，导致公司主要财产、账册、重要文件等灭失，无法进行清算，债权人主张其对公司债务承担连带清偿责任的，人民法院应依法予以支持。”

案例12

在（2015）民申字第2509号案件中，沈阳北泰方向集团有限公司（简称“北泰公司”）是成都市方圆投资管理有限责任公司（简称“方圆公司”）的唯一出资人和实际控制人，温某、李某作为名义股东代北泰公司持有方圆公司的股权。方圆公司深圳分公司与深圳市南头城实业股份有限公司（简称“南头城公司”）签订借款协议后未偿还借款，随后方圆公司未经依法清算即被注销，方圆公司深圳分公司亦丧失民事主体资格，南头城公司遂起诉要求温某、李某及北泰公司对涉案债务承担清偿责任。

最高人民法院认为，代持股关系属于代持股人与被代持股人之间的合同法律关系，不能以此对抗公司债权人。本案中温某、李某尽管没有签署决定解散方圆公司的股东会文件和清算报告，即未直接实施损害公司债权人利益的行为，但其怠于行使股东权利和履行股东监管职责及清算义务，导致公司被非法注销而无法清算，损害公司债权人利益，该情形符合《公司法司法解释（二）》第二十条第一款[①]规定的承担责任的条件。因此，名义股东温某、李某应当对公司债务承担责任。

23.3.3 被隐名股东要求赔偿

你本身是出于好心帮隐名股东代持一下，可能也没太上心，万一不小心做了什么事，比如你帮隐名股东把股权卖出去了，他说谁让你这个时候卖、按这个价格卖？认为你擅自处置他的资产，让你承担违约责任；或者隐名股东认为你擅自表决，损害了公司利益，要求你承担违约责任等。遇到这种事情不论结果如何，最终受到伤害的还是你自己。

① 《公司法司法解释（二）》第二十条第一款规定：“公司解散应当在依法清算完毕后，申请办理注销登记。公司未经清算即办理注销登记，导致公司无法进行清算，债权人主张有限责任公司的股东、股份有限公司的董事和控股股东，以及公司的实际控制人对公司债务承担清偿责任的，人民法院应依法予以支持。”

你看，你只是好心帮人代持了一下股权，但是背后的风险可能完全超出了你的想象。

23.4 替人代持规避风险策略

怎么规避帮别人代持股权的风险呢？给你提供以下五个建议：一是帮靠谱的人代持；二是签好代持协议；三是要求隐名股东先完成实缴出资；四是行使股东权利时取得隐名股东书面指令；五是不要滥用股东权利。

23.4.1 帮靠谱的人代持

只帮品行好、财务状况好的人代持。这样的人不会轻易有污点，也有能力实缴出资，即使将来第三方找你承担责任，他也有能力赔偿。

23.4.2 签好代持协议

这里的要求和隐名股东签好代持协议的要求是一样的，虽然代持协议不能对抗第三人，但至少能确保你对外承担责任后可以找隐名股东追偿。

23.4.3 要求隐名股东先完成实缴出资

帮别人代持股权前，一定要先办好实缴出资的手续。

也就是，在登记为公司股东之前，让隐名股东先把他认缴的全部出资款打给你，你再从自己账户打到公司，备注投资款，把实缴出资坐实。如果是以股权转让的方式代持股权，你也可以要求他在把股权转给你之前完成实缴出资。

只要出资真实，将来即使公司负债累累，你也不用再承担出资的义务了。但注意千万不要把资金打进公司就转出来走个流水，这属于抽逃出资，抽逃出资不能规避实缴出资义务。

23.4.4 行使股东权利时取得隐名股东书面指令

建议要求隐名股东将需要你做的任何与代持股权相关的表决或处置，都以书面形式通知你，最好是发到你的邮箱，留个证据。如果没有书面通知，你就不操作，尽量降低他将来追责你的风险。

23.4.5　不要滥用股东权利

虽然你是名义股东，但是你最好把自己当真正的股东看，因为你和隐名股东之间的约定对外人没有约束力，在外人看来，你就是公司的股东，需要承担股东责任。因此，不要随意表决损害债权人的利益，该清算的要认真清算，不要因为自己怠于履行股东义务，导致需要承担的责任被扩大。

以上就是帮别人代持股权的风险及应对策略。

23.5　股权代持会影响创业公司发展吗

我经常被问到这个问题，公司存在代持，会不会影响公司长远发展或者融资上市?

我的建议是，如果你就是自己做做生意赚点钱，没什么特别长远的打算，那么存在代持也不是什么大事。但是，如果你的创业公司打算进行股权融资或将来上市，代持就是比较重大的问题了。

假设你的创业项目属于禁止外商投资的行业，而你却帮外籍人士代持了公司股权，一旦被人举报或被发现，那么这位外籍人士持有公司股权期间公司的业务就是不合规的，既然业务不合规，就可能会被叫停，融资、上市都可能遇到障碍。

此外，在融资和上市过程中，都要求披露及解决代持问题，除非你有十足的把握代持永远不会被其他人知道，否则，建议你将代持情况如实告诉投资人及上市辅导机构，该披露的披露、该显名的显名。在上市申报期间，一旦显名股东和隐名股东闹矛盾或者代持情况被举报，就很可能导致公司上市被否，还可能需要向投资人支付高额违约金。

关于代持就介绍到这里，现在你已经了解代持的风险和应对策略了，在股权工商登记之前，你还可以再认真考虑一下，你是否要帮别人代持或者是否要找别人帮你代持，假设真的需要，一定不要忘记本章给你的建议。

画重点

股东类型	风险	规避风险策略
隐名股东	•代持关系不成立 •代持关系无效 •无法登记为股东 •名义股东不靠谱或出意外导致损失	•找靠谱的人帮忙代持 •签署合适的代持协议并留证 •取得公司其他股东的认可 •让名义股东的家属参与代持协议的签署
显名股东	•被要求出资 •被要求承担债务 •被隐名股东要求赔偿	•帮靠谱的人代持 •签好代持协议 •要求隐名股东先完成实缴出资 •行使股东权利时取得隐名股东书面指令 •不要滥用股东权利

第24章

签协议，先小人后君子

很多创业者喜欢将人情与商业混在一起，用情义来解决问题，事先你好我好大家好，而一旦出现分歧，这个不行那个不行怎么都不行。你和我讲契约，我和你讲感情，你和我讲承诺，我和你讲道理，纠缠不清。

在企业发展过程中，合伙人对于企业发展方向及某些具体事情产生分歧是经常的，也是必然的。合伙人之间因为意见分歧而反目，甚至演化到人身攻击，宁愿鱼死网破也要置对方于死地、置公司于死地的事情也屡见不鲜。

与其一开始一团和气，最后反目成仇，不如先小人后君子，先认真签好协议，后面共同敲钟或好聚好散。因此，在进行工商登记之前还需要将股权设计方案写入股东协议及章程，共同签署并固定下来。

24.1 股东协议应当包括哪些内容

前面章节中提到的全部内容都可以放到股东协议中，每个项目都有自己的特殊性，不过归类总结一下，大致包括如下几方面，具体条款你可以参考附件的股东协议模板。

合伙背景

合伙背景很容易被忽略，但这恰恰是最基础的。

合伙背景中约定公司的方向，即公司的愿景、使命、核心价值观等，至少合伙人之间对此要有共识，如果合伙人之间对此没有共识，任何一个决策都可能产生分歧。如果写到协议中，大家必然要对此进行确认，化解股东之间的分歧也就有了方向和依据。

股权比例和注册资本

在第8章至第12章中，股权比例是结合了各种因素计算出来的，如果你想据此设计股权动态调整，那么股东协议中应当将股权比例与这些因素进行一一对应，讲清楚来龙去脉，这样才有股权动态调整的基础。

此外，股权比例会有对应的注册资本和出资义务，为了便于理解，下一章会专门介绍注册资本如何设定。

激励股权来源

协议中应当明确是否设立或预留激励股权；没用完的激励股权的权利义务如何分配；激励股权用完后若需新增激励股权，由谁来提供。

股权调整机制+退出机制

股权调整和退出机制是股东协议中非常重要的部分，也是最体现艺术和技术的部分。

本书第14章至第19章对于每种调整和退出方式都有详细的解析，涉及股权比例的调整、退出的价格、清算的方式等，合伙人需要将达成共识的安排放入股东协议中予以明确。

决策机制

关于一家公司如何决策在第20章至第22章中有详细分析，每个创业公司都可以约定适合自己的决策机制，尽可能避免由规则设置不合理导致的决策僵局。

此外，需要注意约定的决策机制一定要能在法律上落地，很多合伙人之间的约定在法律上无法执行，这就白约定了。

合伙人的权利义务

知情权、分红权、表决权等都是常见的股东权利，合伙人常常会忽略分红的权利，认为一家公司有收益后自然要分红。

分红对每年有盈利的公司而言非常重要，但分红是需要经过股东会同意的。经常有些公司因为部分合伙人想分红、部分合伙人不想分红希望继续投资，或者部分合伙人单纯基于个人利益考量决定不分红而导致合伙人之间产生矛盾。我自己就接触过好几家公司因为分红达不成一致意见，成为合伙人散伙的导火索。建议在股东协议和章程中约定清楚从公司每年的净利润中拿多少用来分红，或者在哪种情形下不分红。

关于义务，前面提到的合伙人应当为创业项目做出的贡献是合伙人的义务，另外，合伙人要坚守对创业项目的道德底线也是义务，比如保密、竞业限制、知识产权归属、禁止同业竞争、全职投入、不得任意处置股权等。

家庭财产分割与继承

第17章分析了离异夫妻财产分割及合伙人离世对创业项目带来的障碍，在股东协议中也需要将相关约定予以明确，同时需要合伙人与其配偶单独签署夫妻财产约定。

其他条款

其他条款主要是一些合同常规条款，比如不可抗力、违约责任及司法管辖等。

24.2 章程中应当规定什么

绝大多数人在设立公司时签署的都是工商版本的公司章程，无非一些泛泛的《公司法》规定原文而已。很多合伙人甚至都未曾仔细阅读过章程，签字也只是走个形式，这样会导致很多约定最后没办法落地。

可以说，在股东协议中与股权相关的内容都可以约定并写入章程，尤其是在第20章至第22章中提到的特殊表决机制，以及分红、股权转让及继承等。一旦写入章程，不仅对合伙人内部有效，对外也是有效的。但是，一些工商局不会接受进行过大改的章程，此时可以只将特别重要的条款写入公司章程，或者准备两份章程，一份供工商局备案，一份供内部使用，只是内部使用的版本无法约束第三人，但在股东之间还是有效的。

24.3 谁应当签署协议

作为合伙人自然应当签署协议，但为了避免发生意外情形时家庭成员请求直接分割股权，可以要求合伙人的家庭成员也参与协议签署，同时也是希望每位合伙人的创业及与创业伙伴的约定能获得家庭成员的理解与认可。

24.4 需不需要请律师拟协议

找律师拟协议是很有必要的，术业有专攻，只有律师才明白股东协议中每句话最后到底能不能执行。

比如协议中写“发生**事件，A应当退出公司”，你在写的时候可能觉得意思非常清楚，但从法律角度来看，这是一句非常有争议的话。比如具体如何判定“**事件”是否发生？所谓的“退出”是指不再担任高管，还是不能持有公司股权？如果是不能持有公司股权，那么价格如何确定，以什么方式退出，是减资还是股权转让，如果是转让，那么谁出钱来收这部分股权？这些问题如果没约定清楚都可能导致这个约定很难执行。

此外，只有律师才清楚公司法、合伙企业法、股东协议和章程之间的关系，才能做到在法律规定与合伙人约定之间游刃有余地斡旋，把握好尺度。

比如有的合伙人会纠结如果哪天其他合伙人决定不再选自己做CEO（首席执行官）了怎么办？而律师会一眼看到，这不是其他合伙人是否选举你的问题，而是决策机制是如何设置的问题，谁能决定董事会成员，董事会又是如何选定CEO的，其中既涉及法律规定也涉及合伙人约定，一环扣一环。建议你不必自己深入地去研究，浪费宝贵的创业时间，交给律师去判断并给予你合理解释和建议即可。

虽然找律师很有必要，但是也不能完全依赖律师。因为不是所有的律师都懂股权和商业，而懂股权和商业的律师一定没有你更懂这个创业项目和你的合伙人，律师的所有股权设计都是基于你告诉他的事实以及你的判断。如果你直接把股权的分配和协议的拟写完全交给律师去处理，自己当个甩手掌柜，那么这份协议很可能和你的创业需求不吻合，成了为了签协议而签协议，舍本逐末。

创始人是躲不掉股权分配和股东协议的核心工作的，你可以和律师沟通，律师也会对你进行引导，但是协议的核心内容一定是你亲自敲定，只是借律师之手落到纸面上而已。

画重点

合伙人规则落地务必签署协议和章程。

股东协议的主要内容:

- 合伙背景；
- 股权比例和注册资本；
- 激励股权来源；
- 股权调整机制及退出机制；
- 决策机制；
- 合伙人的权利义务；
- 家庭财产分割与继承；
- 其他条款。

应当将与股权相关的事项写进章程。

最好让合伙人家庭成员共同参与签署股东协议。

建议请律师拟协议，但是不能完全依赖律师。

第25章

注册资本怎么定最有利

要工商登记，就绕不开注册资本怎么定，我知道很多创业者对注册资本很不在意，感觉这就是填个数字走个形式，但是这个看起来很不起眼的“走形式”可能会给你带来意想不到的风险。

25.1 注册资本过高有风险

很多创始人都有个概念，现在的公司都是认缴制，不要求设立时一定要出资，因此注册资本随便怎么填都可以。经常有创始人问我，既然随便填，那就往多了填呗，反正也不用真的出钱，注册资本填个好几亿元，这公司看起来多牛气。这种做法，完全是将自己置于危险境地。我给一些注册资本很高的公司创始人解释了注册资本高的利害后，不管减资流程多麻烦，他们都纷纷开始给公司做减资。

打个不恰当但又容易理解的比喻，你可以把注册资本理解为“股东坏运气的极限”，注册资本的数额越大，你作为股东的坏运气极限就越大，怎么理解呢？

《公司法》规定有限责任公司的股东以其认缴的出资额①为限对公司承担责任，这体现了现代公司制度的基石——有限责任原则，是股东承担债务的重要防火墙。比如，你在公司登记的注册资本是100万元，那么你作为股东的坏运气极限就是100万元，只要你完成这100万元的出资，哪怕将来公司负债1000万元，正常情况下，你也不用自己再掏钱出来；相反，还是这家公司，

① 在公司登记机关登记的全体股东认缴的出资额就是有限责任公司的注册资本。

同样的股东、同样的经营、同样的负债1000万元、同样一开始只出资了100万元，唯一的区别是，你在公司登记的注册资本是1000万元，那么你作为股东的坏运气极限就变成了1000万元，这个区别导致你作为股东有义务再掏900万元出来还债，因为实缴出资是股东的法定义务。

既然认缴不等于永远不缴，那什么时候该缴呢？答案是，到了公司章程规定的实缴时间，你就必须缴，如果监管部门对企业出资情况进行抽查，发现你没按时缴，公司会被列入经营异常名录向社会公示。

有些聪明的创始人马上想到，那是不是可以在章程约定100年后缴，那个时候自己都不在世间了，好像就完全没风险了？

光天化日之下怎么可能有这等好事？只要公司经营不善，这个时间会提前降临。因为，一旦你的公司资不抵债、被债权人申请进入破产程序，你作为股东，就要在认缴的天价注册资本范围内，对公司的债权人承担连带清偿责任，不用等到100年，只需要一个破产清算。《九民会议纪要》对此有明确的解释[①]。

案例1

在北京高院（2020）京民终10号执行异议案件中，北京万众旅游股份有限公司（简称“万众公司”）在2016年12月29日形成《章程修正案》，确定公司注册资本由2100万元变更为2500万元，出资时间为2033年5月1日。

2018年5月21日，北京仲裁委员会就北京保盛国际旅行社有限公司（简称“保盛公司”）与万众公司仲裁案件作出裁决，裁决万众公司应向保盛公司

---

① 《九民会议纪要》规定：“在注册资本认缴制下，股东依法享有期限利益。债权人以公司不能清偿到期债务为由，请求未届出资期限的股东在未出资范围内对公司不能清偿的债务承担补充赔偿责任的，人民法院不予支持。但是，下列情形除外：

（1）公司作为被执行人的案件，人民法院穷尽执行措施无财产可供执行，已具备破产原因，但不申请破产的；

（2）在公司债务产生后，公司股东（大）会决议或以其他方式延长股东出资期限的。”

支付欠款、违约金、律师费及仲裁费等合计130多万元。

在执行过程中，保盛公司以李某未对万众公司履行1632万元的出资义务为由，向北京市第二中级人民法院申请追加李某为该仲裁执行案件的被执行人。北京市第二中级人民法院于2018年10月29日裁定终结本次执行程序。同时，万众公司法定代表人下落不明，公司亦无人负责管理。

北京市高级人民法院认为可以认定万众公司明显缺乏清偿能力。对于万众公司的股东，虽并未届出资期限，但在公司作为被执行人的案件中，人民法院穷尽执行措施无财产可供执行，已具备破产原因，不申请破产的，均应在未出资范围内对公司不能清偿的债务承担补充赔偿责任。故支持保盛公司请求追加李某为被执行人的诉求。

25.2 注册资本过低也有风险

与注册资本过高相反，一些股东风险意识很强，所以把注册资本定得极低，我遇到过几家这样的公司，明明项目至少需要投入一两百万元，偏偏将注册资本定为几万元，还不够负担公司一个月的开支，平时公司日常开支由股东另行支付，目的就是万一产生负债便可关门溜之大吉。

但注册资本过低也会存在很多问题。

25.2.1 拉低商业信誉

你的合作伙伴稍微懂点法律常识，就知道你在打什么算盘，很可能就不和你合作了。而且，在很多商业合作中，甲方都对乙方有最低注册资本的要求。开公司的目的就是做生意赚钱，如果生意做不了，注册资本再低有什么用?

25.2.2 容易导致股东对公司负债承担连带责任

可能你会疑惑，前面不是说股东对公司债务承担有限责任是现代公司制度的基石，怎么股东又要承担连带责任了？这是因为“正常情况下”是这样，但凡事都有例外。这个例外有个很形象的名称叫“刺破公司的面纱”，也就是当特定股东滥用公司法人独立地位和股东有限责任，逃避债务，严重损害公司债权人利益时，法律上就不再认可这家公司的独立人格，并追溯实际情况，要求特定股东直接承担公司的义务和责任[①]，也就是连带责任。

现实中最常见的情况一般是这样演化的：如果注册资本过低，日常经营需要的开支远远不止注册资本的那点钱，怎么办呢？一般会由股东来支付支出，比如支付员工工资、支付供应商贷款。当公司赚到钱了，股东就会把这部分钱转到自己账上，如此代收代付，导致股东与公司之间的资金、财产混同。而人格独立是需要物质基础的，资产都混同了，独立性也就缺失了。

这时如果有债权人找公司还钱，公司说没钱，但又能看到公司和股东之间、股东和公司的上下游之间进行了频繁的资金往来，这个账就理不清了。从法律关系上讲，本来你作为股东的出资义务只是实缴出资，但从事实上看，现在根本分不清哪些钱是公司的，哪些钱是股东的，为了不损害债权人的利益，那就只能要求股东对公司债务承担连带责任。本来是为了规避责任，结果却要承担更多的责任。

案例2

在（2017）最高法民申2646号案件中，李某2012—2014年多次向山东协同教育信息技术有限公司（简称“协同教育公司”）提供借款，合计1000多万元，相关款项均汇入了股东肖某的账户。借款到期后经催要，协同教育公司一直未还。

于是，李某将协同教育公司的股东作为被告一并起诉要求还款。

经法院查明，李某出借的款项均汇入了协同教育公司股东肖某的账户（大部分款项又汇入了宋某的账户，小部分款项汇入了协同教育公司的账户），协同教育公司亦通过肖某、宋某等股东的账户向李某偿还借款。同时，协同教育公司的账户与肖某、宋某等股东的账户之间存在频繁的资金往

---

① 《公司法》第二十条第三款规定：“公司股东滥用公司法人独立地位和股东有限责任，逃避债务，严重损害公司债权人利益的，应当对公司债务承担连带责任。”

来，且资金用途复杂，导致公司财产与股东财产无法进行区分。

因此，山东省高级人民法院认定因协同教育公司与股东之间构成财产混同，公司已经失去了独立承担债务的基础，同时，肖某、宋某在本案诉讼期间又退出协同教育公司，使公司变为一人有限公司（田某一人股东）。以上情形严重损害了公司债权人的利益，根据《公司法》第二十条[①]的规定，判决田某、肖某及宋某为协同教育公司的债务承担连带责任。

田某、肖某及宋某不服判决，向最高人民法院申请再审，被最高人民法院驳回再审请求。

25.3 怎样确定适合自己的注册资本

创业公司的注册资本过高不行，过低也不行，那怎么确定注册资本才合理呢?

建议是，如果行业投标或获取经营牌照没有对注册资本设置最低要求，可以先按启动资金来定。

• 理发店案例

理发店启动资金是120万元，注册资本定在120万元左右就行，不要太高，也不要明显低于行业平均水平。假设定的是100万元，那剩下的20万元就可以作为股东借款提供给理发店使用，将来理发店有收入了可以返回给股东。如果这120万元不够用，合伙人后期可以以增资或提供借款的方式对理发店增加投入。注意，此处提到的借款与上文提到的资金混同不是同一个性质，这些借款的提供需要正当的股东会决议，签署合同约定利息，正常还本付息，而且资金流水和财务做账要清晰。

① 《公司法》第二十条第三款规定："公司股东滥用公司法人独立地位和股东有限责任，逃避债务，严重损害公司债权人利益的，应当对公司债务承担连带责任。"

25.4　注册资本与股权比例如何匹配

为了匹配商业要素，我们在计算股权比例的时候不是单纯以投资款为计算标准，还考虑了人力贡献，因此必然会出现实际出资与注册资本无法匹配的情形。

先解释一个常见的误区，一些创始人认为股权比例是主观写出来的，比如两个人分别出资20万元，公司注册资本一共是40万元，可以在工商登记的时候登记公司注册资本是40万元，其中A认缴注册资本20万元，股权比例是30%，B认缴注册资本20万元，股权比例是70%，这个理解是错误的。注册资本不是主观“写”出来的，而是客观“算”出来的，在这个案例中，A认缴了20万元注册资本，那他的股权比例只能是50%（20÷40×100%=50%）。

因此，当考虑了人力贡献后，必然会出现实际出资与注册资本无法匹配的情形，怎么处理呢？

• 理发店案例

继续以理发店为例。假设下表为理发店最终确定的股权比例，且注册资本为120万元，那每位股东对应的认缴的注册资本如表25-1所示：

表25-1　理发店合伙人的出资比例

股东	 老徐	 锤子	 爱德华	持股平台	合计
分配的股权比例	16.97%	42.42%	20.61%	20.00%	100.00%
对应注册资本/万元	20.36	50.91	24.73	24.00	120.00

而老徐、锤子和爱德华分别实际投入的资金是80万元、20万元和20万元，且持股平台是没有出资的，因此注册资本和实际出资额之间就存在差额，如表25-2所示：

表25-2 理发店合伙人按股权比例计算出资额与实际出资额的差额

股东	 老徐	 锤子	 爱德华	持股平台	合计
分配的股权比例	16.97%	42.42%	20.61%	20.00%	100.00%
对应注册资本/万元	20.36	50.91	24.73	24.00	120.00
实际投入资金/万元	80.00	20.00	20.00	0	120.00
差额/万元	59.64	-30.91	-4.73	-24.00	0

老徐的实际投入金额比注册资本金多59.64万元，刚好就是锤子、爱德华和持股平台少出资的59.64万元，大多初创公司选择此时让老徐把自己多余出资的资金转给锤子、爱德华和持股平台实缴出资[①]。

还有一种方式是把合伙人多于注册资本的资金计入资本公积。

案例3

举个小案例，表25-3是某创业公司Z拟定的出资及股权比例情况：

表25-3 公司Z股东出资额及股权比例分配

股东	X	Y	合计
分配的股权比例	30%	70%	100.00%
分配的出资额 / 万元	50	50	100

很显然，如果按出资额登记注册资本，股权比例会是50%：50%，和合伙人期待的分配比例就不一致了。这两位股东不愿意有私下资金往来，于是采用把合伙人X超出注册资本的出资计入资本公积的方式来实现。

第一步是按出资比例小于持股比例的合伙人Y的出资额除以他的持股比

① 如此操作，严格意义上讲存在两个问题：一是增加了老徐的计税依据，导致老徐将来转让股权时可能承担更多税负；二是锤子、爱德华和持股平台实际是收到了老徐的赠予资金，按道理需要缴税。

例[①]，也就是50万元除以70%，得出公司的注册资本是71.4286万元。

再按这个注册资本乘以各自分配的股权比例得出每位合伙人工商登记的认缴出资资本，如表25-4所示：

表25-4　公司Z股权比例及注册资本登记情况

股东	X	Y	合计
持股比例	30%	70%	100.00%
认缴注册资本/万元	21.4286	50	71.4286

合伙人X的出资额实际是50万元，既然只登记了21.4286万元，剩下的28.5714万元去哪里了呢？答案是，计入了公司的资本公积，也就是说这笔资金还是作为投资款打到了公司，但在会计入账分录上不是计入实收资本，而是计入资本公积。

这样做的好处是：

（1）公司的股权比例符合合伙人期待的合理比例；

（2）所有的投资款都真实到位；

（3）合伙人之间不用私下资金往来；

（4）实际出资比例高于其持股比例的合伙人的计税依据[②]未发生变化；

（5）每位股东都不存在未实缴到位的注册资本。

① 为什么要用出资比例小于持股比例的合伙人Y的出资额除以他的持股比例？因为这样算出来的公司注册资本是低于合伙人实际出资额的，可以确保全体股东注册资本全部到位，不存在未实缴注册资本。

② 计税依据这么理解，假设合伙人X一年后将全部股权按60万元转让给第三方，如果仅看注册资本，他的成本是21.4286万元，增值部分是38.5714万元，这个增值部分就是计税依据，假设合伙人X是自然人持股，那么应当按38.5714万元乘以20%的金额缴税，即7.7143万元；但实际上合伙人X的成本是50万元，有28.5714万元计入了资本公积，计入资本公积这部分可以作为成本扣除，所以计税依据变成了10万元，只需要缴税2万元。假设28.5714万元没有被计入资本公积，而是私下转给其他合伙人用于实缴出资了，那这部分就不会计入合伙人X投资股权的成本而扣除掉，导致计税依据会增加28.5714万元（在转让价款高于50万元的情形下），会多缴5.7143万元的税。

25.5 雁过留“痕”，实缴留证

除了确定注册资本外，还有个常见问题有必要提一下：创业公司经常存在股东明明出资了，却没办法证明的情况。

比如，有的创业公司注册资本比启动资金高，那就存在部分注册资金未实缴的情形。启动资金用完后，运营过程中需要用钱，股东经常直接付给第三方，没有先打到公司完成实缴后再从公司付出去。这样的问题是，股东实际已经为公司投了资金，但是资金并没有进公司，导致从账目上看，股东没有出资。

这样，如果将来公司遇到什么风险，债权人要求股东补足出资，股东很难证明自己已经实际完成出资，且债权人和法院很可能对此不认可，相当于股东在注册资本外承担了额外的风险。

而且，如果将来创业公司做股权融资，投资人一般会要求股东实缴完毕，如果股东出资和财务都不规范，没有直接证据证明股东已经实缴，投资人也不会认可，股东还得再规范出资一遍，相当于股东承担了超出其认缴的额外风险。

因此，建议股东尽量避免个人为公司支付款项，如果确因特殊因素必须走私账，应当咨询会计师的意见，看如何规范操作。

画重点

注册资本过高的风险：

- 增加股东承担的责任范围。

注册资本过低的风险：

- 拉低商业信誉；
- 容易导致股东对公司负债承担连带责任。

注册资本根据公司启动资金、行业特征来定。

注册资本与股权比例应匹配。

注意对实缴出资留证。

第七步

Step Seven

维护

长期维护股权机制

再好的方案也需要良好地执行，否则可能形同虚设、沦为空头支票。

设计好的股权机制该如何进行日常维护？

发生没有约定的事项怎么办？

遇到重大商业变化怎么应对？

第26章

长期维护股权机制

前面讲的都是如何设计股权方案，但再好的方案也需要良好地执行，否则可能形同虚设、沦为空头支票。我遇到过一些企业，明明股东协议约定了权利义务，但是发生特定事项时并未按协议约定执行，久而久之，合伙人的心态就发生了变化，认为不遵守协议也没什么后果，导致前功尽弃。本章将介绍协议签署后如何维护股东协议，如何实施股权的动态调整。

后期维护可以分为两类，一类是如何维护已有的规则，一类是如何对规则进行调整。

26.1 如何维护已有的规则

合伙人已经约定好的规则，主要从两方面进行维护，一是及时确认事实，二是及时执行股权调整。

26.1.1 及时确认事实

所谓及时确认事实，是指对可能存在争议的事实进行书面上的确认，避免将来产生争议，一般根据具体情况可以进行月度、季度、半年度或年度确认。

哪些属于可能存在争议的事实呢？主要是比较偏主观的事实，或涉及复杂数据的事实。

1. 偏主观的事实

比如对于某位合伙人是否称职、某项工作的完成是否达到了大家的预期，如果这些标准中夹杂了其他合伙人的主观判断，建议在判断出结果后大家立即签字确认。

根据经验，当下进行书面确认是不困难的，但是，如果仅进行口头确认，后期到了落实股权调整阶段，前期口头确认的结果很容易被人质疑，即使质疑的人在当时已经口头确认过了。

这种情况在心理学上是有依据的，纽约大学神经学家塔利·沙罗特等人发表在2019年英国《自然·神经学》的研究成果表明，人的大脑具有阻止我们看到反对意见的力量。当某个信息不符合我们的世界观时，大脑会视而不见，充耳不闻。当人们在互联网上搜索时，如果初步结果提供的是自己不想要的信息，他们就会停止搜索；当人们意见不同时，大脑不容易记录反对意见；人往往只看到自己相信的东西，或者希望看到、愿意看到的东西。

这种心理状态体现到合伙人的业绩确认上，被考核的人都倾向于认为自己已经顺利完成考核，并且认为考核方会更容易对自己挑刺。最好的办法是，考核期内阶段性地进行书面确认，一旦进行了确认，今后大家就不会再自己脑补曲解事实了。

2. 涉及复杂数据的事实

所谓复杂数据，主要体现在两方面：

一方面是呈现的结果复杂，比如销售数据、净利润数据等经营数据。早期项目的财务管理一般都不够规范，各种系统规则也比较杂乱，甚至可能存在很多体外账户的情况，这导致如果要过两年再进行确认，可能谁都说不清楚当时的准确数据是多少。

另一方面是某些概念的约定可能并不明确，比如具体怎么计算毛利润和净利润，每家公司的算法可能都是不同的，协议约定的时候也难以做到完美无缺。

案例1

东莞一家工厂就遇到过这种争议。大股东和核心高管约定的业绩要求是三年内每年公司净利润要达到多少，但高管理解的净利润和大股东理解的净利润算法并不一致。

在第一年结束的时候，就发现大家的理解有点出入，但是大股东口头说：“其实实际结果差异也不大，就先这样吧，还有两年，你继续好好干，高管也没要求书面确认。”

但是三年结束双方再次核对业绩的时候，大股东并不承认第一年的业绩，因为按大股东的算法，就是没达到，但是高管认为自己是达到了，而且高管认为当时大股东口头也确认了。双方争执不下，高管就直接起诉了公司和大股东。

因此，建议定期对此类数据进行书面确认，避免以后出现争议。

26.1.2 及时执行股权调整

及时调整的意思是，如果发生了股东协议约定应当调整股权的情形，应当立刻进行调整，不能拖延。

比如，按协议约定，某位合伙人未通过考核，应当将其持有的股权转让给其他合伙人或持股平台，那么在考核结果出来后就应当立即进行调整，否则考核未通过的合伙人的心态会容易发生变化。

不属于他的股权，他持有的时间越长，就越会认为这是他应得的，而且他可以给自己找一大堆理由，比如“既然当时没有进行调整，不就是大家默认我合格了吗？”这个新的心理预期，就是未来矛盾的种子。

另外，时间拖太久，可能会拖过诉讼时效，目前的诉讼时效是三年，超过诉讼时效，债权人就丧失胜诉权了，你可能永远都拿不回股权了。

26.2 如何对规则进行调整

项目发展中如果发现原有的个别约定不合时宜，需要微调，或者创业项目商业规划发生重大调整，导致原有的重要约定不再适用，需要重建规则。

26.2.1 规则微调

规则微调的情形很多，合伙人想调整出资时间，可以签署补充协议，或者简单点，通过在股东协议中约定好的邮箱地址发邮件进行书面确认。

此外，事先约定的股权比例、业绩要求、岗位职责、竞业范围等都可以协商微调。

26.2.2 规则重建

规则重建相对比较复杂，但并不少见，尤其很多轻资产行业，商业规划经常发生重大变更，商业规划一变，意味着股权战略随之变化，那么已经签署的股东协议可能就不适用了。

关于规则重建，从两个角度分析：一是避免规则重建的前置动作；二是矛盾发生时的协调。

1. 避免规则重建的前置动作

本书介绍的第一步骤“布局”和第二步骤“结义”都是设立具体股权规则的前期准备工作，这两个步骤做好了，是可以避免很多需要规则重建的情形的。比如，你一定不要提前分股权，如果实在要分，也可以根据里程碑的达成逐渐释放股权。

所谓提前分股权，是指在公司人才战略、股权战略还不清晰的时候就把股权分了，这就类似于拔苗助长，很容易出现商业规划与人才战略、股权战略发生冲突的情形。后期发现股权问题后，一般都需要动“大手术”。最常见的是在合作阶段就提前分股权，这个观点在第五章的案例5中也详细分析过，此处不再赘述。

有些商业项目确实很难在一开始就能做好长远规划，尤其是互联网行业，昨天还在做通信，明天就变成电商了。针对这类项目，在控制人比较强势的情况下，建议根据里程碑的达成逐步释放股权。比如：注册用户达到多少，分一次股权；盈利多少，分一次股权。而这些里程碑可以不断地更新，以达到适应商业规划的效果。但这种安排对于不存在很强势控制人的项目而言，是个不小的挑战，合伙人彼此之间必须是非常信任，愿意共同迎接未来的不确定性。

2. 矛盾发生时的协调

不管你是否做好了前置动作，股权规划和商业规划就是发生客观冲突了，怎么办？这时候需要合伙人协商是否更改股权方案，如果协商不了，可以选择解散清算、退伙或整体出售。

从本质上讲，商业规划的重大变化等同于重新创业，既然是重新创业，那必然需要商议股权的重新调整。

调整方式主要包括，大家是否愿意调整股权比例，或者是否有人愿意收购其他合伙人的股权，是否有合伙人愿意退出，等等。强扭的瓜不甜，假设达不成合意，继续经营可能会出现各种问题，因为公司的股权现状已经不符合股权设计的三个目标，匹配不了经营要素、合伙人的心理预期不一致、控制人难以实施对公司的控制，必然会导致项目发展处处受阻。

假设大家都不愿意凑合，那么公司可以解散清算或整体出售，大家分开创业。这种做法虽然会有损耗，但也不算是归零，在这个项目中积累的经验和资源还是在的。就像结婚后发现双方实在不合适，也可以离婚，没必要相互拖累一辈子。离婚虽然有损耗，但也算轻装上阵，可以重新追求幸福。

画重点

约定范围内的维护：

- 及时确认事实；
- 及时执行股权调整。

约定范围外的维护：

- 规则微调；
- 规则重建。

第27章

复盘及实操锦囊

读到本章，你已经了解了合伙人股权设计的七步骤，对怎么设计股权已经有了超过大部分创业者的更清晰的认识，甚至超过了不少“股权专家”的认识。

但本章仍非常有价值，我们先一起做个复盘，回顾股权设计的全局，接着我会和你分享一些超级实用的实操锦囊，比如什么时候是与合伙人谈股权的最佳时机？怎样找到合适的律师？看到本书时已经分完股权了怎么办？等等。

27.1　七大步骤复盘

创业公司分好股权一共有七大步骤：布局→结义→妙算→避险→控制→落地→维护（见图27-1）。

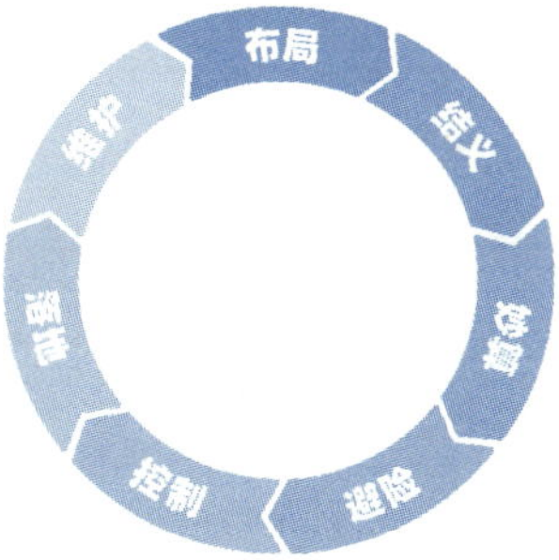

图27-1　合伙人股权设计七步骤

第一步　布局：再小的公司也要有股权战略。

如果商业战略没思考清楚，股权战略没制定好，暂时是不能分配股权的。制定股权战略是后面其他步骤的基石，不合适的股权战略让你疲于奔命，而好的股权战略可以助你四两拨千斤。

股权战略形成流程：理清商业战略→提炼经营要素→设计股权战略雏形→制定人才战略→细化股权战略并落地（见图27-2）。

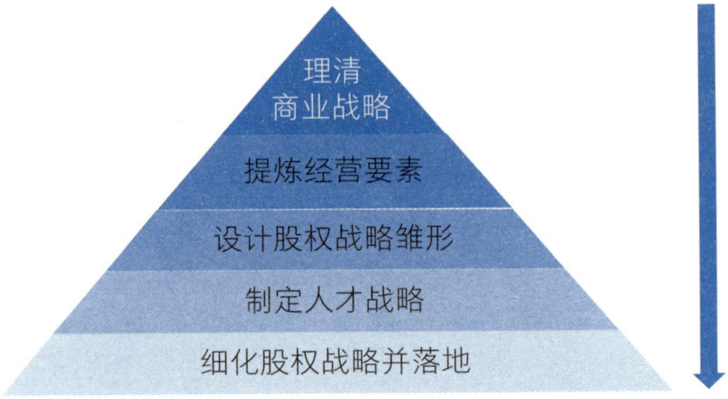

图27-2　制定股权战略的步骤

只有理清了股权战略，你才知道哪些人可以给股权，哪些人不适合给股权，才能明白自己应该找怎样的合伙人。

第二步　结义：选择合适的合伙人。

如果你的合伙人不合适，再怎么分股权都是无用功。

你找的合伙人在能力上要能匹配这个创业项目的重要经营要素的需求，同时与你有相同愿景，朝着同一方向努力。与亲友、老合伙人、专业服务人员、员工、想保本保息的人合伙要注意明晰规则，不能做一团糊涂账。若短时间内实在找不到合适的合伙人，那就宁缺毋滥。

确定好合伙人后一定要明确谁是控制人，每个创业项目都必须要有控制人。控制人需要先做好商业战略和股权战略的规划，并模拟设计好合伙人之间的股权，再和其他合伙人进行确认。

第三步　妙算：计算合理的股权比例。

计算合理的股权比例是实现动态调整前的静态理想状态。这个阶段根据每位合伙人对创业项目所需重要经营要素的贡献权重算出初步比例，资金的权重需要特别重视。

这一步，能解决非常多的问题，比如出资额该怎么分配，每个人应当贡献什么，这些贡献对创业项目价值几何。让每个人对自己以及其他创业伙伴在这个创业项目中的角色有非常清晰的认识，同时也为后面的股权动态调整打下基础。

在这个阶段需要注意：

（1）操作知识产权、资产、资源换股权，不能两步并成一步走，需要对事实进行还原，对知识产权、资产和资源进行估价，或者通过判断经营要素权重的方式计算股权比例，并约定贡献不能到位的责任。

（2）提前预留员工激励股权及战略激励股权，为未来引进新的人才做好铺垫。

完成这一步，创业公司的初步股权架构就出来了。

第四步　避险：通过动态调整规避各种打击带来的风险。

第四步是初步股权架构出来后的进一步深化，打破对理想状态的幻想，接受客观事实的复杂多变，从而制订股权动态调整方案，让创业公司的股权方案成为抗打击、反脆弱的系统，这同时也是股权设计目标中“调整合伙人心理预期”的重要一环。

需要规避的风险主要包括合伙人不给力，合伙人同业竞争，合伙人兼职风险，合伙人离职、离婚和离世，合伙人擅自卖股导致股权系统失衡，项目缺钱需要引入资金调整股权等。

这一步骤的原则是根据可能产生的打击，将“丑话说在前”，按“先收后给”或“先给后收”的方式逐个制定规则。

第五步　控制：守住控制权。

虽然控制公司不一定能取得成功，但是如果公司失去了控制，那么失败是必然的结果。

不管控制人目前在股权比例上是否能控制公司，基于长远考虑，都可以在股权架构上进行设计，使控制人拥有更多投票权。比如：使用金字塔股权架构；通过章程特殊约定调整表决权来实现类AB股效果；签署一致行动或委托投票协议；等等。

第六步　落地：完成股权登记。

在进行股权登记前，您可能会遇到代持的情况，不论是找人帮忙代持或替别人代持，都存在较高风险，建议创始人遇到代持的问题时，可以随时翻到第23章回顾，时刻保持小心谨慎。

进行工商登记前，还需要签署好股东协议、章程及确定公司的注册资本。

股东协议主要内容包括：合伙背景、股权比例和注册资本、激励股权来源、股权调整机制+退出机制、决策机制、合伙人的权利义务、家庭财产分割与继承以及其他条款。其中与股权相关的事项都可以写进章程。建议请律师拟协议，但是不能完全依赖律师。签署股权协议时，最好让合伙人的家庭成员共同参与签署。

注册资本过高会扩大股东承担的责任范围，注册资本过低会拉低商业信誉，同时容易导致股东对公司负债承担连带责任。建议注册资本根据公司的启动资金、行业特征来定。同时，创业者应注意在日常经营中对实缴出资留证，避免超出注册资本承担额外责任。

第七步　维护：长期维护股权机制。

第七步属于股权方案的后期维护，再好的方案也需要良好地执行。如果是约定范围内的维护，需要及时确认事实和及时执行股权调整；如果发生约定范围外的维护，可以随时调整规则。假设需要重建规则，则需要考虑调整股权或散伙。

为了尽可能避免发生重建规则的情形，创始人要注意做好分股权的前置步骤，不要提前分股权，可以考虑根据里程碑逐步释放股权稳步推进。

以上就是七大步骤的复盘内容，接下来是我在多年股权项目中总结出来的实操锦囊，都是非常实用的内容，一定能让你对合伙人股权设计实操产生综合的感知。

27.2　锦囊一：与合伙人谈股权的时机

很多创业者习惯在寻找合伙人阶段就直接和潜在合伙人谈股权分配的问题，千万不要这样做。

我经常遇到一些公司，核心股东在学会分股权前就陆陆续续分别和不同的合伙人谈了股权，直到聘请我们后，才发现已经错得离谱了，要么给合伙人的股权比例不合理，要么是没提前说好贡献不到位需要调整股权，这样就埋下了矛盾的种子。

发现问题再回头纠正是很艰难的，你的潜在合伙人可能会认为你出尔反尔，或者对他不信任，这就打破了一开始你给他的心理锚点，很伤感情。有的创始人为了稳住合伙人，只能将错就错，同时也不得不承受不合理的股权安排在后期给创业项目带来的影响，但也只能今后再想办法慢慢弥补。严重的，就直接散伙了，重新再找合伙人，而且在小圈子内落下不守诚信的污名。

创始人都希望我们介入后，股权分配能尽可能变得合理，但基于前面的各种历史因素，一些错误到最后都没能纠正过来。

那和合伙人谈股权的最佳时机是什么时候呢？答案是，你做好了商业战略和股权战略规划，并跟着本书模拟完股权分配的过程之后。

假设你是一个创业公司的控制人，在和潜在合伙人沟通时，不要把股权讲死了，尽量留足空间。你可以和他探讨你的商业规划，告知他你正在认真思考股权战略，而且会聘请专业的律师对股权进行设计。这样沟通，合伙人一般会认为你很重视这个创业项目，很认真，而不是上来就谈股权显得比较草率。他可能愿意将你的项目列入他考虑的范围，同时，你也给股权设计留下了空间，后期将整体的股权方案提出来讨论时，他不会觉得很突兀或者认为你言而无信。

在模拟分股权的过程中，你可能会遇到一些难题，提前发掘出来并思考清楚，如果你很重视这个事情，可以找精通股权设计的律师陪着你一起解决这些难题。在这个过程中，你会逐渐明确谁才是你真正的合伙人，而谁是员工、谁是合作方，把他们都放在正确的位置上。

等你认为每个环节都准备妥当，胸有成竹，再去找你的合伙人一起商量股权。这样可以避免因为你一开始缺乏经验或自己没参透，临时做出错误的安排。

如果你不是控制人，那么建议你提醒创业项目的控制人，让他提前做好这些准备，这样对整个创业项目而言都是好事。

27.3 锦囊二：先准备沟通要点再准备协议

如果你有方案了，该如何与你的合伙人沟通呢？

我建议可以先准备沟通要点清单，与合伙人就要点达成一致意见，然后再准备协议签署。

要点和协议的区别在于，要点比较简单和直接，一两页纸就能整理好，也不需要法言法语，合伙人比较容易理解。当然，你也可以让律师帮你整理要点，这样看起来更严谨，比如下面这些内容，就算是要点了。

股权比例

发起人持股80%，合伙人A持股20%。但是发起人愿意将自己的10%收益分配给合伙人A，如果大家合作满意，那么两年后发起人可按照实缴出资的价格（比如10%对应10万元注册资本，发起人出资了10万元，则合伙人A支付对价10万元，如果发起人没有出资，那合伙人就无偿受让后自己完成出资）多转让10%股权给合伙人A进行工商登记。

分红

可分配金额：公司收入扣除经营成本（正式合作前需要单列成本清单供合伙人A确认，以免将来有争议）后的利润。

分配比例：按股权比例分配。

分配原则：确保公司具有持续经营资金。

第一年分红：

（1）每月分配一次，分配当月利润的50%，剩余的50%利润留作继续经营；

（2）若当月亏损，则当月不分配；

（3）未分配利润先填补往期亏损，剩余利润再做分配；

（4）若剩余的50%利润及公司现有资金不足以支持下个月运营的，则虽有利润但暂不分配；

（5）年终进行剩余利润的结算分配，双方协商预留一部分作为第二年的运营资金。

第二年及之后分红暂不做介绍。

投资款

公司注册资本为100万元，发起人首年内陆续完成出资，合伙人在第一年度分配结束后完成实缴出资20万元。

若将来公司经营需要股东再投入，则由双方按持股比例投入，否则未投入方要承担股权被稀释的后果，稀释的标准按公司的估值计算；如果一方向公司提供借款，则按照市场贷款利率收取利息。

协议内容会更全面，语句也更完整规范，再加上对细节的推敲和其他非商业条款的加入、违约责任的完善，至少要十几页。

如果要点都无法达成一致，就谈不上沟通协议了。要点达成一致后，至少确定大家对合作原则是能达成共识的，虽然协议细化的内容可能也存在分歧，但都不是核心分歧，确认协议的过程也能更顺畅。相当于分两步，先集中解决大问题，再集中解决小分歧，主次分明。

如果没有沟通要点清单而直接沟通，容易发生重大遗漏或者思考不够彻底的情形，而且可能会让人觉得诚意不够，合伙人不一定愿意讲“丑话”，这就达不到良好的沟通效果。但是一开始就扔出协议，又显得过于强势，给人以一种“我已经找律师写好协议了，你们看看能接受就签，不接受就算了”的感觉，让人情感上产生落差。再者是协议内容太烦琐，又都是法言法语，大问题和小分歧一起解决，可能一整天都搞不定，容易成为大家达成共识的障碍。

因此，沟通要点是很好的正视股权方案的开始，它能帮助一个创业团队逐步达成共识，完成协议签署。

当然，如果你是项目的绝对领袖，想讲究效率，直接拿着协议找其他合伙人沟通，能接受就一起合伙，不能接受就换人，这样也不是不行，但这种方式不太适合每位合伙人存在感都比较强的创业项目。

27.4 锦囊三：引入中间人作为润滑剂

有的合伙人始终有点放不开，不敢把丑话说在前，毕竟大家都是朋友，讲太多丑话担心伤感情，但是不讲清楚呢，又担心结果与大家的心理预期有差异，怎么办呢？这时有的创业公司会引入有股权经验的第三方参与沟通，作为合伙人之间的润滑剂。

引入第三方是谈判中很常用的一种方式，从经济学的角度来看，中间人不是谈判主题中的“利益相关者”，因此显得更加中立和可信，可以引导合伙人讲出更多真实的想法。

我们常遇到的情况是一位合伙人提出方案后，有的合伙人明显不接受，但是又说不出比较明确的原因。一方面他可能不想当面说或者根本就不想说；另一方面可能是他也不知道自己不接受的点到底在哪里，只是潜意识认为这个方案不行，需要别人帮着他理一理。

这时候，我们会单独与这位合伙人聊聊，让他与“利益冲突者”分开，放松心态，再抽丝剥茧地和他探讨他不能接受的原因，比如有什么顾虑，担心会发生什么事情，如果将方案中的某个条件进行更换，能不能打消他的顾虑，或者是不是应该增加一些保障措施等。同时，也要解释其他合伙人的顾虑是什么，为什么有的合伙人会产生这样的想法，大家并不是有恶意，只是某些方案的负面影响大家都没考虑到等，让他对方案有更多的理解，对合伙人有更多的信任。

有时会遇到一些合伙人只是担心有些方案是不是不常规，自己接受这样的方案会不会显得很傻，中间人也可以如实告知他这种方案在创业公司股权方案中是否常见，如果不常见，那么不常见的具体原因是什么，这个项目会有这个特殊考虑是基于何种特殊背景，等等。

通过有经验的中间人介入，合伙人之间的沟通就更有弹性，更容易达到效果。当然，我更希望你与合伙人之间不需要中间人就能敞开心扉达成共识。

27.5 锦囊四：慎用协议模板

经常会有朋友问我能不能提供股东协议的标准模板，这个确实是没有的。我从业这么多年，做了这么多项目，几乎每个项目的协议中70%以上的字是自己打上去的，协议中所有的条款都需要重新审视一遍。

我的客户问我要各种协议模板，我也非常谨慎，一般都不直接提供，而是了解他们要这个模板的原因后，根据实际情况修改好之后才会提供。因为每个项目都是具体的，商业背景、每个合伙人的角色和地位都不同，协议内容也不一样。

如果你一定要使用模板，需要明白模板只能参考，看看协议大概有哪些内容，心里有个数，它最多只是减少你打字的工夫而已。一份适合你的协议，必须是每句话都和你的实际情况相符合的，否则很可能会弄巧成拙。

案例2

背景

曾有一家公司，在引进新合伙人的时候，在网上随便下载了一份股权授予协议和股东协议模板，他们认为协议的大概意思就是给新合伙人授予股权，是符合他们的情况的，于是签好后完成了工商登记。

冲突

之后公司发现这位新合伙人很不合适，就辞退了他，并要求他退回股权。但是新合伙人不同意，他在入伙的时候确实出了10万元投到公司，现在公司又在不断做股权融资，估值眼看着往上涨，肯定是不想退股的。公司这时开始认真翻看之前与这位合伙人签署过的协议，并找我们介入看能否起诉这位合伙人。

分析

我们介入后发现，虽然协议的字面表述上是做股权激励，但协议模板中的很多约定都和他们当时的情况不符，而且没有考虑到合伙人能力不行的调整方案，缺乏退出机制，因此，要通过诉讼收回股权是不可能的。

结果

后来我们给这家公司提供了一个方案，但也不能彻底解决问题，只是让新合伙人更被动了让公司处于谈判的优势地位。新合伙人直接将公司起诉到法院，在诉讼阶段公司与这位合伙人达成和解，付出了一定的成本，才让他最终真正退回了股权。

27.6 锦囊五：可不可以不请律师

如果你只是做个小生意，或者根本连公司都不需要设立，你不请律师，我不会强烈反对，因为即使有问题，付出的代价也不会太高，只要在你的可接受范围内就行。

但如果这是个持续的、比较重要的创业项目，尤其是准备引入投资人或有上市的打算，建议你尽量聘请律师参与。因为初创阶段遗留的一个小问题，将来可能需要花巨大的成本去纠正，而且会持续影响创业项目的发展。

在执业过程中，我感受到现在创业者的风险意识越来越强。以前很少有创业者在公司设立之前主动找律师咨询股权问题，但现在很多创业者在准备创业的时候就开始找律师咨询并拟写协议。平时我们计时咨询是按几千元一小时收取，这个价格确实不亲民，但现在越来越多的创业者来购买这种服务，他们会提前准备好资料，一般在两小时内就厘清了各种思路，如果后面还需深度服务，再另行商议。

我们曾服务的一个早期项目，在公司还没设立的时候就支付了十几万元委托我们设计股东协议及提供股权融资法律咨询服务。某天，我们在整理公司信息时吃惊地发现，他们几位创始人早期凑出来的启动资金都不到20万元，他们真的是很有魄力和决心，早期愿意花这么多资金在股权咨询上，算是抱着必成的心态在创业。

当然，我很理解初创企业资金紧张的情况，如果你真的觉得公司没有引入风投冲刺上市的目标，也无法负担律师全程参与的服务费，但是你又担心因为自己疏忽留下隐患，怎么办？

有个办法，你可以不找律师全程参与，而只是找他解决个别问题。比如，你按照本书介绍的方法进行股权设计，把自己的所有疑问整理好，找个律师一口气咨询完，这样会比全套的法律服务费低不少，但也比全靠自己想靠谱很多。

27.7 锦囊六：怎样找到合适的律师

紧接着上一个锦囊，如果你已经决定要找律师了，该怎么找到适合你的律师？

先介绍一个常识，律师和医生类似，医生分科室，律师分方向。每位律师擅长的领域是有限的，比如，有的律师擅长处理刑事案件，有的律师擅长处理婚姻家事案件，有的律师擅长处理破产案件，如果一位律师告诉你，他什么法律业务都能做，那大概率这位律师每项业务都不是很精通。

尤其是股权设计，对很多律师来说可能就是门玄学。他虽然能理解《公司法》的内容，知道一个纠纷到了法院那里大概会怎么判，但是你问他该不该给某个人股权，具体该给他多少股权，他可能毫无头绪。

因为，股权战略中绝大部分逻辑都和法律没关系，而是商业逻辑，如果一位律师他不懂商业逻辑，不理解创始人分股权的痛点，不知道创业企业的特点，没有实操帮合伙人分股权的经历，他就根本无从下手。其实我刚入行时也经历过这个阶段，最怕的就是客户问我“我给某某某5个点股权，你说行不行”，我怎么知道行不行啊，这不是法律问题呀。

我的一个同学，也是一位出色的律师，他平时主要做民商事诉讼。有一天他的客户有个股权问题向他咨询，他发现自己完全没思路，于是又转头来请教我。他问的问题让我感到非常吃惊，因为他不知道一位投资人投资一家公司，股权转让的方式和增资的方式有什么区别，什么情况下该选择股权转让，什么情况下该选择增资。

我原以为股权转让和增资好歹是《公司法》里的规定，作为律师，大家能读法条，那自然应该都能理解。但是事后想想，好像又不尽然，因为《公司法》只规定了股权转让和增资的法律关系，并没有写其中的商业关系是什么，所以，作为律师不能理解其中的区别也很正常。那件事情让我深刻体会到了律师行业内部的隔行如隔山，而且这山还挺高。

因此，如果你要找律师咨询股权，建议先了解一下这位律师到底有没有丰富的股权服务经验，可以直接问他有没有处理过这样的项目，他帮客户设计股权的流程是怎样的，他如何看待哪些合伙人适合被分配股权，如何看待资源换股的问题等。本书介绍过的这类问题都是比较接地气的，可以帮助你判断他分股权的实操经验是否丰富。

确认他是有丰富股权服务经验的律师后，再委托也不迟。

27.8 锦囊七：看到本书时已经分完股权了怎么办

看到本书时已经分完股权了，那些该考虑的问题都没考虑，还有救吗？不用着急，任何时候都不晚。

你先看看自己现在在分股权的哪一步，前面漏掉的步骤能否全部或部分补充走一遍？如果可以补充走一遍，那问题自然不大。

如果实在走不了，后面的步骤走好了是否可以解决前面遗留的问题？如果可以解决，那也为时未晚。

如果不能解决，可以试着和合伙人协商能否一起做个调整，可以把本书推荐给他看，使大家在相同的认知上探讨，可以打消很多不必要的猜忌。

假设最后实在没办法调整，那就要评判目前的状况可能导致最坏的结果是什么，你能不能接受，如果不能接受，就需要重新考虑本次创业是否能进行下去。如果能接受而且你也愿意继续，那就调整好自己的心理状态，全力以赴投入创业，不要过于患得患失。

27.9 锦囊八：小合伙人需要注意的大坑

这里我介绍一个最大的坑，各位小合伙人需要注意，那就是你分得的股权到底有没有价值？

据说最近某位红出国际的网红，辛辛苦苦做内容数年，回头发现在股权架构上被投资人坑了，自己手上的股权一点价值都没有，有价值的股权全在投资人手上。这位网红的具体案例就不细讲了，我直接介绍判断标准。

假设你和大合伙人是在同一家公司持股，而且这家公司也是大合伙人唯一或主要的持股公司，那基本没问题。但是，如果你和大合伙人在不同的公司持股，或者虽然这家公司大股东也有一定的股权，但不是他最主要的持股公司，那就需要注意你持股的公司到底有没有价值。为了方便理解，可以看图27-3。

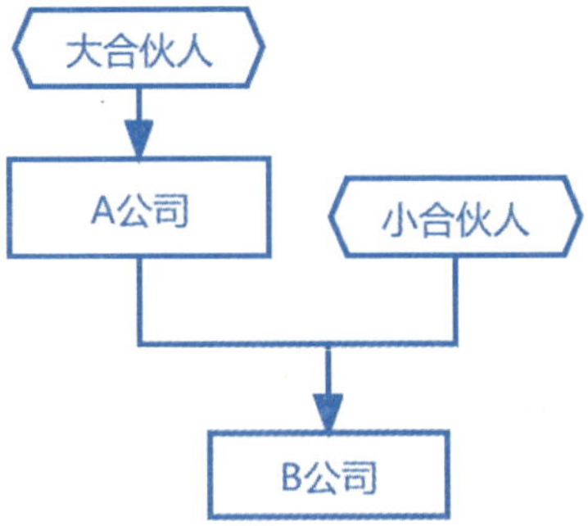

图27-3 大合伙人和小合伙人不在同一家公司持股架构

单纯看架构图，大合伙人直接持有A公司股权，A公司和小合伙人一起持有B公司股权，是看不出来问题的。重点在于A公司和B公司分别是什么角色。

假设B公司是创业项目的经营主体，核心资产、资源都在B公司，将来的营业收入和利润也在B公司，这样是没问题的，大合伙人和小合伙人的权益都能得到保障。A公司大概率是大合伙人给自己设立的控股公司。

假设A公司才是创业项目的经营主体，核心资产、资源都在A公司，将来的营业收入和利润也在A公司，这时小合伙人就要提高警惕了，因为创业项目的利益和你没有关系，你并没有A公司的任何权益。B公司很可能只是个事业部，或者成本中心。也就是说，B公司看起来和A公司有关系，但是B公司只是为A公司服务的，B公司本身并没有收益，也不太可能独立融资或上市，你持有的B公司股权不值钱。A公司才是未来分红和融资上市的主体，大合伙人持有的A公司股权才值钱。

还有第三种情况，B公司并不是单纯的事业部或成本中心，而是A公司下的一个子业务承载主体，这个子业务的成本收益都在B公司中体现，这意味着，大合伙人找你合伙单纯是基于B公司这一个项目，你可以享有B公司的收益，但A公司的收益与你无关。这也是比较常见的合作方式，只要这是符合你和大合伙人一开始合伙的初衷，你理解和认可这种利益分配方式，而且A公司和B公司之间的交易都是市场公允价值，不存在B公司向A公司输送利益的情况，那就没问题。

总之，并不是所有的股权都有价值，小合伙人需要关注自己拿到的股权对应什么样的权益，假设你确实没把握，可以找律师咨询一下，避免创业几年后才发现创业项目的收益和上市红利都和你没关系。

27.10 锦囊九：如何通过股权架构合理减少税负

税筹是件非常复杂的事情，想把税筹解释清楚，专门写一本书可能都介绍不完。虽然节税不是本书的重点，但本书很多地方都零散地介绍了股权架构搭建的方法，因此，我决定简单介绍一下最常见的创始人控股公司和税负之间的关系，至于更全面的税筹分析，需要你查看专业税筹类书籍或向税务筹划师咨询。

这种常用的持股方式是：创始人可以直接通过个人持有一部分股权，另外再通过自己控制的有限责任公司即控股公司持有一部分股权。以理发店的锤子为例，股权架构如图27-4所示：

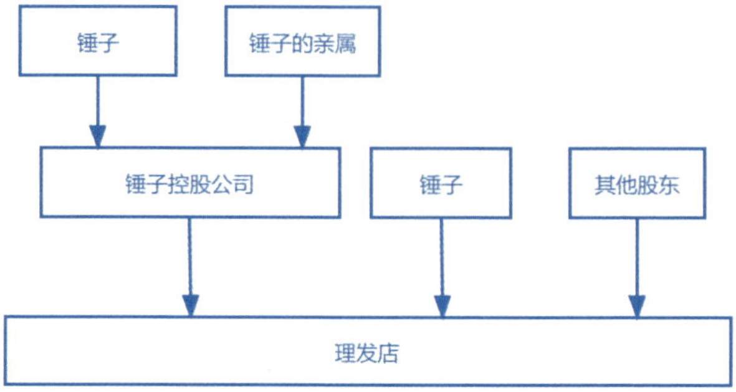

图27-4　锤子通过个人和控股公司分别持有公司股权

一些公司在申请上市时的股权架构也是这么设置的，比如公牛集团（603195）和三只松鼠（300783）。

案例3

公牛集团的创始人阮立平和阮学平两兄弟均通过个人直接持有一部分公牛集团股份，再通过两兄弟控制的公司间接持有一部分股份。公牛集团公开发行股份前的股权结构如图27-5所示：

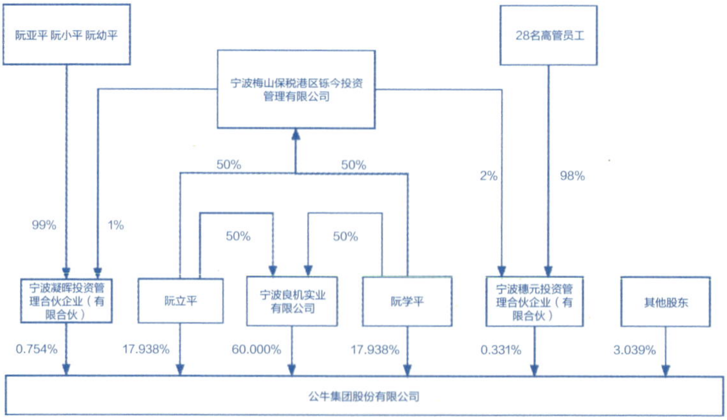

图27-5　公牛集团公开发行股份前的股权架构

三只松鼠的创始人章燎源通过个人直接持有一部分三只松鼠的股份，再通过其控制的公司间接持有一部分股份。三只松鼠公开发行股份前的股权结构如图27-6所示：

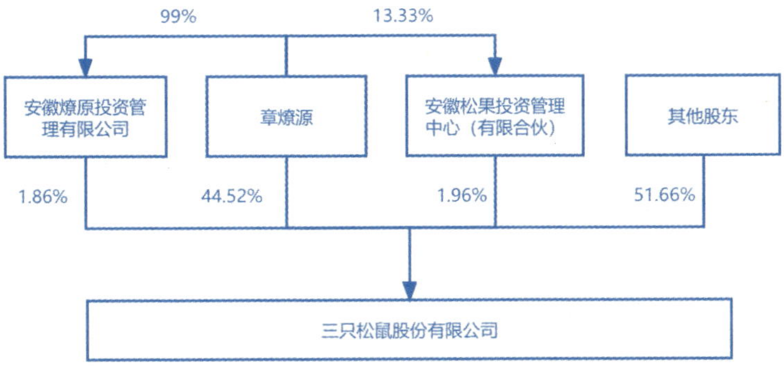

图27-6 三只松鼠公开发行股份前的股权架构

这样设置的原因是，不同持股方式面临不同交易时，税负是不同的，同时采用这两种方式持股，你将来可以更灵活地设置获得股权收益的方式，降低综合税负成本，我通过下面这两个案例来解释。

案例4

有位朋友是做酒店运营的，他以自己个人的名义直接持有酒店股权，酒店盈利一直不错，每年都有不少分红。假设酒店当年向他分红100万元，那么他需要缴纳20%[①]的个人所得税，也就是20万元，还剩80万元。接着，这位朋友将通过分红获得的80万元又投资了新的酒店，不断开拓市场。

后来我告诉他，假设他设立一家自己的控股公司持有酒店的股权，酒店向

① 《中华人民共和国个人所得税法（2018年修正）》（中华人民共和国主席令第九号）第三条规定："个人所得税的税率：……（三）利息、股息、红利所得，财产租赁所得，财产转让所得和偶然所得，适用比例税率，税率为百分之二十。"

他的控股公司分红时，控股公司层面是不需要缴税的[①]，酒店分红给控股公司的100万元他可以全部利用做再投资，和以前相比，就多了20万元的投资款。

假设基于生活所需，需要将分红分配到他个人账户，可以让控股公司将收到的100万元分红，再以分红的方式分配给自己。这个时候需要缴纳的个人所得税也是20%，他可以到手80万元，和自己直接持股没有区别。

也就是说，通过控股公司持有项目公司股权，如果创始人利用分红做再投资，可以没有税负损耗。如果创始人要直接获得分红，与自然人直接持股的效果是一样的。这种股权架构非常适合有稳定收益且可以长期分红的创业公司。

但上述这种股权架构也存在劣势，尤其是针对没什么分红，主要靠转让股权的溢价才能获得收益的项目，看下面这个案例。

案例5

假设你创业的项目是互联网公司或创新科技类公司，估计在公司上市后都不一定能有分红。但是在股权有溢价的时候，你可以通过转让公司股权获得收益。

假设某次股权转让中，转让的股权成本是20万元，卖价是120万元，你的应纳税所得额是100万元。如果你是个人持股，税率是20%[②]，也就是你需要缴纳20万元的个人所得税，还剩80万元。

如果你通过控股公司持有股权，那么你的控股公司应当在年终汇算清缴

① 《中华人民共和国企业所得税法（2018 年修正）》（中华人民共和国主席令第二十三号）第二十六条规定：“企业的下列收入为免税收入：……（二）符合条件的居民企业之间的股息、红利等权益性投资收益。”

② 《中华人民共和国个人所得税法（2018 年修正）》（中华人民共和国主席令第九号）第三条规定：“个人所得税的税率：……（三）利息、股息、红利所得，财产租赁所得，财产转让所得和偶然所得，适用比例税率，税率为百分之二十。”

时按当年利润的25%[①]缴纳企业所得税，假设控股公司没有其他亏损，缴完企业所得税后还剩75万元。控股公司完税后，如果你希望直接收到款项，还需要控股公司对你进行一次分红，获得分红时，你作为自然人依然需要按20%的税率缴纳个人所得税，缴完税只剩60万元了，这样算下来综合税率是40%。

因此，在进行股权转让时，通过控股公司持股的税负成本是更高的。

在实操中，创始人可以同时通过个人和控股公司持股，这是相对灵活的持股方式，当你想转股套现时，就通过个人对外转让股权，当你想对外投资时，就可以利用控股公司获得的分红直接进行对外投资。假设你预估将来主要通过分红受益，那么通过控股公司持有的股权比例可以高一点。而如果你预估将来主要通过股权转让受益，那么通过个人直接持有的股权比例可以高一点。

税务筹划远比想象中复杂，任何人都很难将股权架构设计到税负最少的完美状态，因为你也不知道未来你会不会转让股权，具体转让多少，你的公司什么时候能盈利，能分多少红。如果你真的想减少税负，也可以咨询税务筹划机构的意见，但是注意合法合规，不要采用过于激进的手段。

27.11 锦囊十：遇到本书中没介绍过的情况怎么办

虽然我尽可能将合伙人股权设计的知识体系介绍得更全面，但现实总是复杂多变的，你总会遇到本书中没介绍过的情况，怎么办？

本书内容看似要点很多，但只要记住这两句话：生产力决定生产关系，生产关系反作用于生产力；分股权的目标有三个，即匹配经营要素、管理好合伙人的心理预期、维护控制人对公司的控制。

看似纷繁复杂的股权战略规划、股权计算、股权动态调整、控制权设

---

① 《中华人民共和国企业所得税法（2018修正）》（中华人民共和国主席令第二十三号）第四条规定："企业所得税的税率为25%。"

第六条规定："企业以货币形式和非货币形式从各种来源取得的收入，为收入总额。包括：……（三）转让财产收入。"

计、落地实施和避坑指南等始终都是围绕这两句话展开的。因此，如果你遇到本书中没介绍过的情况，不用着急，你只需要判断如何处理这个问题能更好地实现这两句话的精神，这就是你的答案。

以上就是我总结的一些实操锦囊，希望对你有用。

画重点

七大步骤：

布局→结义→妙算→避险→控制→落地→维护。

实操锦囊：

- 与合伙人谈股权前先根据本书模拟一遍分股权的过程；
- 先准备沟通要点再准备协议；
- 引入中间人作为润滑剂；
- 慎用协议模板；
- 重要创业项目需要请律师；
- 关注律师是否精通股权；
- 分完股权了也可以继续查漏补缺、调整心态；
- 小合伙人需要注意你的股权到底有没有价值；
- 合理减少税负；
- 牢记股权设计的底层逻辑，举一反三。

后　记

Postscript

哇，你居然耐心地读到了这里，既然如此，我想请你帮个忙，如果你觉得本书对你有用，请你把它推荐给身边创业的朋友，帮他提前规避风险，维护情谊，可以吗?

因合伙人股权设计不合理而产生纠纷，是一种内耗，鲁迅说：“浪费别人的时间，等于谋财害命。浪费自己的时间，等于慢性自杀。”我希望这本书可以帮助更多创业者节省时间，将更多精力投入到事业中，为自己、为公司和为社会带来更多精彩。如果能顺带为各地法官减少工作量，那就更好不过了，我自己一厢情愿地相信本书或多或少是能起到这个效果的。

本书解决的本质问题是“设定好目标后，怎样将支持这个目标的不同要素汇聚到一起，进行责任和利益的分配，使这些要素能长期绑定，追寻目标，实现发展共赢”，只是在本书中，把这个方法放到了合伙人股权设计这个具体场景中，很期待和你一起将这个技能运用到其他场景。

在此，特别感谢罗振宇、脱不花发起的“得到高研院”，没有得到高研院的支持就没有这本书。

从2019年3月第一次在得到高研院分享股权知识，接受“得到式打磨”，到后面获得各个得到社团的支持、老师的指导、同学的帮助，让我把作为股权律师积攒的这么多年的经验终于落地成了有体系、有深度、让读者看得懂、拿来就能用的一本书，我自己也在这个过程中完成了自我提升迭代，受益匪浅。

感谢得到小鹿老师、刘哲涛老师、怀沙老师对我的指导，让我时刻提醒自己“说人话”，让读者能“带得走”；感谢王晓林、程朝潮、房海滨、王坤、刘勇臻、宋军、张海、应有晴、赵静、齐成龙、周志远、黄朝兴等得到同学对我的鼓励和提出非常有价值的建议，让我时刻提醒自己不能“苟且”，必须“干好”；感谢王月及杨华同学为本书提供插画，让书里的内容更加形象。

感谢王峰律师、姜诚律师、周洁枝律师及其他团队成员对我写这本书的支持，你们是我的坚实后盾。感谢陈希律师对本书婚姻继承部分提供了实操建议。

感谢我的父母，你们给予我精力充沛的身体，让我快活成长，使我有力量追寻自己想做的事情，探索更多有价值的方向。

最后，感谢你读到了这里，这也是对我莫大的鼓励，我将继续写作股权系列的新书，希望能给你更多帮助。如无变化，下本书将和你分享股权融资中的各种门道，让你对股权融资产生全局认识，完整地了解创始人在股权融资中的处境、明白投资人的心态以及清楚自己未来的结局，知己知彼，才能做出理性的决定，寻求发展的同时规避风险。

创业不易，情谊不薄，希望你找到合伙人一起爬到山顶，即使中途发现彼此并不是合适的人，也能好聚好散，各自精彩！

附件：股东协议参考模板

股东信息

（若合伙人以公司作为股东）

甲方：

联系地址：

法定代表人：

联系电话：

联系邮箱：

（若合伙人以自然人作为股东）

乙方：

身份证号：

联系地址：

联系电话：

联系邮箱：

合伙背景

模板一：

甲乙双方拟共同注册一家公司（以下简称“公司”）从事……运营，由**提供高质量且稳定的运营资源，持续与公司合作进行账户运营，由**为公司提供稳定……资源，便于公司统一管理及运作。

模板二：

甲乙丙方作为创始人共同投资设立公司进行……相关业务，以实现……。

注：协议模板仅供你看看大致模样，找找感觉，模板并不完美，不一定符合最新的司法实践，不一定没有漏洞，不能囊括创业中遇到的所有情形，也不一定适合你的创业项目，请谨慎使用。

公司发展阶段定义

初创期，指公司尚未【达到某个里程碑】或估值低于*亿元人民币期间；

发展期，指项目设立之日起满三年，且公司正式获得【某个里程碑】或估值达到*亿元人民币但低于*亿元人民币期间；

成熟期，指项目设立之日起满五年，且公司正式获得【某个里程碑】且估值达到*亿元人民币期间。

股权比例和注册资本

为便于今后调整股东之间的股权比例，特将公司注册资本按份额命名为"资金股""经营股""【 】股""【 】股"等，该类名称的股权对应的注册资本相加等于公司的全部注册资本。该类命名仅仅是为了调整股权时方便计算和表述便利而使用，并不与其名称具有性质上的关联性。

模板一：

甲方同意，若乙方在【 】年12月31日前为公司提供……，甲方奖励公司0.3%的股权给乙方（对应公司注册资本3000元），以下简称"奖励股权"。

授予份额：【 】年度甲方授予乙方最高不超过公司10%的股权（对应公司注册资本10万元），与"奖励股权"合称"经营股"。

除甲方授予乙方的股权外，乙方通过出资10万元获得公司2%的股权（对应公司注册资本2万元），以下简称"出资股"，出资股将由甲方转让予乙方。

持股方式：乙方间接持有公司股权。具体方式为：由乙方与甲方或甲方指定的主体共同持有一家有限合伙企业（以下简称"持股平台"）份额，甲方或甲方指定的主体作为普通合伙人，乙方作为有限合伙人，该持股平台直接持有公司股权。

模板二：

资金股

公司所需启动资金为100万元，公司注册资本为*元。

双方同意，公司估值为500万元，即出资100万元占公司20%的股权比例（以下简称"资金股"）。

甲方通过出资50万元，获得公司10%的股权（对应公司注册资本*万元）。

乙方通过出资50万元，获得公司10%的股权（对应公司注册资本*万元）。

甲乙双方均同意，出资款在不影响公司运营的前提下分期到账，但最晚不晚于本协议签署生效后【 】内。

资源股

基于乙方负责为公司提供稳定的**资源，乙方获得20%的股权（对应公司注册资本*万元，以下简称“**资源股”）。

基于甲方自身强大的运营资源，愿意为公司提供稳定的**运营服务，甲方获得公司*%的股权（对应公司注册资本*万元，以下简称“运营资源股”）。

甲方应当持续与公司建立合作关系，……。

公司与甲方按照正常市场价进行合作，若甲方无正当理由擅自终止合作，乙方有权选择：

保持双方股权比例不变，后续事宜具体协商；

要求公司变卖公司资产（包括**），对公司进行清算，甲方应予以配合；

或要求甲方退出公司，退出股权的价格按公司**的价值乘以甲方退出的股权比例计算，其中**的价值=【具体的计算公式】。

模板三：

双方同意，公司工商登记信息为：

股东	股权比例	注册资本 / 万元	资本公积 / 万元
X	30.00%	*	*
Y	70.00%	*	*
合计	100.00%	*	*

模板四：

公司所需启动资金为100万元，公司注册资本为71.4286万元。

甲方通过出资50万元，获得公司70%的股权（对应公司注册资本50万元）。

乙方通过出资50万元，获得公司30%的股权（对应公司注册资本21.4286万元，超出注册资本部分计入公司资本公积）。

甲乙双方均同意，出资款在不影响公司运营的前提下分期到账，但最晚不晚于本协议签署生效后【 】内，若双方今后另有书面约定，以新的约定为准。

激励股权来源

【 】合伙企业（有限合伙）（以下简称“员工激励股权平台”，激励对象在获得激励股权登记前，员工激励股权平台由甲方及甲方指定的主体作为合伙人）持有公司【 】%股权。

员工激励股权平台的股权分配给激励对象前或分配后被收回的，相关激励股权权益及实缴出资义务均由甲、乙、丙三方按员工激励股权平台持股比例享受及承担，其中，初始比例为甲方【 】%，乙方【 】%，丙方【 】%，如今后发生回购或转让等变动的，以届时实际比例为准。

各方同意，今后若新增股权激励池或新增合伙人，由三方按照创始人持有的公司股权相对比例提供股权。其中，甲、乙、丙方持有的股权初始比例为甲方【 】%，乙方【 】%，丙方【 】%，如今后发生回购或转让等变动的，以届时实际比例为准。

决策机制

模板一：

各创始人作为董事时，任一方向董事会提出议案前须与其他方协商，取得一致意见后共同向董事会提出议案；未达成一致意见的，各方同意以甲方的意见为最终意见。董事会审议有关议案前，各方须充分协商以达成一致表决；未达成一致意见的，各方同意以甲方的意见为最终意见，其他两方按照甲方的意见表决。

各创始人作为股东时，任一方向股东会/股东大会提出议案前须与其他方协商，取得一致意见后共同向股东会/股东大会提出议案；未达成一致意见的，各方同意以甲方的意见为最终意见。股东会/股东大会审议有关议案前，各方须充分协商以达成一致表决；未达成一致意见的，各方同意以甲方的意见为最终意见，其他两方按照甲方的意见表决。

各方承诺，如其将所持有的公司的全部或部分股权对外转让，则该等转让需以受让方同意承继本协议项下的义务并代替出让方重新签署本协议作为股权转让的生效条件之一。

模板二：

甲、乙、丙方为一致行动人，应对股东会议案一致表决，若表决意向不一致的，应按甲方的意向进行表决，前述一致行动人的表决意见自动统计为与***的表决意向一致，但以下情形除外：

1. ***或*****与公司发生年度内单独或合计超过**万元的关联交易；

2. 按低于公司上一年度净利润的【 】倍价格或低于公司净资产的价格进行增资的；

3. 公司解散或清算；

4. 公司为子公司以外的主体提供年度内单独或合计超过**万元的担保或借款。

各方承诺，如其将所持有的公司的全部或部分股权对外转让，则该等转让需以受让方同意承继本协议项下的义务并代替出让方重新签署本协议作为股权转让的生效条件之一。

股权调整机制+退出机制（第17章有更多模板）

模板一：

当*方发生下列事件时（以下简称“回购事件”）之一，*方有权按第二款表格所示比例及价格收购*方/*方继承人所持有的公司股权：

1. 与公司的劳动关系终止/解除；

2. 未全职在公司工作或违反竞业禁止义务；

3. 违反或劝诱公司其他员工违反国家法律法规、公司章程或公司内部管理规章制度、劳动合同/顾问服务协议、聘用合同、保密义务或有其他严重不当行为，或发生失职、渎职行为，或故意诋毁公司声誉、散布不利于公司的言论或有其他污蔑、诽谤公司的行为；

4. 在公司任职期间，存在受贿、索贿、贪污、盗窃、泄露经营和技术秘密、弄虚作假等行为或其他损害公司利益、声誉等的违法违纪行为，直接或间接损害公司利益；

5. 被依法追究刑事责任；

6. 存在《中华人民共和国劳动合同法》第三十九条的情形之一；

7. 失踪、死亡、丧失劳动能力、成为无民事行为能力人或限制民事行为能力人的；

回购比例及回购价格按下表所示：

回购事件发生期间	回购股权类型	最多可回购乙方持有的项目公司股权比例	回购对价
初创期	资金股	100%	按乙方实际出资的原价
	经营股		
第四年	资金股		按每1元被回购股权注册资本对应公司净资产价值减1元后的价格计算
	经营股		假设当年公司净资产为500万元，公司注册资本为100万元，则1元注册资本对应的净资产价值为5元，对应的回购价格为4元（即5元-1元）；若被回购的股权比例为2%（对应公司注册资本金为2万元），则回购价款为8万元（下同）
第五年	资金股		按每1元被回购股权注册资本金对应公司净资产价值减0.5元后的价格计算
	经营股		
第六年、第七年	资金股	0	按每1元被回购股权注册资本金对应公司净资产的价值计算，即回购价格=回购股权比例×公司净资产价值
	经营股	80%	
第八年、第九年	资金股	0	回购价格=回购股权比例×公司净资产价值×1.5
	经营股	【 】%	
第十年	资金股	0	
	经营股	【 】%	
成熟期	资金股	0%	回购价格=回购股权比例×公司净资产价值×2
	经营股	【 】%	
退出期（包括IPO或公司并购阶段）	资金股	0%	—
	经营股		—

自发生回购事件之日起，乙方自动不再享有和承担激励股权中的股权权

益及实缴出资义务，相关权益及义务由甲方或公司其他股东按届时持有的股权相对比例享有和承担。

上表中净资产均指回购事件发生时公司的净资产，公司净资产=公司账户现金+流动库存+应收账款+固定资产-应付账款-负债-冗余库存。

若公司未来进行财务规范后，经双方确认，可按财务报表统计的净资产为准。

其中，回购事件发生在初创期的，甲方有权在回购事件发生后两年内行使回购权；回购事件发生在第四年、第五年的，甲方有权在回购事件发生后一年内行使回购权；回购事件发生在发展期（第四年、第五年除外）的，甲方有权在回购事件发生后半年内行使回购权；回购事件发生在成熟期的，甲方有权在回购事件发生后三个月内行使回购权。

自甲方向乙方发送要求回购的书面通知之日起，乙方自动丧失相关股权权益，相关股权权益自动归甲方所有，甲方应在乙方收到书面通知之日起6个月内完成回购款支付，否则视为甲方放弃回购。

除另有约定外，若回购事件多次发生的，回购约定可多次适用。

模板二：

乙方应在本协议签署后一年内（以下简称“调整期”）向公司介绍并成功签约的**（以下简称“签约**”）不少于【 】。

若调整期内公司签约**少于【 】，则乙方获得的**资源股比例相应下调至15%（对应公司注册资本*万元）；若少于【 】，**资源股比例下调至10%（对应公司注册资本*万元）。

模板三：

若任何一方未按时实缴出资，经守约方催告后15日内仍未到账的，守约方有权选择如下一种或多种方案：

1. 有权要求违约方继续出资。

2. 守约方认购违约方未实缴的全部或部分出资，并根据公司的估值相应调整股权比例。

例：若最终出资情况为甲方出资40万元，乙方出资60万元，则甲方基于出资获得的股权比例为40/500×100%=8%，乙方基于出资获得的股权比例为60/500×100%=12%。

3. 直接按照双方已实缴的出资，根据实际出资总额占公司股权比例20%的标准，调整双方股权比例。

例：若最终出资情况为甲方出资50万元，乙方出资40万元，则甲方基于出资获得的股权比例为50/90×20%×100%=11.11%，乙方基于出资获得的股权比例为40/90×20%×100%=8.89%。

4. 要求违约方按未实缴出资金额的10%向守约方支付违约金。

5. 若违约方实缴出资低于20万元，则守约方有权要求清算解散公司。

6. 若公司清算，按法律规定可供股东分配的金额应当先返还双方的实缴出资，剩余部分按双方实际股权比例分配。

合伙人权利义务

股权限制

除非全体创始人另行协商一致，任何创始人在【 】日前不得转让、质押其持有的公司股权（无论直接持有还是间接持有，无论是否实际办理工商变更登记或备案，因公司实施股权激励而向激励对象转让股权除外，下同）。

除本协议另有约定外，除非全体创始人另行协商一致，受制于*款约定，任何创始人自可转让、质押其持有的公司股权之日起至【 】年【 】月【 】日前，转让或质押其持有的公司股权合计不得超过各自持有的公司注册资本的**%［如，A持有公司**%股权（对应注册资本为**万元），其持有的公司注册资本的**%等于公司**%股权（对应注册资本为**万元）］，但因公司股权激励进行的转让除外。若将来因增资、减资或受让第三方股权导致各创始人持有的公司注册资本发生变化，各创始人另行协商，【 】日后的可转让/质押份额另行约定。

创始人按照第*款转让公司股权的，其他创始人享有同等条件下的优先购买权。在创始人以及公司其他股东不行使优先购买权的前提下，创始人可对外转让公司股权，但受让方不得为公司竞争对手或竞争对手的关联方。

如公司对外融资签订的协议对创始人股权限制约定要求高于本条的，各创始人同意遵守各方届时签订的协议。否则，各创始人仍需遵守本条约定。

竞业禁止

在公司担任任何职务期间以及不在公司任职之日（以后发生者为准）起

一年内（“竞业禁止期间”），乙方不得直接或间接从事以下活动：

1. 参与、拥有、管理、控制、从事、经营与公司正在进行或有具体计划进行的业务相同、相类似或具有竞争关系（“竞争业务”）的公司或组织，或向其提供咨询、其他服务，或在从事竞争业务的公司或组织中直接或间接享有任何权益或利益；竞争业务是指：【 】。

2. 担任从事竞争业务的公司或组织的董事、管理层人员、顾问或员工，或以任何其他形式或名义向从事竞争业务的公司或组织提供服务或支持。

3. 向从事竞争业务的公司或组织提供贷款、客户信息或其他任何形式的协助。

4. 以任何形式争取与竞争业务相关的客户，或和公司的客户进行或试图进行交易。

5. 以任何形式泄露、披露、使用、允许第三人使用公司的知识产权及保密信息。

6. 直接或间接地劝诱或者聘用公司或其关联公司的雇员。

7. 以任何形式转移和挪用公司技术和产品、运营等资料，以开展竞争业务或以任何目的赋予第三方。

乙方在竞业禁止期间从事竞争业务或者活动的，所有收入应当归公司所有。

乙方及与乙方存在亲属关系或其他亲密关系（包括夫妻、父母、子女、兄弟姊妹、祖父母和外祖父母、孙子女和外孙子女、儿媳和公婆、女婿和岳父母，以及其他三代以内的旁系血亲），亦不得从事公司竞争业务，若本合同签署时存在前述情形，应当事先报甲方书面同意，否则仍视为违反本条约定。乙方通过代持/代理/委托关系规避本条规定的，仍视为违反本条约定。

分红、借款与增资

公司每年净利润的【 】%用于分红，但至少应确保下一年不少于【 】万元的运营资金。

若公司临时缺少运营资金，双方应按各自持有资金股相对比例同比为公司提供借款，公司向出借方支付市场化利息；若任何一方未提供或少提供借款，则应按其未/少提供借款的金额的【 】%向【 】方承担违约金。

若公司未来增资，除全体股东另有约定外，公司估值按上一年度净资产的【 】倍/净利润的【 】倍、营业额的【 】倍计算。

知识产权

*确认：1. 其在甲方任职期间，利用甲方的物质、技术、商业秘密等资源条件完成的非职务性开发成果归甲方所有；2. 其在入职甲方之前拥有的知识产权归*所有，应当在【 】年【 】月【 】日前完成将相关知识产权转让与*的变更登记手续，相关知识产权清单详见附件【 】。

全职

任一创始人应将其全部工作时间及精力完全投入公司的经营，完成自己的工作职责，尽其最大努力促进公司的发展并为公司谋利，在未取得另两位创始人一致书面同意下，不得进行其他兼职或投资、经营其他实体或业务。其中，甲方、乙方、丙方承诺于【 】内向现在职单位提出离职，不晚于【 】内全职到岗投入公司经营管理，否则视为放弃全部股权及权益。

各方承诺，除*款所列聘用关系外，不存在其他兼职或投资、经营其他实体或业务或分散创始人工作时间及精力的事项。

家庭财产分割与继承

各创始人应当与配偶签署关于公司股权与夫妻共同财产分割的协议。

关于继承，各创始人约定如下：

1. 各方同意，初创期内创始人死亡（以下简称“被继承创始人”），其他创始人有权按【 】比例按【 】价格，向其继承人收购被继承创始人的**%股权，未被其他创始人回购的股权，继承人享有分红权，但不享有表决权，表决权归其他创始人按约定享有。

2. 发展期内若创始人死亡，其他创始股东有权按照相对持股比例收购最高不超过被继承创始人股权**%的公司股权，收购对价为【 】；未被其他创始人回购的股权，继承人享有分红权，但不享有表决权，表决权归其他创始人按约定享有。

3. 成熟期内若创始人死亡，其他创始股东有权按照【 】比例收购最高不超过被继承创始人股权**%的公司股权，收购对价为【 】；未被其他创始人回购的股权，继承人享有分红权，但不享有表决权，表决权归其他创始人按约定享有。

4. 公司上市后或公司被并购过程中（包括整体并购或控股并购，以签署正式的并购协议为准），公司股权的继承不受本协议限制。

5. 各创始人应提前做好指定继承人的相应安排，使得被继承人能顺利享有相应权益，避免与公司其他股东的矛盾。

其他条款

违约责任

发生按本协议约定一方（收购方）有权收购另一方（被收购方）股权的情形时，被收购方应当自收到收购方书面通知且收购方履行付款义务之日起七日内完成收购相关协议签署及工商变更登记手续，否则，被收购方应当按照****元每日向每位收购方承担违约金。

*方指定收款账户为：

户名：【 】

账号：【 】

开户行：【 】

管辖

凡因执行本协议产生的一切争议，双方应协商解决。协商不成的，任何一方均有权向【 】仲裁院申请仲裁。或：凡因执行本协议产生的一切争议，双方应协商解决。协商不成的，任何一方均有权向公司所在地/被告所在地/原告所在地法院提起诉讼。